제2판

집회·시위의 이론과 실제

정준선 · 김선일

박영사

변동성(Volatile)과 불확실성(Uncertainty), 복잡성(Complexity), 모호성(Ambiguity)을 특징으로 하는 4차 산업혁명 시대에도 집회·시위는 여전히 이루어지고 있다. 사회구조가 복잡해지면서 자신들의 견해를 표현하려는 집단의 구성이 더욱 다양해졌다. 과학 기술의 발달로 자신들의 견해를 전달하기 위해 전에 없던 방법을 활용하고 있다. 집시법 또한 빠르게 변화하는 국민의 사회문화적 인식과 요구를 충실히 반영할 수 있도록 개정이 이루어져야 하며, 그 과정에서 집회·시위의 자유와 공공의 안녕질서를 최대한 조화시킬 수 있도록 신중을 기해야 한다.

2019년에 초판을 발간한 이후 집시법의 내용에 크고 작은 변화가 있었다. 2018년에 있었던 집시법 제11조의 '집회·시위 금지장소'에 대한 헌법재판소의 헌법불합치 결정에 따른 집시법 개정이 2020년 6월 9일에 이루어졌다. COVID-19 바이러스 확산에 따른 집회·시위의 금지·제한에 관한 논의가 제기되었으며, 2022년 5월에는 새로운 정부의 정책에 따라 대통령 집무실과 관저가 나눠지면서 집시법 제11조의 금지대상기관에 대통령 집무실이 포함되는지 여부에 대한 논쟁이 벌어지기도 했다. 집회·시위에 수반하는 소음 문제는 등가소음도와 함께 최고소음도를 규제하는 방향으로 집시법 시행령의 개정이 이루어졌다.

'제2판'에서는 2019년 이후 집회·시위와 관련하여 달라진 법령을 반영하여 내용을 수정하는 한편, 최근에 제기되었던 논의에 관한 법원의 판단과 저자들의 견해를 정리하였다. 초판의 내용 전반을 윤문하여 모호할 수 있는 문장을 정리하였으며, 부록에 추가했던 관련 법령을 QR 코드를 활용하여 최신 법령으로 검색할 수 있도록 변경하였다.

집시법 제10조의 '집회·시위 금지시간'에 관한 개정은 아직까지 이루어지지 않고 있다. 또한 2022년과 2023년에 있었던 집시법 제11조의 '대통령 관저'와 '국회의장 공관'에 관한 헌법재판소의 헌법불합치 결정은 2024년 5월 31일까지 집시법 개정을 요구하였다. 아무쪼록 집회의 자유 보호와 공공의 안녕질서 유지 모두 최대한 조화될 수 있도록 집시법 개정이 이루어지는 데 이번 개정판이 조금이나마 도움이 되기를 바란다.

2024년 1월
정준선, 김선일

| PREFACE |

 머리말 |

1962년 「집회및시위에관한법률」(이하 '집시법'이라 한다)이 제정된 이후 지금까지 57년이 지났다. 집시법은 시대의 흐름에 따라 지금까지 14회에 걸쳐 크고 작은 개정이 있었지만, 빠르게 변화하는 국민의 사회·문화적 인식을 충실히 반영하고 있다고 말할 수는 없다. 집시법을 개정하면서 헌법재판소의 판례와 각급 법원의 판결이 지속해서 반영되었고, 미흡한 부분은 판례로 보완되기도 하였지만, 여전히 개정이 필요한 조문들이 남아 있기 때문이다.

특히 2009년과 2014년에 있었던 '집회·시위 금지 시간'에 관한 헌법재판소의 결정을 아직 집시법에 반영하지 않아 집시법 제10조는 사실상 사문화되었다. 또한, 2018년 5월부터 7월까지 집시법 제11조의 '집회·시위 금지 장소'와 관련하여 헌법재판소에서 헌법불합치를 결정한 3건에 대한 집시법 개정이 2019년 12월 31일까지 이루어져야 하는데, 현재까지 개정작업과 관련한 별다른 논의가 이루어지지 않고 있다. 따라서, '집회·시위 금지 시간'과 함께 '집회·시위 금지 장소'에 관한 규정도 사문화될 가능성이 점점 커지고 있다. 집시법의 해당 조문이 사문화되는 점은 미루어 놓더라도, 집시법에 근거하여 법을 집행하는 현장 경찰관들의 활동 근거가 모호해질 수 있다는 점에서 가볍게 여길 수 있는 상황이 아닌 것이다.

한편, 지난 20세기를 거치면서 국제사회의 가장 큰 변화 가운데 하나는 '인권의 국제적 증진'이었다. 우리나라는 1990년대 이후 국제사회의 인권정책에 적극적으로 참여했으며, 2016년에는 유엔인권이사회의 의장국을 역임하기도 하였다. 자연스럽게 '인권 보호'라는 명제는 세계적 관심의 대상이 되었다. 한국 경찰도 인권에 관한 논의에서 벗어나지 못한다. 지금까지 유엔인권이사회는 한국의 집회·시위에 관한 법·제도·문화와 관련하여 지속해서 우려를 표명하면서, 관련 법과 제도의 개정 또는 개선을 주문하였다. 2017년 9월에는 경찰개혁위원회(인권보호분과)에서 국제인권기준을 대폭 반영한 '집회·시위 자유 보장방안'을 제시하여 향후 관련 법령을 개정할 때 반영하도록 권고하기도 하였다.

이 책은 앞에서 언급한 시대적 변화나 요구를 충실히 반영하기 위하여 지금까지 집시법의 조문에 대한 해석에 치우쳤던 방식에서 벗어나고자 하였다. 집시법의 해당 조문에 관한 해석과 함께 판례에 근거하여 실제 집회·시위 과정에서 집회주최자 및 참가자와 경찰 모두가 지켜야 할 내용을 충실히 담아내고자 하였다. 나아가, 집회·시위와 관련한 국제인권기준과 이를 수용한 경찰개혁위원회의 권고안을 반영한 나름의 개선방안을 제시하여 앞으로 있을 집시법 개정 과정에 조금이나마 기여하고자 하였다.

지금까지 경찰이 집시법에 근거하여 집회·시위를 관리하는 업무를 담당하면서 시민의 권익을 만족스럽게 보호하였다고 할 수도, 그렇다고 경찰의 법집행 목적을 충분히 달성했다고 할 수도 없다. 시민과 경찰이 적어도 집회·시위의 영역에서는 모두 승자(win-win)가 되지 못하였던 것이다. 그러나 2016년부터 2017년에 걸쳐 이루어졌던 촛불집회는 앞으로의 집회·시위가 지금까지와는 다르게 시민과 경찰 모두가 만족할 수 있는 방향으로 변화할 수 있을 것이라는 가능성을 보여주었다. 여기에 이 책이 그러한 변화를 위한 작은 밑거름이 될 수 있기를 바란다.

2019년 8월
정준선·김선일

| CONTENTS |

V

집회·시위의 질서유지

일러두기 : 각주 번호표기는 각 챕터별로 구분하였다. 다만 앞의 글이나 책을 인용한 경우는 각 챕터별 각주 번호와 상관없이 책 전체적으로 앞의 글 또는 책이라고 표기하였다.

I

집회 · 시위의 자유

The Theory and Practice of Assembly and Demonstration

I 집회·시위의 자유

The Theory and Practice of Assembly and Demonstration

1. '집회의 자유'의 의의

　사회 구성원, 즉 국가·단체·개인과 같이 하나의 사회를 구성하는 주체는 다양한 상호 작용을 통해 발전을 모색한다. 그 과정에서 각 사회 구성원은 자신의 처지에서 하나의 견해를 형성하고, 이를 다른 사회 구성원과 공유하게 된다. 이러한 과정에서 상반되거나 다른 견해를 형성한 사회 구성원 사이에 자연스럽게 갈등이 발생하는 것은 자연스러운 현상이라고 할 수 있다. 따라서 다양한 사회 구성원으로 형성된 공동체에서 발생하는 갈등이나 문제를 민주적인 방법으로 해결하기 위해서는 자신의 의견을 완전하고 자유롭게 표현할 수 있어야 한다.

　집회·시위는 다양한 사회의 구성원들이 자신들의 견해나 주장을 다른 사람에게 알리고, 이를 바탕으로 공동의 의사를 형성하여 공공의 이익을 추구하는 집단적 의사표시행위로서 민주주의 실현에 이바지하는 국민의 기본권이다. 집회의 자유는 언론의 자유와 함께 인간이 자유롭게 자신의 의사를 표현할 수 있는 수단으로 인정된다는 점에서 '자유권적 기본권'에 해당하며, 그중에서도 '정신적 자유권'으로 분류할 수 있다. 종교·양심·사상의 자유에 근거하여 새로운 생각·주장·사상이 등장하게 되고, 언론·출판·집회의 자유를 통해 다른 사람에게 표현하고 주변으로 전파된다. 이러한 관점에서 집회의 자유는 민주주의 사상의 발전과 함께 이를 전파하는 수단으로 활용되었던 대중적 집회와 직접적인 연관이 있다.[1]

특히, 주장하는 내용이 일반 대중의 관심이 적은 소수의견일수록 집회·시위는 효과적인 의사 표현의 방법이 될 수 있다. 이러한 맥락에서 집회·시위는 다원화된 현대 민주주의 사회체제에서 정상적인 문제해결 기능과 절차로는 해결하기 어려운 주장이나 요구를 관철하기 위한 일종의 정치적 행동이라 할 수 있다.[2] 또한 집회·시위의 자유를 보장하는 정도에 따라 한 국가의 민주주의가 얼마나 실현되고 있는지를 가늠할 수 있는 징표가 된다.[3]

'집회의 자유'는 18세기 후반 영국의 정치적 투쟁 과정에서 확보된 기본권으로 볼 수 있다. 청원권과 관련하여 국민적인 여론을 형성할 목적으로 집회의 자유를 이용하였으며, 그 과정에서 소요법(Riot Act, 1714년), 선동적 집시법(Seditious Meeting Act, 1817년), 공공집시법(Public Meeting Act, 1908년), 공공질서법(Public Order Act, 1936년) 등으로 발전하였다.

미국은 영국의 전통을 계승하여 집회의 자유를 헌법에 규정하였다. 1791년 채택된 '미국 수정 헌법 제1조'는 종교의 설립을 주선하거나, 자유로운 종교 활동을 방해하거나, 언론의 자유를 막거나, 출판의 자유를 침해하거나, 평화로운 집회의 자유를 방해하거나, 정부에 대한 탄원의 권리를 막는 어떠한 법 제정도 금지하고 있다.

> 미국 수정 헌법 제1조(Amendment Ⅰ) 의회는 종교를 만들거나, 자유로운 종교 활동을 금지하거나, 발언의 자유를 저해하거나, 출판의 자유, 평화로운 집회의 권리, 그리고 정부에 탄원할 수 있는 권리를 제한하는 어떠한 법률도 만들 수 없다.[4]

---

1) 장영수, "집회·시위 관리 개선에 관한 연구", 연구보고서, 경찰대학 치안정책연구소 (2010), p.187.
2) Brenneisen/Sievers, in: Die Polizei, 2009, p.72, 윤성철, "집회·시위에 대한 형사법적 연구", 박사학위 논문, 고려대학교 (2012), p.7에서 재인용.
3) 황문규, "유럽인권협약상 집회의 자유와 그 한계", 경찰학연구 제9권 제3호, 경찰대학 (2009), p.8.

반면, 프랑스는 1789년 '프랑스 대혁명(Révolution française)' 당시부터 집회가 시민혁명의 중요한 수단이었지만, 별도로 헌법에 기본권으로 규정하지는 않았다. 이 때문에 집회의 자유의 규범적 근거는 1789년의 "인간과 시민의 권리선언(Declaration des droits de l'Homme et du citoyen)" 제11조에서 선언하고 있는 '표현의 자유'로부터 찾는 것이 일반적이다.[5] 집회의 자유의 구체적인 내용은 "집회의 자유에 관한 법률(La loi du 30 juin 1881 sur la liberte de reunion)" 등 개별 법률을 통하여 보장된다.

　상대적으로 민주화의 진전이 늦었던 독일에서는 국가 차원에서 정치적인 집회를 금지하려는 경향에 대응하여 집회의 자유를 기본권으로 확립하고자 하는 노력이 이루어졌다. 프랑크푸르트 헌법(초안, 1849년)에 집회의 자유를 명시하였으나 실제로 시행되지는 못하였다. 바이마르헌법(1919년)에 이르러서야 집회의 자유를 기본권으로 보장하였으며, 이를 이어받은 독일 기본법(1949년)에서도 집회의 자유를 명시하고 있다.[6]

　우리 헌법은 영국·미국·프랑스·독일의 헌법의 영향을 받아 제헌헌법(1948년) 제13조에서 "모든 국민은 법률에 의하지 아니하고는 언론·출판·집회·결사의 자유를 제한받지 아니한다"고 규정하면서 집회의 자유를 헌법상 기본권으로

---

4) Congress shall make no law respecting an establishment of religion, or prohibiting the free exercise thereof; or abridging the freedom of speech, or of the press; or the right of the people peaceably to assemble, and to petition the government for a redress of grievances. Cornell University Law School Legal Information Institute, "First Amendment", https://www.law.cornell.edu/constitution/first_amendment, (검색일: 2020. 3. 23.)

5) 이외에도 "유럽 인권 협약(La Convention europeenne des droits de l'homme)" 제11조의 "집회 및 결사의 자유(Liberté de réunion et d'association)" 규정으로부터 집회의 자유의 법적 근거를 확인할 수 있다. 또한, 프랑스 헌법위원회(Le Conseil constitutionnel)는 "1995년 1월 18일의 헌법위원회 결정(Décision n° 94-352 DC du 18 janvier 1995)"에서 "사상과 의견의 집단적 표현권(droit d'expression collective des idées et des opinions)"을 언급하면서 집회의 자유가 헌법적 가치를 갖고 있음을 확인한 바 있다. 프랑스 헌법위원회 홈페이지, http://www.conseil-constitutionnel.fr/conseil-constitutionnel/francais/les-decisions/acces-par-date/decisions-depuis-1959/1995/94-352-dc/decision-n-94-352-dc-du-18-janvier-1995.10612.html (최종검색: 2016. 12. 31) 참조.

6) 장영수, 앞의 글, p.188.

인정하였다. 또한, 집회의 자유를 보장하면서도 집회의 자유와 다른 기본권이 경합하는 경우에 집회의 자유를 제한할 필요가 있는 부분을 「집회 및 시위에 관한 법률」(이하 '집시법'이라 한다)로 규정하고 있다.

2. '집회의 자유'의 보장 및 제한

집회·시위의 자유는 국민의 정치적·사회적·문화적 의사 표현의 수단이자 여론 형성의 한 과정이다. 특히, 대의민주주의를 근간으로 하는 현대 국가에서 집회의 자유는 대의 과정에서 누락 또는 간과될 수 있는 소수의견이나 정치적 신념을 외부에 표출하고, 이를 정치 과정에 투입해 보완하는 정치적 자유의 핵심적인 기능을 수행한다.[7] 이러한 관점에서 헌법은 집회·시위의 형태로 표현되는 표현의 자유에 대한 우월적 지위를 인정하고 있다. 헌법재판소에서도 "헌법이 집회의 자유를 보장하는 것은 관용과 다양한 견해가 공존하는 다원적인 열린 사회에 대한 헌법적 결단"이라는 입장을 견지한다.[8]

2.1. 집회·시위의 보장

집회 및 시위의 자유는 헌법에서 보장하는 국민의 기본권으로서 최대한 보장되어야 하며, 법률로써 제한하더라도 그 본질적인 내용을 침해할 수는 없다. 따라서 집시법도 이러한 헌법의 이념에 따라 공공의 안녕질서 유지를 위한 최소한의 제한만을 규정하여 집회·시위의 자유를 보호할 필요가 있다.

집회 및 시위에 대한 방해 금지

집시법 제3조【집회 및 시위에 대한 방해 금지】① 누구든지 폭행, 협박, 그 밖의 방법

---

7) 윤성철, 앞의 글 (2012), p.19.
8) 헌법재판소 2003. 10. 30. 선고, 2000헌바67 결정.

으로 평화적인 집회 또는 시위를 방해하거나 질서를 문란하게 하여서는 아니
된다.

② 누구든지 폭행, 협박, 그 밖의 방법으로 집회 또는 시위의 주최자나 질서유지
인의 이 법의 규정에 따른 임무 수행을 방해하여서는 아니 된다.

③ 집회 또는 시위의 주최자는 평화적인 집회 또는 시위가 방해받을 염려가 있
다고 인정되면 관할 경찰관서에 그 사실을 알려 보호를 요청할 수 있다. 이 경우
관할 경찰관서의 장은 정당한 사유 없이 보호 요청을 거절하여서는 아니 된다.

집시법 제3조는 폭행, 협박, 그 밖의 방법으로 평화적인 집회·시위를 방해
하거나 질서를 문란하게 하여서는 안 되며, 집회·시위의 주최자·질서유지인의
집시법 규정에 따른 임무 수행을 방해할 수 없도록 규정하고 있다(제1항 및 제2
항). 여기에서 '폭행, 협박, 그 밖의 방법'에 대해서는 '일정한 사람에 대한 직·간
접의 유형력의 행사나 외포심을 일으키게 할 만한 정도의 해악의 고지'로서 형
법상 광의의 폭행·협박으로 해석하는 것이 타당하다.

평화적인 집회·시위를 보호하는 방법으로 주최자가 경찰관서에 집회·시위의
보호를 요청할 수 있다(제3항). 이에 따라, 보호 요청을 받은 경찰관서장은 제반
상황을 고려하여 적절한 조치를 해야한다. 또한, 주최자의 보호 요청을 관할 경
찰관서의 장이 정당한 이유 없이 거절할 수 없도록 보호 의무를 규정하였다(집
시법 제3조 제3항 후단). 주최자의 보호 요청을 관할 경찰관서장이 정당한 이유 없
이 거절하면, 집시법상의 처벌 규정은 없으나 형법상 직무유기죄의 적용을 받을
수 있다.

집회·시위를 방해하는 경우에는 '3년 이하의 징역 또는 300만원 이하의 벌
금'을 벌칙으로 부과한다(집시법 제22조 제1항). 특히 군인·검사 또는 경찰관이
집회·시위를 방해하는 경우에는 '5년 이하의 징역'을 벌칙으로 부과하여 가중처
벌한다. 군인·검사 또는 경찰관의 집회·시위 방해 행위에 대해서는 종전의 규
정에서 '집회·시위를 방해할 목적'을 요구하였으나, 현행 집시법은 방해 목적이
없더라도 가중처벌하도록 규정하고 있다.

특정인 참가의 배제

집시법 제4조【특정인 참가의 배제】 집회 또는 시위의 주최자 및 질서유지인은 특정한 사람이나 단체가 집회나 시위에 참가하는 것을 막을 수 있다. 다만, 언론사의 기자는 출입이 보장되어야 하며, 이 경우 기자는 신분증을 제시하고 기자임을 표시한 완장(腕章)을 착용하여야 한다.

집회·시위의 주최자 및 질서유지인은 특정한 사람이나 단체가 집회·시위에 참여하는 것을 막을 수 있다. 이는 주최자의 판단에 따라 집회·시위에 방해가 될 수 있는 특정한 사람이나 단체가 집회·시위에 참여하지 못하게 막을 수 있도록 하는 제도로, 질서유지인 제도와 함께 독일 집시법에서 도입하였다. 다만, 언론사의 기자는 집회·시위 현장에 출입할 수 있다. 이는 기자의 취재활동을 보장하기 위하여 예외를 인정하는 것이다. 그러나, 기자도 신분증을 제시하고 기자임을 표시한 완장을 착용함으로써 일반 참가자와 구별되어야 한다.

2.2. '집회의 자유'에 대한 제한의 필요성

헌법재판소는 헌법이 집회의 자유를 보장하는 것이 관용과 다양한 견해가 공존하는 "열린 사회에 대한 헌법적 결단"이라고 보았다.[9] 그렇지만, 개인이 자신의 의사를 표현하는 것과 달리, 여러 사람이 모여 집단행동을 표출한다는 점에서 상대적으로 공공의 안녕질서 또는 법적 평화를 안정적으로 유지하려는 다른 사람의 권익과 충돌할 가능성이 크다. 특히 옥외집회·시위의 경우에는 그 위험이 상대적으로 증가할 수 있다. 여러 사람이 도로 등 공공장소를 사용하면서 집단적으로 행동하는 과정에서 집회에 참여하지 않는 불특정 다수에게 불편을 주거나 공공질서에 위험을 초래할 가능성이 크기 때문이다. 폭력적인 수단을 사용하는 것과 같이, 집회·시위를 통한 집단적 권리 행사가 그릇된 방향으로 전개

---

9) 헌법재판소 2003. 10. 30. 선고, 2000헌바67 결정.

되면 법적 안정성과 민주적 기본질서에 중대한 위협을 초래할 수 있다.

[헌법재판소 1994. 4. 28. 선고, 91헌바14 결정] 집회·시위의 자유는 민주정치의 실현에 매우 중요한 기본권인 것은 사실이지만, 다수인의 집단행동에 관한 것이기 때문에 집단행동의 속성상 의사표현의 수단으로써, 개인적인 행동의 경우보다 공공의 안녕질서나 법적 평화와 마찰을 빚을 가능성이 큰 것 또한 사실이다.

우리 헌법이 보장하는 '자유'는 공공질서를 유지하는 국가가 존재할 것을 전제로 한다. 따라서 공공질서를 보장하지 못하는 무정부 상태에서는 집회의 자유 자체도 상실될 수밖에 없다. 때문에 '인간 및 시민의 권리선언'(1789년) 제4조 및 '시민적 및 정치적 권리에 관한 국제규약'(1966년) 제21조 등에서도 법률로써 '공공의 질서'와 '타인의 자유'를 보호하기 위하여 '개인의 자유'인 집회의 자유를 제한할 수 있음을 인정하고 있다.

'인간 및 시민의 권리선언'(1789년) 제4조 '자유'란 타인을 해치지 않고서 자기가 하고 싶은 대로 한다는 의미이다. 따라서 각자의 자연권 행사는 사회의 다른 성원에 대해서도 동등한 권리를 누릴 수 있도록 하는 한도 내에서 이루어져야 한다. 이러한 한도는 법률로써만 정할 수 있다.[10]

'시민적 및 정치적 권리에 관한 국제규약'(1966년) 제21조 평화적인 집회의 권리가 인정된다. 이 권리의 행사에 관하여는 법률에 따라 부과되고, 또한 국가의 안전 또는 공공의 안정, 공공질서, 공중의 건강, 도덕의 보호 또는 타인의 권리와 자유의 보호를 위하여 민주사회에 필요한 것 이외의 어떠한 제한도 과하여져서는 안 된다.[11]

집회의 자유는 민주사회에서 국민이 자유롭게 누리는 기본적 권리이다. 하지만, 집회의 자유가 가지는 순기능과 역기능을 고려할 때 장소적·시간적 제한 없

---

10) 스기하라 야스오(이경주 역), 헌법의 역사, 이론과 실천 (1999), p.40, 윤성철, 앞의 글 (2012), p.20에서 재인용.
11) 이준섭, "집회의 자유와 경찰권 행사에 관한 연구", 박사학위 논문, 영남대학교 (2011), p.36; 우리나라는 이 규약이 1990. 7. 10.에 발효되었다.

이 완전히 자유롭게 자기의 의견을 표현할 자유라고 할 수는 없다. 언론·출판·집회·결사의 자유가 절대적인 기본권이 아닌 이상 아무런 제한 없이 허용되는 것은 아니기 때문이다.

> [대법원 2006. 5. 26. 선고, 2004다62597 판결] 언론·출판·집회·결사의 자유가 절대적인 기본권이 아닌 이상 개인이 하고자 하는 표현행위가 아무런 제한 없이 허용되는 것이 아니고, 헌법 제37조 제2항에 근거한 법률적 제한을 받을 수도 있다.

집회의 자유는 공공의 안녕질서와 적절한 조화를 이루는 한도에서 상대적 보장의 성질을 갖는다.[12] 헌법은 제37조 제2항에서 '공공의 질서'와 '타인의 자유'를 위해서 필요한 경우에 기본권을 제한할 수 있다고 규정한다. 다만, 기본권의 제한은 그 자체로 목적이 될 수 없으며, 개별 기본권이 가지는 특성에 내재하는 위험으로부터 다른 법익을 보호하고자 하는 목적이어야 한다. 따라서 기본권을 제한하기 위해서는 그 기본권에 포함된 위험의 특성을 고려하여 제한의 방법도 달리해야 한다.[13] 이러한 관점에서 국가는 집회·시위의 자유를 최대한 보호 내지 보장하여야 하지만, 공공의 안녕과 질서를 위협하는 집회·시위로부터 선량한 국민을 보호하고, 다른 기본권과의 조화를 도모할 필요가 있다.

2.3. '집회의 자유'와 다른 기본권의 충돌

집회의 자유는 헌법상 보장된 국민의 기본권이지만 다수가 모여 자신들의 의사를 집단으로 표시하는 과정에서 타인의 기본권과 충돌할 가능성이 있다. 이 경우, 집회의 자유에 대한 그릇된 인식과 집단이기주의로 집회·시위의 자유에 내재된 한계를 벗어나 일탈 행위로 집회·시위와 직접적인 관련이 없는 일반인의 법익이 피해를 입을 수 있다. 이는 집회·시위를 통해 자신들의 의사를 전달

---

12) 박경래·황정인·박노섭·안정민, "집회·시위에 대한 경찰대응 기준과 개선방안", 형사정책연구원 연구총서 09 - 13, 한국형사정책연구원 (2009), p.9.
13) 이준섭, 앞의 글, p.37.

하고자 하는 상대방을 괴롭히거나, 일반 시민에게 고통을 유발하여 자신들의 요구사항을 관철하려는 사례 등에서 확인할 수 있다.[14]

공공의 안녕·질서와 집회의 자유

'공공의 안녕'이란 "국가 공동체의 존속과 기능이 방해받지 않고 정상적으로 활동하는 상태와 개인의 생명·신체·자유·재산 등의 개인적 법익의 불가침"을 말한다. '공공의 질서'란 "사회를 지배하는 윤리관·가치관에 비추어 이를 준수하는 것이 사회공동체를 영위하는 전제조건으로 인식되는 법규범을 제외한 규범의 총체"를 의미한다.[15]

'공공의 안녕·질서'라는 보호법익과 관련하여 집회·시위의 내재적 한계로서 가장 중요한 요소가 바로 '평화적·비폭력적·비무장'으로 집회·시위가 이루어져야 한다는 것이다. 주장이 정당하다고 하더라도 그 방법이 공공의 안녕을 해치거나 개인의 생명·신체·재산권 등을 침해할 수 있는 폭력적인 방법이라면 법의 보호를 기대할 수 없다. 자유민주주의 국가에서 부여되는 정치적·민주적 기본권으로서의 집회·시위의 자유를 주장하면서 폭력적인 방법을 사용하는 것은 스스로 민주적 기본질서를 부정하는 것이다. 독일은 「독일 기본법」에서 집회·시위의 자유를 인정하면서도 '평화적이고 비무장이어야 한다'는 내재적 한계를 명문으로 규정한다.[16] 우리 헌법재판소 역시 집회·시위는 평화적·비폭력적이라야 보호받을 가치가 있음을 명확하게 밝히고 있다.

[헌법재판소 2003. 10. 30. 선고, 2000헌바67·83(병합) 결정] 집회의 자유에 의하여 보호되는 것은 단지 '평화적' 또는 '비폭력적' 집회이다. 집회의 자유는 민주국가에서 정신적 대립과 논의의 수단으로서, 평화적 수단을 이용한 의견의 표명은 헌법적으로 보호되지만, 폭력을 사용한 의견의 강요는 헌법적으로 보호되지 않는

14) 김종양, "집회·시위로 인한 타인의 법익보호에 관한 연구", 박사학위 논문, 동국대학교 (2003), pp.50 - 61.
15) 윤성철, 앞의 글 (2012), p.22.
16) 서보학, "평화적 시위문화 정착을 위한 시민·경찰·입법자의 역할 모색", 경희법학 제36권 제1호, 경희대학교 경희법학연구소 (2001), p.125.

다. 헌법은 집회의 자유를 국민의 기본권으로 보장함으로써, 평화적 집회 그 자체는 공공의 안녕질서에 대한 위험이나 침해로서 평가되어서는 아니 되며, 개인이 집회의 자유를 집단적으로 행사함으로써 불가피하게 발생하는 일반대중에 대한 불편함이나 법익에 대한 위험은 보호법익과 조화를 이루는 범위 내에서 국가와 제3자에 의하여 수인되어야 한다는 것을 헌법 스스로 규정하고 있는 것이다.

일반 시민의 통행권과 집회의 자유

교통은 인간의 경제·사회적 활동이 이루어지는 중요한 수단이다. 교통의 양과 질은 사회 구성원이 행복을 추구하는 핵심적인 요인이라 할 수 있다. 집회·시위의 관점에서 교통과 관련하여 대두되는 문제가 교통체증이다. 집회·시위를 개최하는 과정에서 차도를 이용하여 행진하거나, 도로를 점거하며 시위하거나, 차량시위와 같은 방법으로 일반 시민의 통행에 지장을 초래할 수 있다. 자신들의 요구사항을 보다 강력하게 전달하는 방편으로 차도 행진·시위를 선호하는 것이지만, 이러한 집회·시위 방법은 자연스럽게 교통체증이나 불편으로 이어져 일반 시민의 자유로운 통행을 방해하게 된다. 집회·시위로 발생하는 교통혼잡으로 소모되는 사회적·경제적 비용도 적지 않다.[17]

집시법은 제12조에서 교통 소통을 위하여 필요한 경우에 집회·시위를 금지 또는 제한할 수 있도록 하면서도, 질서유지인을 두고 행진하는 경우에는 이를 금지할 수 없다고 규정하고 있다. 1999년 시행된 "新 집회·시위 관리지침"에 따라 경찰이 집회·시위의 자유를 보장하려는 입장으로 방침을 전환하면서 시위 또는 행진할 때 차도로 행진하는 것을 제한하지 않으면서 차도를 이용하여 시위·행진하는 경우가 증가하였다.[18] 이에 따라 집회·시위 참가자의 주의·주장에 동조하지 않는 일반인은 도로에서 이루어지는 집회·시위로 인해 자신의 의사와 관계없이 다른 길로 우회하거나 교통 체증으로 상당한 시간을 도로에서 보내야

---

17) 윤성철, 앞의 글 (2012), pp.23 - 24. 예를 들어, 2002년 3월 31일에 민중연대의 주최로 서울 종로구 소재 종묘공원에서 약 1만 3천여 명이 참석한 집회를 개최하고 명동성당까지 약 3시간 동안의 집회·행진으로 인한 교통혼잡 비용만 약 17억원 이상으로 추산한 바 있다.
18) 경찰청, 경찰백서 (2000), pp.227 - 228.

하는 등 교통 소통 장애에 따른 불편이나 피해라는 개인적 법익을 침해받게 된다.[19]

소음으로 인한 사생활·환경·학습권과 집회의 자유

집회·시위와 관련하여 교통 소통의 장애뿐만 아니라 과도한 소음의 문제도 제기된다. 집회를 개최하는 이유는 자기의 의사를 불특정 다수에게 전달하고자 하는 것이다. 따라서 집회의 참석인원 및 규모에 따라 더 정확하게 의사를 전달하기 위하여 확성기 등과 같은 음향 보조 장치의 사용을 피할 수는 없다. 이 때문에 집회·시위에서 어느 정도의 소음은 발생할 수밖에 없고, 이는 일반 국민이 수인해야 한다.[20]

실질적으로 문제가 되는 것은 과도한 소음으로 위력과 기세를 보이고 상대방에게 괴로움을 주기 위한 목적으로 집시법의 허용범위를 넘어서는 소음을 유발하는 경우이다.[21] 더욱 큰 소리를 위해 이벤트 회사를 동원하기도 하고, 동시에 호루라기를 불거나, 감정적인 불편함을 일으키는 장송곡을 송출하기도 한다. 이러한 소음은 신체적·심리적으로 부정적인 영향을 줄 수 있으며, 업무의 방해나 능률의 저하를 일으킬 수 있다. 필요 이상의 소음에 노출되면 심혈관 질환, 관상동맥 질환의 위험도를 증가시키며, 정신적·육체적 스트레스의 원인으로 작용하여 스트레스를 원인으로 하는 면역체계 기능이나 호르몬 분비의 이상을 초래할 수 있다. 소음으로 수면장해가 발생하면 학습과 기억력 저하에 부정적인 영향을 미칠 수 있으며, 심할 경우 인지장애를 유발할 수도 있다.[22] 실제로 집회 장소 주변의 거주자 또는 상가나 통행하는 시민들이 감내하는 수준 이상의 소음을 유

19) 명영수, "부정적 집회·시위의 규제 및 개선을 위한 헌법 이론적 고찰", 석사학위 논문, 고려대학교 정책대학원 (2002), p.16.
20) 대법원 2008. 9. 11. 선고, 2004도746 판결; 대법원 2004. 10. 15. 선고, 2004도4467 판결; 이희훈, "집회 및 시위에 관한 법률상 집회·시위 소음 규제 조항의 문제점 및 개선방안", 인권과 정의 제471호 (2018), pp.90-91.
21) 조길형, "집회 및 시위에 관한 법률 왜 문제인가?", 치안정책연구 제11호, 경찰대학 치안정책연구소 (1998), pp.443 - 446.
22) 민경복, "소음 수준별 인체에 미치는 영향", 집회시위 자유와 시민 평온권과의 합리적 조화를 위한 집회소음 규제개선 토론회, 강창일 국회의원실·경찰청 (2019. 10. 22.), pp.43-49.

발하여 고통과 불편을 호소하는 경우가 다수이며, 병원의 환자, 학교·도서관 주변의 학생·학부모들은 소음으로 인한 신체적 피해와 함께 학습권 침해를 주장하며 경찰 등 관련 기관에 민원을 제기하는 사례도 적지 않다.[23]

사생활의 자유와 집회의 자유

집회·시위가 이루어지는 장소는 일반인이 자유롭게 통행할 수 있는 공공장소뿐만 아니라 개인의 사생활이 보호되어야 하는 주거지역 등의 사적 공간에서 개최되는 경우가 증가하고 있다. 집회란 본래 소수자들이나 사회의 주된 위치에 있지 않아서 언론 등을 통해 자신들의 의사를 전달하여 여론을 형성할 수 없는 처지에 있는 사람들이 모여 자신들의 뜻을 전달·표현할 수 있는 권리이다.[24] 따라서 일반적으로 공공장소에서 집회·시위를 개최하는 것이 집회·시위의 본래 의미에 충실하다고 할 수 있다.

그러나 일부에서는 더 효율적이고 쉬운 방법으로 자신들의 목적을 달성하려고 하거나, 집회·시위의 상대방에게 강한 충격을 주기 위한 목적으로 상대방의 거주지 또는 영업장의 주변에서 집회를 개최하는 예도 있다. 이와 같은 집회·시위의 방법을 선택하는 경우의 대부분은 처음부터 상대방의 가족이나 이웃에게 집회·시위를 통하여 심리적으로 압박을 가하는 것이 주된 목적으로 보인다. 이 방법은 자신의 주장을 효과적으로 관철하기 위한 현실적인 수단이 될 수는 있겠지만, 집회·시위의 상대방은 물론 법률적·사실적 이해관계가 없는 가족이나 주변인에게까지 명예와 사생활에 중대한 피해를 감수할 것을 요구하게 된다는 문제를 야기할 수 있다. 때에 따라서는 인접 장소에 거주하는 타인들의 평온한 생활을 영유할 권리의 침해 우려를 내포하고 있다.[25]

---

23) 윤성철, 앞의 글 (2012), p.25.
24) Olwen Hufton, Historical change and human rights, Baltimore: Basic Books (1995), p.78, 윤성철, 앞의 글 (2012), p.26에서 재인용.
25) 명영수, 앞의 글, p.18.

타인의 집회·시위의 자유 침해

사전신고제를 채택하고 있는 집시법은 같은 장소에서 상반된 견해를 주장하는 집회·시위가 개최되어 참가자 사이에 충돌이 발생하는 것을 방지하기 위하여 시간과 장소가 경합하는 집회·시위가 경합할 때 후순위 집회·시위를 금지·제한한다(제8조). 하지만 이 규정을 악용하는 사례도 있다. 집회 기간 및 장소를 구체적으로 제한하지 않는 것을 악용하여 집회하기 좋은 장소를 사전에 선점하거나, 고의로 다른 단체나 반대 단체가 집회하지 못하도록 하려고 미리 집회·시위를 신고하는 이른바 위장 집회·시위 신고 등이 그러한 예이다.[26]

위장 집회·시위 신고의 문제를 해결하기 위해 2004년 집시법에서 집회·시위 48시간 전까지 신고하도록 하던 것을 집회·시위 개최 전 720시간에서 48시간 전까지 신고하도록 관련 내용을 개정하였다. 또한 2016년 집시법에서는 후순위 집회·시위를 신고하였을 때 상반된 견해를 주장하는 선순위 집회·시위가 신고되었더라도 먼저 양 단체 간 사전 협의를 통해 최대한 많은 사람의 집회·시위의 자유를 보장하기 위해 노력하도록 개정하였다. 그러나 사전 조정이 이루어지지 않으면 변함없이 후순위 집회에 대한 금지통고를 할 수 있다는 점에서 위장 집회·시위 신고 문제는 완전히 해결되지 못하였다.

2.4. '집회의 자유'에 대한 제한

기본권에 대한 제한은 헌법유보에 의한 제한과 법률유보에 의한 제한이 있으며, 추가로 헌법유보에 의한 제한규정이 없다고 하더라도 타인의 권리를 침해해서는 안 된다는 것, 도덕률을 준수해야 한다는 것, 헌법질서를 존중해야 한다는 것 등은 국가적 공동생활을 위해 당연히 내재하는 제약요소라는 견해도 있다.[27] 우리 헌법에 이러한 내재적 한계에 대한 명문 규정은 없으나, 모든 기본권에 대하여 일반적 법률유보로써 제한할 가능성을 두고 있기에 기본권 제한과 관

---

26) 김종양, 앞의 글, p.60; 윤성철, 앞의 글 (2012), pp.26 - 27.
27) 권영성, 헌법학원론, 법문사 (2009), p.344.

련한 내재적 한계에 대해서는 별도로 언급하지 않는다.

헌법유보에 의한 제한

헌법유보에 의한 제한이란 헌법에서 직접 기본권을 제한하는 것으로, 우리 헌법은 일반적 헌법유보를 명문에 규정하지는 않지만 헌법 제21조 제4항의 규정과 같이 언론·출판의 자유에 대한 개별적 헌법유보는 존재한다.

> 헌법 제21조 ④ 언론·출판은 타인의 명예나 권리 또는 공중도덕이나 사회윤리를 침해하여서는 아니된다. 언론·출판이 타인의 명예나 권리를 침해한 때에는 피해자는 이에 대한 피해의 배상을 청구할 수 있다.

이를 근거로 언론·출판의 자유에 대한 개별적 헌법유보에 근거하여 집회의 자유와 언론·출판의 자유 모두 표현의 자유에 해당하는 영역으로 보아 이를 집회의 자유에 적용할 수 있다는 견해도 있다. 그러나 집회의 자유에 대한 제한은 여러 사람의 참여로 발생할 수 있는 제3자 또는 공공일반에 대한 물리적·대중심리적 현상으로 야기될 위험에 대처하는 데 중점을 두어야 한다고 보면 언론·출판의 자유에 대한 헌법유보를 집회의 자유에 적용하는 것은 유추해석으로 기본권을 제한한다는 비판이 가능하다.[28] 따라서 집회의 자유를 제한하는 헌법유보는 없다고 할 수 있다.

법률유보에 의한 제한

집회의 자유는 헌법 제37조 제2항의 규정에 따라 법률유보로 제한될 수 있다. 이는 기본권을 제한하는 근거인 동시에 그 한계를 명확하게 하여 기본권을 최대한 보장하기 위한 장치로 해석된다.[29]

---

28) 이준섭, 앞의 글, p.38.
29) 윤성철, 앞의 글 (2012), p.28.

헌법 제37조 ② 국민의 모든 자유와 권리는 국가안전보장·질서유지 또는 공공복리를 위하여 필요한 경우에 한하여 법률로써 제한할 수 있으며, 제한하는 경우에도 자유와 권리의 본질적인 내용을 침해할 수 없다.

집회의 자유를 제한하는 주된 법률로 집회에 관한 기본법인 집시법이 있으며,「형법」,「국가보안법」,「화염병 사용 등의 처벌에 관한 법률」,「경찰관 직무집행법」 등이 적용될 수 있다. 또한「헌법」제76조의 긴급명령 및 제77조의 계엄에 따라 예외적으로 제한될 수 있다.

이외에도, 집회의 자유를 일시적으로 제한할 필요가 있을 때 별도의 법률을 제정하기도 하는데,「G20 정상회의 경호안전을 위한 특별법」이 그 예가 될 수 있다. 이 법은 2010년 11월 11일부터 12일까지 2일간 개최되었던 G20 정상회의 경호안전을 위하여 필요한 사항을 규정하였으며, 2010년 6월 8일 법률 제10362호로 제정되고 2010년 10월 1일부터 시행되어 2010년 11월 15일까지 적용되었다. 집회·시위와 관련하여, 같은 법 제8조에 경호안전업무 수행을 위하여 필요한 경우에 경호안전통제단장이 경호안전구역 내에서의 집회·시위를 제한하여 줄 것을 관할 경찰관서장에게 요청할 수 있으며, 이 경우 집시법의 규정에도 불구하고 집회·시위를 제한하도록 규정한 바 있다.

G20 정상회의 경호안전을 위한 특별법 제8조【집회 및 시위의 제한】 ① 통제단장은 교통소통, 질서유지 등 원활한 경호안전업무 수행을 위하여 필요한 경우에 한하여, 관할 경찰관서의 장에게 경호안전구역에서 집회 및 시위를 제한하여 줄 것을 요청할 수 있다. 다만,「집회 및 시위에 관한 법률」제15조에 따른 집회는 제한을 요청할 수 없다.
② 제1항의 요청을 받은 관할 경찰관서의 장은「집회 및 시위에 관한 법률」에도 불구하고 경호안전구역에서의 집회 및 시위를 제한하여야 한다.
③ 제2항에 따른 집회 및 시위의 제한기간은 정상회의 기간을 포함하여 5일을 초과할 수 없다.

3. '집회의 자유' 제한의 한계

3.1. '집회의 자유' 제한의 본질적 한계

본질적 내용 침해 금지

집회의 자유는 민주주의 실현을 위해 필수적인 기능을 수행한다는 점에서 부득이 집회·시위를 제한하더라도 그 본질적인 내용이 침해되지 않도록 신중하게 판단해야 한다. 우리 헌법에서 명문으로 집회·시위의 허가제를 절대적으로 금지하고 있는 것도 이러한 이유 때문이다. 그러나 집회의 자유가 공공질서 및 타인의 자유·권리와 같은 개인적·사회적·국가적 이익과 충돌하는 경우에 법률로써 필요최소한도의 제한은 불가피하다. '집회 자유의 제한'의 목적 및 방법은 기본권 상호 간 또는 기본권과 국가의 이익 사이에 발생하는 모순이나 충돌을 조정한다는 한계에 머물러야 하기 때문이다.[30]

명백하고 현존하는 위험의 원칙

'명백하고 현존하는 위험'의 원칙은 집회·시위를 규제하기 위해서는 그 집회·시위가 헌법상 금지된 위험을 초래할 명백하고 현존하는 위험이 있다는 것을 국가가 입증하여야 한다는 이론으로, 위험발생 여부에 대한 사실인정의 기준이 되는 증거 법칙의 성격을 갖는다.[31] 이 원칙은 미국 연방대법원 판결인 1919년 'Schenck v. United States 사건'에서 소수 의견으로 언급되었다. 이후 1930년대 중반부터 다수의견으로 자리잡았다. 1951년 'Dennis v. United States 사건'에서 공산당 최고 간부들이 국가보안법인 스미스법을 위반했다고 인정하면서 미국 연방대법원은 '명백하고 가능한 위험(clear and probable danger)'이라는 기준을 선택하기도 했다. 그러나 1957년에 표현의 자유를 보장하지 못한다는

---

30) 윤성철, 앞의 글 (2012), p.29.
31) 윤성철, 앞의 글 (2012), pp.32 - 33.

이유로 '명백하고 급박한 위험(clear and imminent danger)'이라는 기준으로 변경하였다. 이후 1969년 KKK단 집회에서 인종차별적 발언을 한 것과 관련한 'Brandenburg v. Ohio 사건'에서 폭력에의 선동을 처벌하기 위해서는 위법한 행동이 의도되고 그 발생이 급박한 것이 아니면 안 된다고 하면서 위험의 기준을 더욱 엄격하게 적용하였다.[32)]

'명백'하다는 것은 집회와 해악의 발생 사이에 밀접한 인과관계가 있다는 것이며, '현존'한다는 것은 위험의 발생이 시간상으로 근접하고 있는 경우를 의미한다. 또한 '위험'은 공공의 이익에 대한 침해가 발생할 수 있는 개연성을 의미한다. 이 부분에서 '위험'이 어느 정도로 '현존'하는가, 즉 '침해 발생의 개연성이 어느 정도로 근접하였는가'에 대한 판단이 현실적으로는 주관적일 수밖에 없다는 것이 문제가 될 수 있다. 입법에 따른 기준이 행위 이후에 이루어지는 사법판단의 기준으로서는 적합할 수 있지만, 행정기관이 사전적으로 집회의 자유를 규제하는 판단의 기준으로 설정하기에는 부적합할 수 있다.[33)]

헌법재판소는 '조통특연 발족선언문 사건'에서 명백하고 현존하는 위험에 관하여 다음과 같이 판단하여야 한다는 입장이다.

[헌법재판소 1992. 1. 28. 선고, 89헌가8 결정] 합헌적 규제의 대상으로서의 집회는 공공의 안녕과 질서유지에 직접적인 위협을 가할 것이 명백한 경우에 한정할 것이나, 위협을 가할 것이 명백한가의 여부는 구체적 사안을 놓고 집회의 장소·목적·태양·내용 등 모든 정황을 종합하여 객관적으로 예측 판단될 경우라야 할 것이다.

이외에도 집회의 자유가 민주주의를 실현하기 위한 필수적인 전제조건이므로 헌법상 규정된 경제적 자유권보다는 상대적으로 우위에 있다고 보는 '이중기준의 원칙', 집회의 자유를 제한할 때에는 국가안전보장, 질서유지, 공공복리 등의 더욱 큰 공익의 보호가 필요한 경우로 한정된다는 '법익형량의 원칙' 등이 논의되고 있다.[34)]

---

32) 박용상, 표현의 자유, 현암사 (2002), pp.109 - 110; 장호순, 미국헌법과 인권의 역사, 개마고원 (1997), pp.83 - 128.
33) 윤성철, 앞의 글 (2012), p.32; 이준섭, 앞의 글, p.44.

3.2. 집시법에 의한 제한의 한계

사전억제 금지의 원칙

이 원칙은 언론·출판에 대한 허가나 검열 금지 및 집회·결사에 대한 허가를 금지하는 것을 의미한다. 검열을 금지한다는 것은 어떠한 사상이나 의견을 발표하기 전에 국가기관에 의하여 그 내용을 심사·선별하여 일정한 표현을 저지하는 것을 말하며, 허가는 집회의 일반적 금지를 전제로 국가의 재량으로 허가처분에 따라 특정한 경우에 금지를 해제해 주는 것을 의미한다. 따라서 사전억제 금지의 원칙에 의하여 집회·시위의 개최를 사전적으로 통제하는 것은 원칙적으로 허용될 수 없으며, 사전통제로 인한 피해 또한 사후에 구제받을 수 있어야 한다.[35]

명확성의 원칙

집회·시위의 자유를 제한하는 법률이 불확정 개념이나 막연한 용어를 사용하여 그 의미를 추정할 수밖에 없는 경우에 관한 해석에 대해 헌법재판소는 다음과 같이 정의하고 있다.

> [헌법재판소 1992. 1. 28. 선고, 89헌가8 결정] 법치주의에서 요구되는 명확성의 원칙은 입법자의 입법의도가 건전한 일반상식을 가진 자에 의하여 일의적으로 파악될 수 있는 정도의 것을 의미하며, 이로써 법률규정의 구성요건적 내용에 따라 국민이 자신의 행위를 결정지을 수 있도록 명확한 것을 의미하는 것이다.

이 원칙에 따라 집회·시위의 자유를 제한하는 법률의 기준이 명확하지 않다면 그 법률규정은 위헌·무효인 규정이라 할 수 있다. 이와 관련하여 舊 집시법 (1980. 12. 18. 법률 제3278호로 제정되고 1989. 3. 29. 법률 4095호로 전부개정 되기 전의

---

34) 이준섭, 앞의 글, p.45.
35) 이준섭, 앞의 글, p.41.

것) 제3조에서 규정하였던 "현저히 사회적 불안을 야기시킬 우려가 있는 집회"
의 주관자 처벌에 관한 규정에 대해 당시 대법원은 합헌으로 해석하였다.

[대법원 1986. 9. 9. 선고, 86도1187 판결] 집시법 제3조 제1항 제4호에서 금지한
현저히 사회적 불안을 야기시킬 우려가 있는 집회라 함은 공공의 안녕과 사회일
반의 질서적 안정을 객관적으로 명백하게, 또한 사회통념상 수인(修忍)할 수 있
는 정도를 넘어서 침해할 고도의 개연성 있는 집회 또는 시위를 말하는 것이어
서 그러한 집회 및 시위를 금지한 동 규정은 헌법상 보장된 집회의 자유와 죄형
법정주의를 침해하지 아니하는 합헌 규정이다.

이후 1989년에 집시법을 전부개정하면서 "현저히 사회적 불안을 야기시킬
우려가 있는 집회 또는 시위"라는 문구를 "공공의 안녕질서에 직접적인 위협을
가할 것이 명백한 집회·시위"로 개정하였다. 한편, 헌법재판소는 1997년 결정
에서 "현저히 사회적 불안을 야기시킬 우려가 있는 집회주관자 처벌규정"에 대
해 소정의 행위가 "공공의 안녕과 질서에 직접적인 위협을 가할 것이 명백한 경
우에 한하여 적용된다고 해설할 때만 합헌(한정합헌)이라고 보았다.

[헌법재판소 1997. 1. 16. 선고, 92헌마6·26, 93헌마34·35·36 병합 결정] 현저히
사회적 불안을 야기시킬 우려가 있는 집회 주관자 처벌규정은 과도하게 광범위
하고 불명확하므로 헌법상 보장된 집회의 자유를 위축시킬 수 있고 법치주의와
권력분립주의 및 죄형법정주의에 위배될 수 있어 그 소정행위가 공공의 안녕과
질서에 직접적인 위협을 가할 것이 명백한 경우에 한하여 적용된다고 해석할 때
만 합헌이다.

과잉금지의 원칙

집회·시위의 자유에 대한 제한은 제한의 목적을 달성하는 데 필요한 최소한
의 범위에서만 허용될 뿐만 아니라, 보호법익과 기본권 제한 사이에 합리적으로
평가되는 일정한 비례관계가 성립되어야 한다는 원칙을 말한다. 따라서 더욱 완
화된 방법으로 위법한 집회를 제재할 수 있음에도 과도한 제재를 부과하는 입법
은 집회의 자유를 억압하는 효과를 가져오게 되어 위헌이다.[36]

이는 집회·시위의 자유를 제한하는 입법상의 한계이면서 동시에 집시법을 적용하는 행정기관에 대해서도 중요한 의의가 있다. 집회·시위의 강제해산에 있어 공공의 질서와 안전이 직접 위협을 받는 경우에 강제해산을 실행해야 한다. 신고 내용을 다소 일탈하였다거나 규정된 조건을 준수하지 않았다는 이유만으로 강제해산이라는 강력한 조치를 집행하는 것은 과잉금지의 원칙에 위배될 수 있기 때문이다.[37]

---

36) 윤성철, 앞의 글 (2012), p.31.
37) 이준섭, 앞의 글, p.43.

II

「집회 및 시위에 관한 법률」의 연혁 및 구조

The Theory and Practice of Assembly and Demonstration

「집회 및 시위에 관한 법률」의 연혁 및 구조

The Theory and Practice of Assembly and Demonstration

「집회 및 시위에 관한 법률」은 집회·시위에 관한 기본법이다. 현행 집시법은 2020년 12월 22일에 법률 17689호로 개정되었으며, 2021년 1월 1일부터 시행되었다. 집시법은 헌법 제37조 제2항에 근거하여 일정한 경우에 집회·시위를 제한한다. 다만 집회·시위를 제한하더라도 그 본질적 내용은 침해할 수 없으므로 사전신고제를 허가제와 같이 운영하는 경우나, 불특정 개념을 지나치게 확대해석하여 적용하는 것은 헌법을 위반한 것으로 허용되지 않는다.[1] 즉 집시법은 헌법에 보장된 시민의 집회·시위의 자유를 보호하기 위해 제정된 법률이기 때문에 집시법에 따른 규제는 예외적인 경우에 그쳐야 한다.[2]

1. 「집회 및 시위에 관한 법률」의 연혁

1.1. 집회·시위에 대한 규율의 시작

근대적인 경찰의 조직법적·작용법적 근거가 마련되었던 갑오경장(1894년)

---

1) 허영, 한국헌법론(전정7판), 박영사 (1998), p.538.
2) 서보학, 앞의 글, p.127.

이후, 군국기무처의 '신정부직제'에 따라 경찰의 조직법적 근거인 「경무청관제직장」(1894. 8. 15.)'이 제정되었다. 작용법적 근거라 할 수 있는 「행정경찰장정」도 제정되면서 우리나라에서 근대적 의미의 경찰제도가 도입되었다. 「경무청관제직장」 제3조에 경찰이 '집회·결사에 관한 사무'를 관장하도록 규정하면서 집회·시위 및 결사와 관련하여 경찰이 업무를 직접 담당하기 시작하였다. 다만 집회·결사에 관한 사무를 구체적으로 어떤 부서에서 어떠한 방법으로 수행하였는지에 관한 구체적인 내용은 알려지지 않았다.

근대적 형태의 집회·시위에 대한 규제가 이루어졌던 원형은 1907년 7월 27일에 제정된 「보안법」 제4조에서 "경찰관은 가로, 기타 공개석상에서 문서·도서의 제시 및 분포, 낭독 또는 언어, 형용 기타의 행위를 하여 안녕질서를 교란시킬 우려가 인정될 때에는 이를 금지하도록 명할 수 있다"고 규정한 것에서 찾을 수 있다.[3] 「보안법」은 1900년 일본의 「치안경찰법」을 토대로 하여 규제의 폭을 확대하고 처벌 내용을 강화한 법률이었다. 이 시기는 '을사보호조약'(1905년) 이후 국권이 상실된 상태에서 이미 '통감부 및 이사청 관제'에 따라 한국의 경찰을 사실상 지배하였던 시기로, 당시 보안법의 내용과 성질을 짐작할 수 있게 한다.[4] 「보안법」은 1925년 제정된 「치안유지법」과 함께 한국인의 민중운동 및 반일활동을 통제하는 수단으로 활용되었으며,[5] 해방 이후 美 군정 법령 제183호에 의해 1948년 4월 8일에 폐지되었다.

정부수립 이후, 집회·시위에 관한 사항은 1948년 제정된 「국가보안법」과 1953년 제정된 「新 형법」 등의 일반법으로 규제가 이루어졌다. 이는 해방 이후의 사회적 혼란과 6·25 전쟁으로 인한 혼란으로 집회 및 시위의 자유에 관한 법령이 마련되지 않았기 때문이다. 과거 왕조시대와 식민지 시기에 집회 및 시위에 대한 철저한 억압이 있었고, 해방된 이후로는 이에 대한 반작용으로 오히려 집회에 대한 규제가 어려웠던 측면도 있었던 것으로 보인다.

---

3) 심희기, "집시법의 탈형사화", 법학연구 제20권 제2호, 연세대학교 법학연구원 (2010), pp.1 - 28.
4) 강경선, "개정 집시법의 적용과 문제점", 紫霞, 상명여자대학교 (1990), p.249; 이운주, 경찰학개론, 경찰대학 (2003), p.71. 윤성철, 앞의 글 (2012), p.34에서 재인용.
5) 임준태, "집회시위시 발생하는 소음의 합리적 규제기준에 관한 연구", 치안논총 제20집, 경찰대학 치안정책연구소 (2004), p.393.

1.2. 집회·시위에 관한 최초 입법

집회·시위에 관한 최초의 법률은 「집회에관한법률」(1960. 7. 1. 법률 제554호)
이다. 4·19 혁명 이후 이승만 전 대통령이 망명하고, 내각제 전환이 이루어졌
음에도 계속되는 정치적 혼란과 각종 이익단체의 가두시위가 이어지는 상황이
었다. 이에 정부는 집회와 시위를 신고제로 시행하는 집회 및 시위에 관한 단일
특별법을 제정하였다.[6]

이후 5·16 쿠데타로 정권을 장악한 군사정부는 1961년 5·16 군사혁명위
원회 포고 제1호에 의하여 종교단체를 제외한 일체의 집회를 금지하였다가, 정
치·사회질서가 안정기에 들어서면서 부분적인 집회를 허용하는 것을 주요 내
용으로 하는 「집회에관한임시조치법」(1961. 9. 9. 법률 제713호)을 제정하였다. 그
러나 옥외집회와 시위는 여전히 금지되었다. 경제 개발 사업 촉진, 농촌 교도
사업, 이재민 구호, 오락, 관혼상제 등을 위한 집회만 개최할 수 있었다. 허용된
집회라도 24시간 전 신고 의무를 부과하여 사실상 집회의 자유는 유명무실하
였다.

1.3. 집회 및 시위에 관한 법률 제정

현행 집시법의 시작은 1962년 제정된 「집회및시위에관한법률」(1962. 12. 31.
제정, 법률 제1245호)이다. 집회의 자유를 허가제로 제한할 수 없다는 부분이 헌법
에 명시되면서, 민정 이양을 준비하고 있던 군사정부는 질서유지와 집회·시위
의 자유 사이에 균형을 고려한 새로운 집시법이 필요하였다. 이에 「집회에관한
법률」과 「집회에관한임시조치법」을 통합하여 내무위원장이 제안하고 국가재건
최고회의에서 의결하여 집시법이 제정되었다.

제정 집시법은 총 18개 조문 및 부칙 4개 항으로 구성되었다. 여기에는 집회

---

6) 전광석, "집회 및 시위의 자유와 자율, 그리고 경찰개입의 한계", 연세법학연구 제9권 제2호,
연세대학교 법률문제연구소 (2003), pp.71 - 123; 정우열·김주완. "우리나라 집회·시위의
역사적 고찰", 한국정부학회 학술발표논문집 제9호, 한국정부학회 (2014), pp.560 - 578.

·시위의 절대적 금지 사유, 옥외집회·시위의 신고, 옥외집회·시위의 금지시간 및 금지장소, 주요도로에서의 집회·시위 제한, 경찰관의 지시 및 출입에 대한 사항을 주요 내용으로 삼고 있으며, 금지통고 및 이의신청 제도를 도입하였다.

표 2.1 「집회 및 시위에 관한 법률」 제정 및 개정 연혁

개정 차수	제·개정 일자	시행일자	법률번호	비고
-	1962. 12. 31.	1963. 1. 1.	법률 제1245호	**제정**
1	1973. 3. 12.	1973. 3. 12.	법률 제2592호	**일부개정**
2	1973. 12. 20.	1973. 12. 20.	법률 제2648호	**일부개정**
3	1980. 12. 18.	1980. 12. 18.	법률 제3278호	**일부개정**
4	1988. 8. 5.	1988. 9. 1.	법률 제4017호	타법개정
5	1989. 3. 29.	1989. 4. 29.	법률 제4095호	**전부개정**
6	1991. 5. 31.	1991. 7. 31.	법률 제4369호	타법개정
7	1991. 11. 30.	1991. 11. 30.	법률 제4408호	타법개정
8	1997. 12. 13.	1998. 1. 1.	법률 제5454호	타법개정
9	1999. 5. 24.	1999. 5. 24.	법률 제5985호	**일부개정**
10	2004. 1. 29.	2004. 3. 1.	법률 제7123호	**일부개정**
11	2006. 2. 21.	2006. 7. 1.	법률 제7849호	타법개정
12	2007. 5. 11.	2007. 5. 11.	법률 제8424호	**전부개정**
13	2007. 12. 21.	2008. 9. 22.	법률 제8733호	타법개정
14	2016. 1. 27.	2016. 2. 28. / 2017. 1. 28.	법률 제13834호	**일부개정**
15	2020. 6. 9.	2020. 6. 9.	법률 제17393호	**일부개정**
16	2020. 12. 22.	2021. 1. 1.	법률 제17689호	타법개정

외형상으로는 헌법에서 집회의 자유를 기본권으로 인정하고, 법률유보의 원칙에 따라 집시법을 제정하여 집회·시위를 보장하는 것으로 보인다. 그러나 실제로는 집회·시위로 정치와 관련된 의견을 표명하는 것을 국가권력에 대한 도전으로 간주하고 집회·시위를 과도하게 제재하여 사실상 집회·시위는 통제되었다.[7]

유신헌법과 '1973년 집시법'(1·2차 개정)[8]

집시법이 제정되었음에도 1971년 12월 27일 제정된 '국가보위에관한특별조치법'에 따라 집회·시위를 규제·금지하기 위한 특별 조치가 가능하였다. 이후 유신정부는 비상국무회의에서 집회의 자유를 제한하는 방향으로 1973년 3월 12일에 집시법을 일부개정하였다. '1973년 집시법'은 제정 집시법에서 기존의 집회신고서 기재사항을 확대하여 옥외집회 요건을 강화하였다. 금지통고 대상을 확대하는 한편, 금지통고에 대한 이의신청제도를 폐지였으며, 신고서 제출기한도 집회·시위 개최 48시간 전에서 72시간 전으로 변경되었다.

이후 신고사항 중 연설의 요지를 삭제하고, 신고기간을 종전의 집회·시위 개최 48시간 전으로 환원하는 것을 주요 내용으로 하여 1차 개정을 보완하는 2차 개정이 같은 해 12월 20일에 이루어졌다.

국가보위입법회의와 '1980년 집시법'(3차 개정)

1980년대 들어 집회·시위가 증가하면서 새롭게 정권을 잡은 신군부는 종전의 긴급조치나 계엄령에 따른 규제에서 집시법에 따른 규제로 공공의 안녕과 질서를 유지하고자 하였다.[9] 이에 신군부의 비상입법기구인 '국가보위입법회의'는 집회·시위에 대한 규제를 강화할 목적으로 1980년 12월 18일에 집시법을 일부 개정하였다. '1980년 집시법'은 시위의 개념에서 '공중이 자유롭게 통행할 수 있는 장소'를 삭제하였다. 금지할 수 있는 집회·시위의 범위에 '공공의 안녕질서를 위반하거나 위반할 우려가 있는 경우'와 '현저히 사회적 불안을 야기시킬 우려가 있는 경우'를 추가하는 등 집회·시위의 자유라는 기본권의 행사를 위축시

---

7) 정우열·김주완, 앞의 글, p.572.
8) 집시법은 1962년 제정 이후 현재까지 전부개정 2회, 일부개정 7회, 타법개정 6회 등 총 15회에 걸쳐 개정이 이루어졌다. 공교롭게도 집시법의 개정은 우리나라 현대사에서 중요한 사건을 전후하여 그 내용이 바뀌었다. 따라서 여기에서는 집시법의 주요 내용상 개정이 이루어졌던 연도를 중심으로 표기하였으며, 개정 차수에 관한 언급이 필요한 경우에는 전부·일부·타법 개정을 구분하지 않고 해당 개정 차수를 표기하였다.
9) 강영규 외 공저, 경찰경비론, 경찰대학 (2019), p.72.

키려는 경향이 강했다.

1.4. 민주화에 따른 집시법의 전면 개정

6월항쟁과 '1989년 집시법'(5차 개정, 전부개정)

6월항쟁 이후 제13대 국회가 여소야대 국회로 구성되면서 기존의 집시법에서 집회·시위에 대한 제한을 대폭 완화하는 방향으로 1989년 3월 29일 집시법을 전부개정하였다. '1989년 집시법'은 집시법이 제정된 이후 첫번째 전부개정으로, 현행 집시법의 근간을 마련한 획기적인 개정으로 평가된다. 개정 헌법에서 집회에 대한 허가제를 금지하는 조항을 부활시킨 취지를 반영하여 집회·시위의 금지·제한에 관한 규정을 대폭 완화하였다. 집회·시위의 해산과 같은 규제도 절차적 적법성을 확보하는 방향으로 개정되었다. 심희기(1993)는 당시 상황에 관하여 다음과 같이 평가하였다.

> 1989년 3월 29일에 공포된 개정집시법은 집회와 시위를 규제하던 종래의 법률보다는 확실히 진일보한 내용을 담고 있다. 종래의 법률이 국민의 의사와는 관계없이 집권세력들의 일방적인 의사로 제정·개정되었음에 반해 1989년 개정법은 6월항쟁 이후의 호전된 정세하에서 여야합의로 개정되었으며, 그 과정에서 제한적이기는 했지만 야당안·여당안·변협안·민변안 등 여러 초안들이 제시되어 대중적 검토의 단계를 거치고, 상당한 정도로 그 의견이 반영되었다는 점에서 긍정적인 요소가 많다.[10]

'1989년 집시법'은 '적법한 집회·시위를 최대한 보장하고 위법한 시위로부터 국민을 보호함으로써 집회·시위권의 보장과 공공의 안녕질서가 적절히 조화되게 함을 목적으로 한다'는 점을 천명하고 집회·시위를 보호하기 위한 국가의 적극적인 의무를 규정하였다. 질서유지인·주최자 등 용어를 신설하고 정의를 구체적으로 규정하였다. 집회·시위 방해금지 조항, 특정인 참가 배제 규정,

---

10) 심희기, "형사악법의 개정과 적용실태", 법과 사회 제7권 제1호, 법과사회이론연구회 (1993), p.33.

언론의 집회 장소 출입보장, 집회신고 및 신고서의 보완사항과 관련된 내용을 개정하였다. 경합하는 집회 신고에 대한 금지통고 규정과 함께 금지통고에 대한 이의신청절차 및 행정소송이 가능하도록 하였다. 특정 금지장소에 대한 거리 제한도 200m에서 100m로 완화하였다. 이외에도 질서유지인 제도의 신규 도입, 야간 옥외집회의 조건부 허용, 경찰관의 집회장소 출입 제한을 강화하는 등 집회의 자유를 대폭 확대하여 현행 집시법의 전반적인 기틀을 마련하였다.

정권교체와 '1999년 집시법'(10차 개정)

1998년 김대중 정부가 출범하면서 건국 이래 최초의 정권교체가 이루어졌고, 집시법 또한 집회의 자유를 보장하는 방향으로 1999년 5월 24일 집시법 일부개정이 이루어졌다. '1999년 집시법'에서는 질서유지선 제도가 새롭게 도입되었다. 사생활의 평온에 심각한 피해 및 시설보호요청이 있는 경우에 집회·시위의 금지·제한을 통고할 수 있도록 금지통고의 사유가 추가되었다. 이의신청 기간을 '72시간'에서 '10일 이내'로 연장하였으며, 이의신청이 없더라도 바로 행정소송을 할 수 있도록 개정하여 절차적 구제 기회 및 수단을 확대하였다. 이와 함께, 질서유지선을 도입하는 한편 위반자에 관한 처벌조항을 신설하였으며, 질서유지인에 관한 규정을 보완하였다.

참여정부와 '2004년 집시법'(제11차 개정)

1998년 정권교체 이후, 폭력적인 집회·시위는 감소하였으나 집회·시위를 통한 개인 또는 단체의 주장을 표현하려는 집회·시위는 증가하였다. 이에 따라 심각한 교통 소통 장애, 과도한 소음 등과 같은 집회·시위로 인한 일반 국민들의 피해가 수인한도를 넘어섰다는 지적이 지속해서 제기되었다. 타인의 집회·시위권 또는 평온한 생활을 영위할 권리를 과도하게 침해하거나 과격·폭력시위로 사회적인 불안을 초래하는 행위 등에 대한 일정한 수준의 제한이 필요하다는 것이었다.[11] 이러한 사회적 분위기 속에서 헌법재판소에서 외교기

---

11) 윤성철, 앞의 글 (2012), p.40.

관 주변 100m 이내에서 집회를 금지하는 집시법 규정을 위헌으로 결정하였다. 동시에 헌법이 보장하는 집회의 자유는 '평화적·비폭력적 집회'에 국한된다라는 취지로 헌법재판소가 집회·시위의 자유를 해석함에 따라 집회의 자유를 보장하면서도 일반 국민의 피해를 최소화하는 방향으로 집시법을 개정할 필요가 있었다.

[헌법재판소 2003. 10. 30. 선고, 2000헌바67 결정] (위헌 결정 요지 中) 동 법률 (1999. 5. 24. 법률 제5985호) 제11조 제1호는 고도의 법익 충돌상황을 효과적으로 방지하기 위하여 외교기관 인근에서의 집회를 전면적으로 금지한 것이나 '특정장소에서의 집회가 보호되는 법익에 대한 직접적인 위협을 초래한다'는 구체적인 상황에 의하여 부인된다면 '최소침해의 원칙'에 의해 금지에 대한 예외적인 허가를 할 수 있도록 규정해야 한다.

이에 따라, 집회의 자유와 일반 국민의 피해 사이에서 양자 사이의 조화를 도모하고 성숙된 민주적 기본질서를 확립하기 위하여, 국회에서 발의된 4건의 의원입법안을 국회 행정자치위원회에서 통합·보완하였으며, 2004년 1월 29일 정부입법이 아닌 의원입법으로 집시법 개정이 이루어졌다. '2004년 집시법'에서는 집회 신고가 집회 장소의 독점을 위한 수단으로 악용되지 않도록 신고서 제출기한을 '720시간 전부터 48시간 전까지'로 조정하였다. 폭력시위의 경우 잔여 집회를 금지할 수 있도록 하였으며, 학교·군사시설 주변에서의 집회 제한, 외교기관 앞 집회 금지 규정 완화, 주요 도로의 교통 소통을 위한 제한, 확성기 등의 사용 제한, 집회·시위 자문위원회 구성 등을 규정하였다.

이후 '알기 쉬운 법령 만들기 사업'의 하나로 법률의 내용을 바꾸지 않는 범위에서 2007년 5월 11일 집시법을 전부개정하였다. 제12차 개정이었으며 제2차 전부개정이었다.

박근혜 정부와 '2016년 집시법'(제14차 개정)

박근혜 정부에서 집시법은 2016년 1월 27일 정부입법으로 개정되었다. 집회신고서를 제출하고도 집회를 개최하지 않으면서 발생하는 후순위 집회 개최에 대한 제한이 문제가 되면서 옥외집회 또는 시위를 하지 않게 된 경우에 철회 신고서를 제출하는 규정이 신설되었다. 이와 함께 선순위 집회가 예정되어 있음을 이유로 후순위 집회를 금지통고한 경우에 선순위 집회주최자가 집회를 개최하지 않는 경우 철회신고서를 기한 내에 제출하지 않으면 과태료를 부과(2017. 1. 28. 시행)하는 규정이 마련되었다. 또한 시간과 장소가 중복되어 2개 이상 신고가 있는 집회·시위의 경우에 시간을 나누거나 장소를 나누어 개최하도록 권유하는 등 평화적으로 집회·시위가 개최·진행될 수 있도록 노력하여야 한다는 권고 규정을 추가하였다.

현행 집시법(제15차 개정)

2018년 헌법재판소는 국회의사당, 국무총리 공관 및 각급 법원 인근에서 집회·시위를 금지한 집시법 제11조에 대해 과잉금지원칙 위반을 이유로 헌법불합치를 결정하고, 2019년 12월 31일을 시한으로 집시법 개정을 요구하였다.[12] 이에 따라, 국회는 2020년 6월 9일 집시법 개정을 통해 헌법재판소의 결정 취지를 반영하여 국회의사당, 국무총리 공관, 각급 법원, 헌법재판소의 경계 지점으로부터 100m 이내의 장소에서 집회·시위를 예외적으로 허용하였다. 현행 집시법 제11조에 따르면, 국회의사당, 국무총리 공관, 각급 법원 및 헌법재판소의 경계 지점으로부터 100m 이내에서 집회·시위는 원칙적으로 금지하지만, 각 대상기관의 기능이나 안녕을 짐해할 우려가 없다고 인정되는 때에는 집회·시위를 개최할 수 있다.[13]

그러나 집시법 제10조에서 규정한 '옥외집회' 및 '시위' 시간에 대한 헌법불합치 및 한정위헌 결정에 대한 입법적 보완은 여전히 이루어지지 않고 있다. 헌법재판소의 결정 취지에 따라 현재 옥외집회는 시간에 제한을 두지 않고 개최할 수 있으며, 행진을 포함한 시위는 24시까지 가능하고 자정부터 일출 전까지는

---

12) 헌법재판소 2018. 5. 31. 선고, 2013헌바322 결정; 헌법재판소 2018. 6. 28. 선고, 2015 헌가28 결정; 헌 법재판소 2018. 7. 26. 선고, 2018헌바137 결정.

13) 정준선·김선일, "개정 집회 및 시위에 관한 법률 제11조에 대한 비판적 검토", 경찰법연구 제19권 제3호 (2021), pp. 48-50.

금지하는 형태로 실무상 운용 중이다.

2. 집회·시위의 개념 및 「집회 및 시위에 관한 법률」의 구조

2.1. 집회·시위의 개념

집회의 개념

집회의 자유가 헌법상 기본권으로 인정되는 중요한 의미를 지님에도 불구하고, 우리나라의 헌법에서는 집회의 개념을 별도로 정의하지 않고 있다. 집시법에도 제2조 제1호에서 "옥외집회라 함은 천장이 없거나 사방이 폐쇄되지 아니한 장소에서 여는 집회를 말한다"고 규정하고 있을 뿐 집회의 개념을 구체적으로 정의하고 있지 않다. 이에 따라 집회의 개념은 전적으로 학설과 판례에 의하여 정의되고 있다. 통상적으로 '집회'는 "다수인이 내적 유대를 가지고 공동 목적을 달성하기 위하여 일정한 장소에서 일시적으로 회합하는 것"[14]을 의미한다.[15]

집회의 자유를 규정하고 있는 유럽인권협약에도 집회의 개념에 대해 구체적인 정의나 설명은 없다. 유럽인권재판소는 판례를 통해 "공동체 사회에 영향을 미칠 수 있는 사회문제에 관하여 공통된 생각이나 이익에 대한 지지를 목적으로 하는 다수인의 모임"으로 집회의 개념을 밝히고 있다.[16] 독일은 학설로 "어떠한 사항에 관하여 토론을 하거나 의사를 표현하려는 공동의 목적을 가진 다수의 자연인의 일정한 장소에서의 일시적 회합"으로 정의한다.[17]

---

14) 권영성, 앞의 책, pp.490 - 491.
15) 집시법 제정 당시 경찰은 집회를 '다수인이 일정한 공동목적을 달성하기 위하여 일정한 장소에 일시적으로 집합'하는 것으로 정의하였다. 경찰전문학교, 경찰정보총설, 경찰전문학교 정보학과 (1967), p.444.
16) 유럽평의회(Europarat)에서는 2차 대전 직후 전쟁 중에 벌어진 인권유린에 대한 역사적 경험에 기반하여 유럽인권협약의 제정을 추진하였으며, 1953년 10개국의 비준으로 발효되었다. 이후 유럽평의회 47개 회원국 모두 협약에 가입하였으며, 인권을 실질적으로 보장하기 위한 상설 실행기구로 유럽인권재판소를 운영하고 있다. 황문규, 앞의 글 (2009), pp.5 - 7.
17) 윤성철, 앞의 글 (2012), p.12.

우리 대법원은 집시법에서 보장 및 구제의 대상이 되는 집회와 관련하여 "특정 또는 불특정 다수인이 공동의 의견을 형성해 이를 대외적으로 표명할 목적 아래 일시적으로 일정한 장소에 모이는 것"[18]이라고 해석한다. 헌법재판소에서도 집시법상 '집회'의 개념을 다음과 같이 정의내리고 있다.

[헌법재판소 2009. 5. 28. 선고, 2007헌바22 판결] 일반적으로 집회는 일정한 장소를 전제로 하여 특정 목적을 가진 다수인이 일시적으로 회합하는 것을 말하는 것으로 일컬어지고 있고, 그 공동의 목적은 '내적인 유대 관계'로 족하다. 건전한 상식과 통상적인 법 감정을 가진 사람이면 위와 같은 의미에서 구 집시법상 '집회'의 개념이 불명확하다고 할 수 없다.

전통적으로 집회의 개념적 징표로는 '2인 이상의 다수인의 회합'이라는 양적 징표, 집단적인 의사 형성과 의사 표현의 목적을 기준으로 하는 '공동의 목적'이라는 질적 징표, 여기에 장시간에 걸쳐 자유로이 회합하고 조직적으로 형성되는 결사와 구분하기 위하여 '일시적 회합'이라는 시간적 징표 3가지가 제시되고 있다.[19]

이상의 논의를 정리하면, 집회란 "개인이 타인과 함께하려는 내적인 유대 의사를 가지고 일정한 장소에 2인 이상이 모여 공적 또는 사적인 사항에 대하여 자신의 의사를 표현하거나 그들 상호 간에 의견을 교환하여 그들의 공동의 의사를 형성하거나 형성된 공동의 의사를 집단적으로 표현하는 것"[20]으로 정의할 수 있다.

시위의 개념

집회의 경우와는 다르게 시위에 대해서는 집시법 제2조 제2호에서 "다수인

---

18) 대법원, 2008. 6. 26. 선고, 2008도3014 판결.
19) 여기에 우연히 형성되는 군집과 구분하기 위하여 '계획적·조직적 회합'이라는 징표를 강조하는 견해도 있다. 이에 대해서는 서정범, "「집회 및 시위에 관한 법률」상의 집회의 개념", 공법학연구 제8권 제2호, 한국비교공법학회 (2007), pp.375 - 394.
20) 윤성철, 앞의 글 (2012), p.11.

이 공동 목적을 가지고 도로·광장·공원 등 공중이 자유로이 통행할 수 있는 장소를 진행하거나 위력 또는 기세를 보여 불특정 다수인의 의견에 영향을 주거나 제압을 가하는 행위"로 정의하고 있다. 헌법재판소는 이 조항의 의미에 대하여 "다수인이 공동목적을 가지고 ① 도로·광장·공원 등 공중이 자유로이 통행할 수 있는 장소를 진행함으로써 불특정 다수인의 의견에 영향을 주거나 제압을 가하는 행위와 ② 위력 또는 기세를 보여 불특정 다수인의 의견에 영향을 주거나 제압을 가하는 행위"로 구분하여 해석하였다. 다만 ②의 경우 "공중이 자유로이 통행할 수 있는 장소'라는 장소적 제한 개념은 시위라는 개념의 요소라고 볼 수 없다"라고 판시하여 시위에 있어 장소적 제한 개념을 배제하였다.

[헌법재판소 1994. 4. 28. 선고, 91헌바14 결정] 집회 및 시위에 관한 법률 제2조 제2호의 '시위'는 그 문리(文理)와 개정연혁에 비추어 다수인이 공동목적을 가지고 ① 도로·광장·공원 등 공중이 자유로이 통행할 수 있는 장소를 진행함으로써 불특정 다수인의 의견에 영향을 주거나 제압을 가하는 행위와 ② 위력 또는 기세를 보여 불특정 다수인의 의견에 영향을 주거나 제압을 가하는 행위로 풀이되므로, 위 ②의 경우에는 '공중이 자유로이 통행할 수 있는 장소'라는 장소적 제한 개념은 시위라는 개념의 요소라고 볼 수 없다.

헌법재판소의 이러한 입장은 집회와 시위를 별개의 개념으로 구분하고 있는 것으로 해석할 수 있다. 이 때문에 집회와 시위의 구분, 시위와 행진의 구분에 관한 다양한 견해가 제기되고 있다.

집회·시위·행진의 관계

집회와 시위의 구별　　집회와 시위를 구별할 필요가 있는지에 대해, 헌법재판소의 해석에 따라 집회와 시위를 구분하면서 '행진·피케팅·연좌 농성 등을 모두 포괄하여 시위'라고 보는 견해,[21] 집회는 장소의 이동이 요구되지 않고, 2

---

21) 조병인, "집회·시위의 보장과 규제에 관한 연구", 형사정책연구원 연구총서 02 - 09, 한국형사정책연구원 (2002), p.42.

인 이상의 참가자를 요건으로 한다는 점에서 '장소의 이동을 포함하거나 1인도 가능한 시위와 구분할 수 있다'는 견해[22] 등이 있다. 또한 집회와 시위를 같은 것으로 보는 견해도 있다. 집회가 그 자체로 위력과 기세를 통해 다른 사람의 의견에 영향을 미치는 것이기에 근본적으로 시위와 다르지 않으므로, 집회와 시위를 구분하는 것에 실질적인 이익이 없다는 것이다. 이 견해는 시위가 집회에 포함되는 형태로 보고 장소적 이동의 측면을 반영하여 시위를 '움직이는 집회'로 지칭한다.[23] 시위를 움직이는 집회로 보는 관점에서 헌법재판소의 시위에 대한 해석에 대해 집회와 시위가 별개 차원의 개념이라는 오해를 초래할 여지가 있으며, 시위 자체를 부정적인 요소와 연결하는 오류가 있다는 견해도 제시되었다.[24] 헌법재판소의 결정문에서도 시위의 의미를 '이동하는 집회'로 표현한 바 있다는 점을 고려하면, 시위는 '움직인다는 것을 개념적 특징으로 하는 옥외집회'로서 옥외집회의 하위개념을 구성하는 것으로 이해하는 것이 바람직하다는 것이다.

한편 집시법 제정 당시 경찰은 시위를 '다수인이 공동목적을 달성하기 위하여 집단적인 위력으로써 상대방에게 심리적인 압력이나 영향력을 가하여 목적을 달성하는 집단적 행위'로 정의하고, 이를 일정한 장소에서 개최하는 경우와 다른 장소로 이동하는 경우로 구분하였다. 또한 장소에 따라 옥내시위와 옥외시위까지도 개념상 구분이 가능하지만, 법률상으로는 모두 집시법의 적용대상이 된다는 점에서 집회와 시위를 구분할 수 있다고 보았다.[25]

시위와 행진의 구별　　시위와 행진을 구분하는 견해는 행진을 '다수인이 공동 목적으로 가지고 공중이 자유로이 통행할 수 있는 장소를 단순히 진행하는 것'으로 보고, 시위와 달리 진행 중 정지, 연좌, 중간집회를 할 수 없다고 본다. 이는 집시법상 국무총리 공관 및 외교사절의 숙소 주변에서는 행진할 수 있으며

---

22) 윤시영, "한국 집회 및 시위의 발생 패턴과 폭력화에 관한 연구", 박사학위 논문, 한양대학교 (2007), p.10.
23) 김상겸, "불법폭력시위로 인한 사회적 비용 추정 연구", 치안논총 제24집, 경찰대학 치안정책연구소 (2008), p.5.
24) 서정범, 앞의 글, p.384.
25) 경찰전문학교, 앞의 책, pp.444 - 445.

(집시법 제11조), 주요 도로에서 질서유지인을 두고 행진하는 경우에는 집회·시위를 금지할 수 없다(집시법 제12조)는 규정에 근거하여 구별의 실익이 있다고 한다.[26] 반면 시위를 '움직이는 집회'로 이해하게 되면 집회의 개념에서 요구하는 '일정한 장소'라는 요건에 대해서는 '장소의 이동'이라는 시위의 특성상 규율이 요구되지 않게 된다. 행진하던 시위가 정지된 경우에는 집회로 변경되며, 정지하고 있던 집회가 행진하게 되면 시위로 변경되는 것이므로 종국에는 시위의 성질을 상실하지 않는다고 해석할 수 있기 때문이다.[27]

집회·시위의 개념에 대한 입법적 정의의 필요성

집시법은 제1조에서 집회와 시위를 규율 대상으로 하고 있으며, 집회의 자유와 공공의 안녕질서가 조화를 이루도록 하는 데 집시법의 목적이 있다고 하지만, 집시법의 규율 대상인 집회·시위가 무엇을 의미하는지는 그 견해가 나뉘고 있다. 이는 집회·시위 현장에서 발생하는 다양하고 구체적인 상황에서 집회·시위의 보호와 제한의 임무를 부여받은 경찰이 무엇을 집시법의 규율 대상인 집회·시위로 판단하고 집시법에 따라 보호 또는 규율할 것인지 모호하게 만든다.

학설과 판례의 해석으로 정의되는 집회의 경우에, 집회의 개념적 징표 가운데 질적 징표로서의 '공동의 목적'에 대해 견해가 나뉘고 있다. ① '공동의 목적'의 의미를 정치적 목적으로 제한하고자 하는 최협의설, ② 공적인 의사 표현으로 규율하고자 하는 협의설, ③ 사교적인 모임을 제외한 사적인 영역에서의 의사 표현까지로 확장하는 광의설, ④ 타인과 함께하려는 내적인 유대 의사만 있으면 된다는 최광의설이 대립한다. 우리나라의 다수설은 광의설의 입장이다. 다만 이 견해에 의하면 학문·예술·체육·종교·의식·친목·오락·관혼상제 및 국경행사에 관한 집회는 집회의 자유를 제한하는 규정의 적용을 배제하는 집시법 제15조의 규율 대상에서 제외될 수 있어 최광의설이 타당하다는 주장[28]도 설득

---

26) 유윤종, "집시법 적용상의 문제점과 개선방안에 관한 연구", 석사학위 논문, 연세대학교 행정대학원 (2003), pp.6-7.
27) 서정범, 앞의 글, p.385.
28) 윤성철, 앞의 글 (2012), p.14.

력이 있다.

이와 같은 모호함을 해소하려면 집회의 개념적 징표를 반영한 입법적 정의를 명문으로 집시법에 규정할 필요가 있다. 독일은 바이에른 집시법에서 연방헌법재판소의 집회 개념을 반영하여 "집회란 공동의, 공적인 의사 형성을 위한 토론이나 의사 표현을 주된 목적으로 하는 적어도 2인 이상의 회합을 말한다"라고 집회의 개념을 구체적으로 밝히고 있다.[29] 우리도 집시법에 집회의 개념을 명문으로 규정하게 되면, 적어도 무엇이 집시법의 규율 대상에 해당하는지에 대한 논쟁을 최소화할 수 있을 것이다.

2.2. 집시법의 구조

집시법의 규율 구조를 살펴보면 범죄예방을 목적으로 하는 경찰권과 불법행위를 처벌하기 위한 사법권이 결합하는 현상을 보여주고 있다. 집회·시위의 자유를 기본권으로 인정하는 헌법의 취지에 따라 집회·시위의 자유권을 행사하는 것을 방해하는 경우에 이를 처벌하고 있으며, 군인·검사·경찰관이 폭행·협박 등의 방법으로 집회를 방해하는 경우에는 가중처벌하는 규정을 두고 있다. 또한 집회·시위를 통해 발생 가능한 위험을 예방·관리하기 위하여 일정한 요건 아래 집회유형, 집회시간, 집회장소, 집회방법 등을 제한하면서, 동시에 이를 위반하는 행위를 처벌하기 위한 구성요건을 규정하고 있다.

금지·제한규정

집시법은 집회·시위를 보장하는 규정이면서, 동시에 헌법 제37조 제2항에 따라 국가안보, 질서유지 및 공공복리를 위하여 집회·시위를 금지 또는 제한하는 규정이기도 하다. 집시법 제5조는 공공의 안녕·질서를 위하여 해산된 정당의 목적을 달성하기 위한 집회·시위, 집단적인 폭행·협박·손괴·방화 등으로 공공의 안녕·질서에 직접적인 위협을 가할 것이 명백한 집회·시위를 금지하고 있다. 헌법재판소는 집시법 제5조를 "집회 또는 시위의 참가자나 이에 참가하지

---

29) Alfred Scheidler(서정범 역), 바이에른 집회법, 세창출판사 (2010), pp. 24 - 29, 89.

않은 제3자의 생명·신체·재산의 안전 등 기본권을 보호하기 위한 것으로서 적합한 수단"으로 판단하고 있다.[30] 또한 집시법 제8조에 따라 사생활·학습권·군사시설 보호를 위하여 집회·시위 장소가 타인의 주거지역이나 이와 유사한 장소, 학교 또는 군사시설 주변 지역이면 거주자·관리자가 시설 또는 장소의 보호를 요청할 경우 집회·시위의 금지·제한통고가 가능하다.

집시법 제10조는 일몰 후부터 일출 전까지의 옥외집회나 시위를 원칙적으로 금지하고 있다. 그러나 옥외집회 부분에 대한 헌법재판소의 헌법불합치 결정(2009. 9. 24.)에 따라 현재는 시간제한 없이 허용되며, 야간 시위의 경우는 한정위헌 결정(2014. 3. 27.)으로 자정부터 일출 전까지만 금지되고 있다.

장소적으로는 집시법 제11조에서 국회의사당, 각급 법원, 헌법재판소, 국무총리 공관, 외교기관 등의 경계 지점으로부터 100미터 이내에서는 옥외집회 또는 시위를 원칙적으로 금지하되 예외적으로 허용하고 있다. 최근 대통령 관저와 국회의장 공관에 대해서도 그 주변 100m 이내의 옥외집회 또는 시위를 원칙적으로 금지하되 예외적으로 허용하도록 해야 한다는 취지의 헌법재판소의 결정이 있었다.[31]

집시법 제12조는 주요 도로에서의 집회·시위를 교통 소통을 위하여 금지하거나 교통질서 유지를 위한 조건을 붙여 제한할 수 있도록 규정하고 있다. 고속도로·자동차 전용도로의 경우에도 집시법 시행령상 주요 도로로 규정되어 집회·시위의 금지·제한이 가능하다.

절차규정

집시법은 집회·시위를 개최하고자 하는 사람이 집회·시위를 신고하는 절차를 규정하고 있다. 집시법 제6조에는 옥외집회와 시위만을 신고대상으로 규정하고 있으므로 옥내집회는 신고 대상이 아니다. 옥외집회·시위의 신고에 행진이 포함된 경우에는 별도로 행진을 신고할 필요는 없으나, 옥내집회 이후 행진을 하는 경우 또는 행진만을 진행하는 경우에는 행진을 신고하여야 한다. 다만

---

30) 헌법재판소 2010. 4. 29. 선고, 2008헌바118 결정.
31) 대통령 관저 부분은 헌법재판소 2022. 12. 22. 선고, 2018헌바48, 2019헌가1(병합) 결정, 국회의장 공관 부분은 헌법재판소 2023. 3. 23. 선고, 2021헌가1 결정 참조.

집시법 제15조에서 학문·예술·체육·종교·의식·친목·오락·관혼상제 및 국경일 행사와 관련한 집회는 신고 대상에서 제외하고 있다.

집회·시위의 방법도 신고 대상인데, 여기에는 시위의 대형, 차량·확성기·입간판 및 기타 시설물의 이용 여부 및 수량, 구호 제창 여부, 행진 또는 시위의 경로, 시위·행진의 방향을 표시한 약도, 차도·보도·교차로의 통행방법 등이 포함된다.

> **[대법원 2001. 10. 9. 선고, 98다20929 판결]** 시위자들이 죄수복을 집단적으로 착용하고, 포승으로 신체를 결박한 채 행진하려는 것은 사전 신고의 대상이 된다.

신고의 내용에 보완이 필요한 경우 접수증 교부 시각으로부터 12시간 이내에 24시간을 기한으로 경찰관서장이 보완을 통고할 수 있으며(제7조), 기한 내에 기재 사항이 보완되지 않으면 신고된 집회·시위라도 금지통고될 수 있다(제8조 제1항).

집회·시위를 신고하였더라도 해산된 정당의 목적 달성 또는 폭력집회·시위가 명백하게 예상되는 경우(제5조 제1항), 기재사항을 보완하지 않은 경우(제7조 제1항), 집회·시위가 불법을 수반한 경우 남은 기간의 집회·시위(제8조 제1항), 시간·장소가 경합되는 경우의 후순위 집회·시위(제8조 제3항), 금지장소에서의 집회·시위(제11조) 등의 경우에는 집회·시위의 금지를 통고할 수 있다. 또한 주거지역·학교·군사시설 주변 지역에서의 집회·시위(제8조 제5호), 주요 도로의 집회·시위로 심각한 교통 불편이 예상되는 경우(제12조)에는 집회·시위의 금지 또는 제한을 통고할 수 있다.

또한 집회·시위에 대해 금지통고를 받았을 때 구제절차로서 금지통고일로부터 10일 이내에 금지통고한 경찰관서의 직상급 경찰관서에 이의신청할 수 있으며, 해당 관서장은 이의신청 접수 시각부터 24시간 이내에 각하·기각·인용재결 여부를 결정하여 발송하여야 한다(제9조 제1항 및 제2항). 동시에 이의신청의 인용·재결 또는 금지통고가 효력을 잃게 된 경우에는 최초 신고한 내용에 따라 집회·시위를 개최할 수 있으며, 금지통고 및 이의신청 절차로 인해 집회·시위 개최 시기를 놓친 경우에는 24시간 전까지 다시 신고하여 집회·시위를 개최할 수 있다(제9조 제3항).

한편 집시법은 집회·시위를 신고한 이후에 필요한 조치에 대한 사항을 규정하고 있다. 집회·시위의 자유를 보호하기 위하여 신고 요건이 충족되면 즉시 접수증을 교부하도록 하고 있다(제6조 제2항). 또한 집시법은 보완통고 절차를 규정하여 기재사항의 보완 절차를 마련하고(제7조), 금지·제한 여부를 판단하는 과정에서 집회·시위 자문위원회의 의견을 수렴할 수 있도록 규정하고 있다(제21조 제1항 제1호).

사후규정

집시법은 집회·시위 개최 이후에 발생할 수 있는 문제에 대한 조치 방법을 규정하고 있다. 집회·시위 개최 이후 사후규정으로 주최자, 질서유지인, 집회 참가자의 준수사항을 규정하여 타인의 생명·신체에 위해를 가할 수 있는 기구를 휴대·사용하거나, 폭행·협박·손괴·방화 등으로 질서를 어지럽히는 행위를 하지 않도록 하고 있다(제16조 내지 제18조). 또한 집시법은 금지·제한 대상인 집회·시위, 미신고 집회·시위, 신고 목적·일시·장소·방법 등을 현저히 일탈하여 질서를 유지할 수 없는 집회·시위 등 해산을 명령할 수 있는 집회·시위에 관해 규정하고 있으며(제20조), 집시법을 위반하거나 특정 위험 물질의 사용, 집회·시위 관리 과정에서 발생하는 불법행위에 대한 형사 처분 및 과태료 부과의 근거를 규정하고 있다(제22조 내지 제24조).

2.3. 집시법 적용의 배제

집시법 제15조는 집시법에 규정된 내용 가운데 신고의무 및 금지·제한과 관련한 규정의 적용을 배제하는 취지의 내용을 담고 있다.

집시법 제15조【적용의 배제】학문, 예술, 체육, 종교, 의식, 친목, 오락, 관혼상제(冠婚喪祭) 및 국경행사(國慶行事)에 관한 집회에는 제6조부터 제12조까지의 규정을 적용하지 아니한다.

집시법 제15조 적용 여부의 판단기준

제15조에 관한 집회인지는 주최자가 주장하는 집회의 명칭 등이 기준이 아니라 실질적인 내용을 기준으로 판단해야 한다.

[대법원 2005. 5. 12. 선고, 2005도1543 판결] 비록 이 사건 집회가 '열린음악회'라는 명칭하에 진행되었고 그 성격에 있어서도 참가자들의 노래자랑 행사로서의 성격이 포함되어 있었다고는 하더라도, 당시의 제반 정황에 비추어 볼 때 위 집회를 순수한 의미의 음악회 행사였다고 보기는 어렵고, 음악회라는 형식을 빌어 미군의 환경파괴행위를 규탄하는 등 자신들이 주장하고자 하는 바를 전달하고자 하는 목적에서 개최된 집회였다고 봄이 상당하므로 위 집회는 집회 및 시위에 관한 법률 제13조에 의해 일몰 후의 옥외집회가 허용되는 예술·친목 또는 오락에 관한 집회에 해당하지 않는다.

그 판단 기준으로는 집회 주최자(단체), 일반 시민의 참여 정도, 전체 참가 인원, 주요 발언 내용, 유인물 배포 여부 및 그 내용, 헌시·추모시 낭독 등 문화공연 여부, 정치적 구호의 정도, 도로행진이나 점거 여부 등이 있다.

[부산지방법원 2008. 5. 6. 선고, 2007노4390 판결] 비록 이 사건 집회의 명칭이 '촛불문화제'로 되어 있고 집회에서 홍보물 등의 상영, 노래 및 율동 등이 행해졌다고 하더라도 '한미FTA 저지 부산시민대회'라고 기재된 대형 현수막을 걸고, 일반 시민들을 상대로 유인물 약 1,000여부를 배포하고, "나라의 경제주권을 미국에 팔아 넘기려는 한미FTA를 중단하라"는 집회 사회자의 선동 발언에 따라 집회 참가자들이 구호를 제창하고 깃발을 흔든 뒤 상당 구간을 행진한 점 등에 비추어 보면 이 사건 각 집회를 집회 및 시위에 관한 법률의 적용이 배제되는 순수한 목적의 문화제라고 할 수는 없다.

집시법은 집회·시위의 자유와 공공의 안녕질서 사이에 조화를 이루도록 하는 것을 목적으로 한다. 특히 옥외집회 등은 외부세계, 즉 '다른 기본권 주체와 직접 접촉할 가능성으로 인하여 옥내집회와 비교할 때 법익이 충돌할 위험이 크다는 점에서 집회의 자유의 행사방법과 절차에 대하여 상대적으로 자세하게 규율할 필요'가 있다. 그러나 순수한 문화행사나 종교행사, 국경행사 등의 경우에는 공익이나 공공의 안녕질서를 침해할 가능성이 거의 없다고 할 수 있다.[32] 집시법은 제15조에 규정한 집회에 대해서는 신고의무 및 집회와 관련한 금지·제한 규정의 적용을 배제하여 학문·예술·종교 등의 자유를 존중하고 있다.

집시법 제15조의 '제6조 내지 제12조의 적용배제'는 '집회'에 한하며, '시위·행진'에는 적용되지 않는다. 또한 집시법에 의한 제한 가운데 신고의무와 그에 따른 금지·제한에 관한 규정의 적용을 배제한다는 것이지 집시법의 적용대상에서 배제된다는 의미는 아니다.

> [대법원 2012. 4. 26. 선고, 2011도6294 판결] 관혼상제에 해당하는 장례에 관한 집회가 옥외의 장소에서 개최된다고 하더라도 그 집회에 관해서는 사전신고를 요하지 아니하나, 예컨대 그 집회참가자들이 망인에 대한 추모의 목적과 그 범위 내에서 이루어지는 노제 등을 위한 이동·행진의 수준을 넘어서서 그 기회를 이용하여 다른 공동의 목적을 가지고 일반인이 자유로이 통행할 수 있는 장소를 행진하거나 위력 또는 기세를 보여, 불특정한 여러 사람의 의견에 영향을 주거나 제압을 하는 행위에까지 나아가는 경우에는, 이미 집시법이 정한 시위에 해당하므로 집시법 제6조에 따라 사전에 신고서를 관할 경찰서장에게 제출할 것이 요구된다고 보아야 한다.

집시법 제15조 적용의 예외

질서유지선의 설정 질서유지선(제13조)는 제15조의 법문상 적용배제 대상에는 해당하지 않는다. 그러나 제13조는 '제6조 제1항에 따른 신고를 받은 관할 경찰관서장'이 질서유지선을 설정할 수 있다고 규정한다. 제15조의 집회에 대해서는 제6조가 적용되지 않으므로 이에 따른 질서유지선 관련 조항 역시 논리적 귀결로서 적용할 수가 없게 된다. 이 경우, 집시법이 아닌 「경찰관 직무집

---

32) 김봉철, "협력적 관점에서 본 집시법상 사전적 신고의무", 토지공법연구 제63권, 한국토지공법학회 (2013), p.298.

행법」 제5조(위험 발생의 방지등) 또는 제6조(범죄의 예방과 제지) 등에 근거하여 질서유지선 설정이 가능하다. 하지만 이를 상당 시간 침범·손괴 등 하더라도 집시법상의 벌칙 규정(제24조 제3호)을 적용할 수는 없다.

소음 관련 제한의 적용　　집시법 제15조의 적용배제 대상은 집시법 제6조 내지 제12조에 한정되므로, 제14조에 규정된 소음규정은 적용이 배제되지 않는다. 따라서 학문·예술 등에 관한 집회라 하더라도 집시법에 규정된 소음 관련 기준은 준수되어야 하며, 경찰관서장은 집시법에 따른 소음 측정 및 위반시 제재조치를 할 수 있다.

III 집회·시위의 신고

The Theory and Practice of Assembly and Demonstration

Ⅲ 집회·시위의 신고

The Theory and Practice of Assembly and Demonstration

1. 집시법상 신고의 법적 성질

1.1. 자기완결적 신고

행정법상 '신고'란 사인의 공법행위로서, 사인이 공법적 효과의 발생을 목적으로 행정청에 대하여 일정한 사실을 알리는 행위를 말한다. 신고제를 도입한 것은 허가와 비교하여 상대적으로 행정의 권한은 낮추는 한편 행정청이 행정상 필요한 정보를 수집하기 위한 최소한의 규제로서 도입된 것이다.[1] 행정법상 신고는 '수리를 요하는 신고'와 '자기완결적 신고'로 구분할 수 있다.

'자기완결적 신고'는 신고의 형식적 요건을 갖추고 신고하면 신고의 의무를 이행한 것이 되는 신고이다. 적법한 신고를 하면 행정청이 이를 수리하였는지와 관계없이 신고의 대상이 되는 행위를 적법하게 할 수 있다. 행정청은 실체적 사유를 근거로 신고의 수리를 거부할 수 없고, 자기완결적 신고에 있어 행정청의

---

1) 길준규, 행정법입문, 박영사 (2013), p.94.

수리는 신고를 접수하는 사실행위로서 아무런 법적 효과를 발생하지 않으며, 수리를 거부한다고 하여 항고소송의 대상이 되는 처분도 아니다.[2] 자기완결적 신고는 '통보'와 같은 의미로 이해해야 하며, 행정기관에서 필요한 정보를 입수하기 위해 편의상 규정하고 있는 사실파악형 신고나 정보제공형 신고와 구별된다.[3]

'수리를 요하는 신고'는 신고가 행정청에 의해 수리되어야 신고의 효과가 발생하는 신고로서, 행정청에 일정한 사항을 통지하고 행정청이 이를 수리하여야 법적인 효과가 발생하는 행위요건적 공법행위의 성격을 가지며, 수리를 거부하는 것은 항고소송의 대상이 되는 처분개념에 해당한다는 것이 일반적인 견해이다.[4] 이때 신고의 수리와 함께 신고필증을 교부하도록 법령에 규정된 경우의 신고필증은 행정청이 사인의 신고를 수리하였다는 것을 증명하는 서면이면서, 동시에 신고필증에 기재된 신고 내용은 사인에게 권리관계를 발생시키는 원인행위가 된다.[5]

집시법 제6조에서 규정하고 있는 신고에 대해, 학설은 일반적으로 수리를 요구하지 않는 '자기완결적 신고'로 본다.[6] 이에 대해 과거 이동흡 헌법재판관도 집시법 제6조의 '신고'가 '자기완결적 신고'에 해당한다는 견해를 밝힌 바 있다.

[헌법재판소 2008. 5. 29. 선고, 2007헌마712 결정] (이동흡 헌법재판관의 소수의견 中)
집시법 제1조에서 '이 법은 적법한 집회 및 시위를 최대한 보장하고 위법한 시위로부터 국민을 보호함으로써 집회 및 시위의 권리 보장과 공공의 안녕질서가 적절히 조화를 이루도록 하는 것을 목적으로 한다'고 규정하고 있는 점, 둘째, 집시법 제6조 제1항의 집회신고 조항을 둔 입법취지는 신고를 받은 경찰관서의 장이 그 신고에 의하여 옥외집회 또는 시위의 성격과 규모 등을 미리 파악함으로써

---

2) 송동수, "행정법상 신고의 유형과 법적 효과", 토지공법연구 제60권, 한국토지공법학회 (2013), p.288.
3) 조만형, "행정법상 신고의 유형과 해석기준에 관한 소고", 공법연구 제39권 제2호, 한국공법학회 (2010), p.604.
4) 길준규, 앞의 책, p.98; 대법원 2011. 6. 10. 선고, 2010두7321 판결.
5) 조만형, 앞의 글, p.606.
6) 김봉철, 앞의 글, p.299.

50   집회·시위의 이론과 실제

적법한 옥외집회 또는 시위를 보호하는 한편, 그로 인한 공공의 안녕질서에 대한 위험을 미리 예방하는 등 공공의 안녕질서를 유지하기 위한 사전 조치를 마련하고자 함에 있는 점, 셋째, 집시법 제6조 제1항은 신고서에 기재될 형식적 기재사항만을 정하고 있고 집시법 제6조 제2항은 관할 경찰관서장의 신고서 접수 즉시 접수증 교부 의무를 규정하면서 단지 관할 경찰관서장으로 하여금 형식적 기재사항의 미비가 있는 경우 집시법 제7조의 보완통고를, 법정사유에 해당할 경우에는 집시법 제8조의 금지통고 등을 할 수 있도록 규정하고 있으므로, 관할 경찰관서장의 집회신고에 대한 심사범위는 원칙적으로 신고서의 법정기재사항 구비와 같은 형식적 심사에 한정되는 것으로 보아야 하는 점, 넷째, 집시법 제6조 제1항의 신고를 수리를 요하는 신고로 해석할 경우에는 집회자유의 제한에 관한 법률유보조항의 의미를 순수한 신고제가 아닌 등록제 또는 실질적인 허가제로 해석하는 결과가 되어 부당한 점 등을 종합해 볼 때, 집시법 제6조 제1항 소정의 신고는 행정청의 수리행위를 요하지 않는 이른바 '자기완결적 신고'에 해당하는 것으로 보아야 한다.

이에 대해 집시법 제8조 제1항에서 금지통고할 수 있음을 근거로 사전신고를 '수리를 요하는 신고'로 보는 것이 타당하다는 견해[7]도 있으나, 수리를 요하는 신고는 실질적 심사가 가능하다는 점에서 규제의 강도가 허가와 본질적으로 유사하다.[8] 따라서 집회 신고를 '수리를 요하는 신고'로 이해하게 되면 헌법 제21조 제2항에서 집회 허가제를 금지하고 있는 것에 반하게 되는 문제가 발생할 여지가 있다. 집시법 상의 신고에 대해 원칙적으로 집회 개최를 예방적으로 사전에 금지시킨 상태에서 집회를 개최하려는 국민이 신고절차에 따라 스스로 그 금지를 해제시키는 것으로 해석하여 '예방적·금지해제적 신고'로 보는 견해[9]도 있으나, 이러한 견해가 자연권으로서의 집회의 자유 및 집회 허가제 금지를 규정한 헌법 제21조의 취지를 간과하고 있다는 반론 역시 존재한다.[10] 신고의무

---

7) 이희훈, 집회의 자유와 집시법, 경인문화사 (2009), p.209.
8) 송동수, 앞의 글, p.292.
9) 백창현, "집회 및 시위에 관한 법률상의 신고제의 법리 고찰", 치안정책연구 제19호, 치안정책연구소 (2006), p.25.
10) 김봉철, 앞의 글, p.300.

는 평화적 집회를 가능하게 하는 수단일 뿐, 그 본질이 집회해서는 안 되는 부작위의무를 해소하는 허가가 아니기 때문이다.

1.2. 신뢰에 기초한 협력관계

협력 의무로서의 신고

집시법은 제6조 제1항에서 옥외집회나 시위를 하고자 할 때 신고서를 집회 개최 48시간 전에 관할 경찰관서장에게 제출하도록 하는 사전신고 의무를 부과하고 있다.[11]

> 집시법 제6조【옥외집회 및 시위의 신고 등】① 옥외집회나 시위를 주최하려는 자는 그에 관한 다음 각 호의 사항 모두를 적은 신고서를 옥외집회나 시위를 시작하기 720시간 전부터 48시간 전에 관할 경찰서장에게 제출하여야 한다. 다만, 옥외집회 또는 시위 장소가 두 곳 이상의 경찰서의 관할에 속하는 경우에는 관할 시·도경찰청장에게 제출하여야 하고, 두 곳 이상의 시·도경찰청 관할에 속하는 경우에는 주최지를 관할하는 시·도경찰청장에게 제출하여야 한다.

이러한 사전신고 의무의 주된 목적은 옥외집회·시위를 사전에 제한하거나 금지하고자 하는 것이 아닌, 관할 경찰관서장이 옥외집회·시위가 방해받지 않고 개최될 수 있도록 개최 前 단계에서 옥외집회·시위 개최자와 제3자 또는 일반 공중 사이의 이익을 조정하여 상호 이익이 충돌하는 것을 예방하는 데 필요한 정보를 얻고자 함이다.

---

11) 1989년 집시법 전부개정 시 1978년 전면개정된 독일의 '집회 및 행진에 관한 법률'을 모델로 하여 옥외집회나 시위의 경우에 사전신고 의무를 부여하고, 신고내용에 따라 법적으로 금지되는 요건에 해당하는 집회·시위의 경우에 사전에 금지하거나 사후에 해산을 명령하는 체계를 취하고 있다. 한수웅, "집회의 자유와 '집회 및 시위에 관한 법률'", 저스티스 제77호, 한국법학원 (2004), p.20.

[대법원 1990. 8. 14. 선고, 90도870 판결] 관할 경찰청에 소정의 신고서를 제출하도록 한 취지는 신고를 받은 관할 경찰서장이 그 신고에 의하여 옥외집회 또는 시위의 성격과 규모 등을 미리 파악함으로써 적법한 옥외집회 또는 시위를 보호하는 한편 그로 인한 공공의 안녕질서를 함께 유지하기 위한 사전조치를 마련하고자 함에 있는 것이다.

옥외집회나 시위에 대한 사전신고 제도는 집회의 원활한 진행을 가능하게 하는 기능, 즉 집회에 따라 공공의 안녕질서가 침해되는 것을 사전에 방지하기 위한 예방 기능과 관할 경찰관서의 장이 신고서를 통해 인식한 정보를 바탕으로 법익이 충돌할 가능성을 최소화하여 집회의 자유를 최대한 보장할 수 있도록 하기 위한 조정 기능을 수행한다. 이러한 점에서 집시법상의 사전신고는 '신뢰에 기초한 협력관계'에서 도출되는 협력의무로서의 신고이다.[12]

헌법재판소는 집시법상 사전신고 의무에 대해 "경찰관청 등 행정관청으로 하여금 집회의 순조로운 개최와 공공의 안전을 보호하는 데 필요한 준비를 할 수 있는 시간적 여유를 주기 위한 것으로서 협력 의무로서의 신고"[13]라고 하였다. 대법원도 사전신고제를 관할 관청과 집회주최자의 관계에서 도출되는 협력 의무로서의 신고로 보고 있다.

[대법원 2012. 6. 28. 선고, 2010도15181 판결] 집시법 제6조 제1항이 옥외집회 또는 시위를 주최하고자 하는 자로 하여금 관할 경찰관서의 장에게 그 목적과 일시·장소 등을 적은 신고서를 제출하도록 규정한 취지는 그 신고를 받은 관할 경찰관서의 장이 그 신고에 의하여 옥외집회 또는 시위의 성격과 규모 등을 미리 파악함으로써 적법한 옥외집회 또는 시위를 보호하려는 한편 그로 인한 공공의 안녕질서를 유지하기 위한 사전조치를 마련할 수 있게 하려는데 있다. …(중략) … 집회의 자유가 가지는 헌법적 가치와 기능, 집회에 대한 허가 금지를 선언한 헌법정신, 집시법이 마련한 신고제도의 취지 등을 종합하여 보면, 집시법이 정한 신고는 행정관청에 집회에 관한 구체적인 정보를 제공함으로써 공공질

---

12) 김봉철, 앞의 글, p.304.
13) 헌법재판소 2009. 5. 28. 선고, 2007헌바22 결정.

서의 유지에 협력하도록 하는 데에 그 의의가 있는 것이다.

그러나 신고를 하지 않거나, 신고의무를 제대로 이행하지 않고 집회를 개최하면 담당 관청에서 집회에 관한 정보를 얻지 못하게 된다. 이는 담당 관청이 집회로부터 발생하는 위험성을 판단할 근거를 충분히 수집하지 못하는 결과로 이어져 외관상의 위험과 실질적 위험의 괴리를 초래하고, 이는 집회주최자의 부담으로 이어져 집회가 해산될 가능성이 커지게 된다. 결국, 집회주최자는 신고의무를 위반한 결과로 관할 관청이 다른 보호법익과 충돌할 수 있는 상황을 조정하고 이에 대비한 준비 기회 및 시간을 뺏는 것이기에 공공의 안녕질서를 직접 침해할 위험이 있는 집회를 주최할 가능성이 커지는 것이다.[14] 그럼에도 불구하고, 집회·시위의 사전신고 의무를 부과하는 주된 목적이 집회의 제한 또는 금지가 아니라 다른 법익과 공존할 가능성을 모색하는 것이라는 점에서 협력 의무로서의 신고를 하지 않았다고 하여 미신고집회라는 이유만으로 집회·시위를 금지하거나 해산시킬 수는 없다.[15]

[대법원 2012. 6. 28. 선고, 2010도15181 판결] 집회·시위의 사전신고 의무를 이행하지 않았다는 이유로 옥외집회 또는 시위를 헌법의 보호를 벗어나 개최가 허용되지 않는 집회 내지 시위라고 단정할 수 없다. 따라서 집시법 제20조 제1항 제2호가 미신고 옥외집회 또는 시위를 해산명령의 대상으로 하면서 별도의 해산 요건을 정하고 있지 않더라도, 그에 기한 해산명령은 그 옥외집회 또는 시위로

---

14) 한수웅, 앞의 글 (2014), p.21.
15) 이와 같은 결론에 대해 한편에서는 집시법이 집회의 자유를 보호하고 공공의 안녕질서에 대해서는 완화된 기준을 적용하는 것으로 볼 수 있다. 특히, 미신고 집회에 따른 벌칙규정을 갖추고 있음에도 사실상 직접적인 위험이 명백하게 일어나지 않으면 사실상 미신고 집회에 대한 법적 조치가 이루어지지 않는다는 점에서 집시법이 집회의 자유를 보호하는 데 중점을 두고 있다고 판단할 수 있을 것이다. 그러나 집회의 자유와 공공의 안녕질서 사이에 균형을 맞추어야 할 집시법의 무게중심은 기본적으로 공공의 안녕질서 확보에 기울어져 있다. 집회주최자의 신고의무와 함께 관할 경찰관서장이 신고 내용의 미비점에 대해 보완통고할 수 있으며, 보완통고를 이행하지 않으면 이를 이유로 금지 또는 제한통고할 수 있게 한 현재의 집시법 규정에서 이를 확인할 수 있다. 김봉철, 앞의 글, pp.307 - 308.

인하여 타인의 법익이나 공공의 안녕질서에 대한 직접적인 위험이 명백하게 초래된 경우에 한하여 할 수 있는 것이고, 그러한 요건을 갖춘 해산명령에 불응하는 경우에만 집시법 제24조 제5호에 의하여 처벌할 수 있다고 보아야 한다.

헌법재판소는 미신고 집회에 대한 벌칙규정에 대해, 기본적으로 '행정관청으로 하여금 집회의 순조로운 개최와 공공의 안전보호를 위하여 필요한 준비를 할 수 있는 시간적 여유를 주기 위한 협력 의무를 준수하지 않은 것으로 집회의 자유를 침해한다고 할 수 없다'고 하여 관할 경찰관서의 협력 의무보다 집회주최자의 협력 의무를 상대적으로 강조한다. 대법원 또한 유사한 판단으로 집회의 자유보다는 공공의 안녕질서를 더욱 강조하는 태도를 보인다. 다만, 대법원은 미신고 집회라는 이유만으로 헌법상 보호 대상인 집회·시위가 아니라고 단정할 수 없다고 하여 집회의 권리 보장과 공공의 안녕질서 사이에 적절한 조화를 추구하고 있다는 점에서 차이가 있을 뿐이다.[16]

[대법원 2011. 10. 27. 선고, 2011도8118 판결] 집시법은 옥외집회를 주최하는 자로 하여금 일정한 사항을 사전에 관할 경찰관서의 장에게 신고하도록 규정함으로써 신고를 받은 관할 경찰관서의 장이 그 신고에 의하여 옥외집회의 성격과 규모 등을 미리 파악하여 적법한 옥외집회를 보호하는 한편, 옥외집회를 통하여 타인이나 공동체의 이익이 침해되는 것을 방지하여 공공의 안녕질서를 유지하기 위한 사전조치를 마련하도록 하고 있는 것으로서, 옥외집회가 개최될 것이라는 것을 관할 경찰서가 알고 있었다거나 그 집회가 평화롭게 이루어진다 하여 위와 같은 신고의무가 면제되는 것이라고 할 수 없다.

요컨대, 협력 의무로서의 사전신고는 양 당사자 사이의 신뢰를 바탕으로 집회주최자는 관할 경찰관서장에게 원활한 집회의 진행을 위한 지원을 요구할 수 있으며, 관할 경찰관서장은 집회주최자에게 집시법이 추구하는 목적을 달성하기 위해 집회와 관련한 정보를 요청할 수 있다는 것을 전제하고 있다. 이

---

16) 김봉철, 앞의 글, p.296.

러한 상호 협력을 바탕으로 집회의 자유와 공공의 안녕질서와 공존할 가능성을 모색하고자 하는 것이 집시법 제6조에서 규정한 사전신고제의 실질적인 취지이다.

독일 집회법상 '신뢰에 기초한 협력관계'와의 비교

독일의 '집회 및 행진에 관한 법률'(2008년 12월 8일 최종 개정된 것) 제14조는 옥외집회 또는 행진을 할 때 집회를 개최한다는 것을 공지하기 48시간 이전에 그 목적을 첨부하여 관할 관청에 신고하여야 하고, 신고할 때 집회 또는 행진의 책임을 질 것인지를 적시하도록 하고 있다.[17] 우리 집시법은 집회가 시작되기 전 720시간부터 48시간 전까지 신고하도록 하고 있으나, 독일의 경우는 집회를 공지하는 시점으로부터 48시간 이전에 신고하여야 한다는 점에서 차이가 있다. 이는 집회의 공고 당시에 이미 집회의 시간 및 장소가 함께 공고될 수 있고, 때에 따라서는 관할 관청이 공공의 안녕질서를 이유로 집회를 금지하거나 다른 집회 장소나 시간을 조건으로 하여 집회를 허용할 수 있기 때문이다. 따라서 일반 참가자에게 집회를 공고하기 전에 해당 집회에 관한 관할 관청의 조치를 집회주최자가 고려할 수 있게 하려고 집회를 공지하는 시점을 기준으로 신고 시각을 설정한 것으로 이해할 수 있다.[18]

독일 연방헌법재판소는 1985년 5월 14일 결정[19]에서 사전신고 제도를 집회의 원활한 진행을 위한 수단으로 보았다. 집회주최자와 관할 관청 사이에 대화와 협력을 가능하게 하는 역할을 사전신고 제도가 담당하고 있으며, 상호 협력으로 집회가 폭력적으로 진행될 위험이 감소할 수 있다고 판단하고, 양 당사자 사이의 협력은 집회 준비 단계부터 집회 개최 이후 단계까지 지속된다는 것이다. 이와

---

17) 안영규, 독일 집회법 연구, 법무연수원 (2017), pp.210 - 211.
18) 한수웅, 앞의 글 (2014), p.20.
19) 이른바 "브로크도르프(Brokdorf) 결정"으로 불리며, 우발적 집회의 경우에 있어서 신고의 무에 대한 해석, 집회의 금지 또는 해산의 경우에는 비례의 원칙이 특별히 엄격하게 준수되어야 한다는 등 집회의 자유에 관하여 기존의 해석과 다른 획기적인 해석을 다수 다루었고, 이후 독일의 연방집시법 및 각 주의 집시법을 제정하고 해석하는 데 있어 기준이 되고 있다. 안영규, 앞의 책, pp.17 - 18.

같은 집회신고 단계에서의 관할 행정청과 집회 주최자간의 협력은 상호 신뢰를 바탕으로 이루어진다. 집회 주최자는 관할 관청에 집회 친화적인 절차의 진행을 요구할 수 있고, 관할 관청은 집회주최자에게 집회의 평화적인 개최를 위한 협력을 요청할 수 있다는 것을 전제로 하기 때문이다. 다만 집회주최자와 관할 행정청이 협력관계에 있다고 해서 집회주최자가 관할 행정청의 협력 요청에 반드시 따라야 하는 것은 아니다.[20] 사전 신고를 통해 형성되는 '신뢰에 기초한 협력 관계'를 바탕으로 헌법과 집시법을 통해 구현하고자 하는 평화로운 집회·시위에 이바지하는 한편, 집회·시위로 인하여 침해될 수 있는 공공의 안녕질서를 보호하고 그 위험을 최소화할 수 있는 것이다.[21]

2. 집회 신고의 주체

옥외집회 또는 시위의 신고는 주최자가 한다(집시법 제6조 제1항). 집시법은 주최자의 자격에 제한을 두지 않는다. 집회·시위의 주최자가 사람일 경우에는 연령·직업 등에 제한이 없으며, 따라서 범죄와 관련한 수배자도 형사처벌을 받는 것과는 별개로 집회의 주최자가 될 수 있다. 집회·시위의 주최자가 단체일 경우에는 일정한 목적과 조직으로 결합한 사람으로 구성된 단체이면 법인격을 갖추었는지 아닌지는 불문한다. 따라서 여러 단체가 연합하여 개최하는 집회·시위의 경우에 신고서에 기재되지 않은 단체가 집회에 참여한 것만으로 신고한 내용을 벗어났다고 할 수는 없다. 판례는 이 경우에 참석인원·목적·방법 등을 종합적으로 판단할 것을 요구하고 있다.

[서울고등법원 1998. 12. 29. 선고, 98누11290 판결] 집회신고는 집회의 주최자 또는 주최자로부터 위임을 받은 주관자가 신고할 수 있는데, 공동대표 중 1인이 신고서 제출원장을 ○○○에게 위임한 사실이 인정되므로, 위임장을 집행위원장 ○○○가 작성하였다 하여 신고서 제출이나 보완이 잘못되었다 할 수 없다.

---

20) 김봉철, 앞의 글, p.303.
21) 한수웅, 앞의 글 (2014), p.21.

한편 외국인이 집회·시위의 주최자가 될 수 있는가에 대하여는 집회·시위를 자연권으로 보느냐, 실정법상 권리로 보느냐에 따라 학설이 대립하고 있다. 다수설은 집회·시위의 권리를 자연권으로 보아 외국인도 집회·시위의 주최자가 될 수 있다고 본다. 다만 외국인의 경우에는 출입국관리법 제17조에서 정치활동을 제한하고 있다는 점을 고려할 때 우리 국민과 달리 집회의 자유가 제한될 수 있다.

3. 집회·시위의 신고 대상

3.1. 옥외집회

'옥외집회'라 함은 "천장이 없거나 사방이 폐쇄되지 아니한 장소에서 여는 집회"를 말한다(집시법 제2조 제1호). 이는 천장이 없거나 사방이 폐쇄되지 않은 장소에서 개최하는 집회는 그 장소가 불특정 일반인이 자유롭게 통행할 수 있는 장소가 아니라고 하더라도 위치·넓이, 형태, 참가인원, 집회의 목적·성격·방법 등에 따라 집회·시위 참가자와 일반 시민 사이에 충돌이 발생할 위험이 커질 수 있다. 따라서 공공의 안녕과 질서를 유지하기 위하여 일정한 제한이 필요하다는 판단 아래 옥내집회와 구분하여 옥외집회의 정의를 집시법에 규정하였다.

> [헌법재판소 2003. 10. 30. 선고, 2000헌바67 결정] 집시법이 옥내집회와 옥외집회를 구분하는 이유는 옥외집회의 경우 외부세계, 즉 다른 기본권의 주체와 직접적으로 접촉할 가능성으로 인하여 옥내집회와 비교할 때 법익 충돌의 위험성이 크다는 점에서 집회의 자유의 행사방법과 절차에 관하여 보다 자세하게 규율할 필요가 있기 때문이다.

집시법에 '옥외집회'의 정의를 규정하였으나 '집회'의 정의는 없다. 다만 판례는 "특정 또는 불특정 다수인이 공동의 의견을 형성하여 이를 대외적으로 표명할 목적 아래 일시적으로 일정한 장소에 모이는 것"으로 정의하고 있다.

[대법원 2008. 6. 26. 선고, 2008도3014 판결] 위 법률에 의하여 보장 및 규제의 대상이 되는 집회란 '특정 또는 불특정 다수인이 공동의 의견을 형성하여 이를 대외적으로 표명할 목적 아래 일시적으로 일정한 장소에 모이는 것'을 말한다고 봄이 상당하다.

이때 '일시적으로 일정한 장소에 모이는 것'은 집회를 위하여 특정 장소에 모인 이후 집회를 시작하는 것을 의미하며, 집회에 참가하기 위하여 이동하거나 집회의 준비를 위하여 모여있는 정도를 말하는 것은 아니다.

[대법원 2008. 6. 26. 선고, 2008도3014 판결] 피고인들이 평택시 팽성읍 대추리 소재 평화공원에서 개최될 예정이던 '주한미군확장이전반대 제4차 범국민대회'가 사전신고가 없었음을 이유로 경찰에 의해 사전봉쇄되고 새로운 집회장소로 고지받은 같은 읍 본정리 소재 농협 앞으로의 진입마저 여의치 않게 되자 같은 리 소재 신정감리교회에 잠시 머물게 된 사실 등 ⋯ 당시 신정감리교회에서 미군기지 이전 반대의 의사표현을 위한 집회에 참석 중이었다고 인정하기에 부족하고 달리 이를 인정할 증거가 없으며, 오히려 그 인정 사실에 의하면 단지 피고인들은 원래 예정된 집회에 참가하기 위한 준비단계에 있었다고 봄이 상당하고, 그러한 피고인들의 행위는 위 법률에 의한 해산명령의 대상인 집회에 해당하지 않는다.

집회는 사람의 집합이라는 점에서 '결사'와 유사하다. 그러나 집회는 비교적 일시적이고 일정한 장소에서 이루어지는 행위지만, 결사는 상대적으로 계속적이고 특정한 장소에서 이루어지지 않는다는 점에서 차이가 있다. 또한 집회는 공동의 목적과 의사 형성을 필요로 한다는 점에서 단순한 다수인의 집합인 '군집'과도 구별된다.

집회가 성립하기 위한 '다수인'의 인원

집회가 성립하기 위한 최소한의 인원에 대해 학설은 3인설과 2인설이 대립하였으나, 판례는 2인 이상이면 집회가 성립한다는 견해를 분명히 밝히고 있다.

[대법원 2012. 5. 24. 선고, 2010도11381 판결] 집회란 '특정 또는 불특정 다수인이 공동의 의견을 형성하여 이를 대외적으로 표명할 목적 아래 일시적으로 일정한 장소에 모이는 것'을 말하고, 모이는 장소나 사람의 다과에 제한이 있을 수 없으므로, 2인이 모인 집회도 위 법의 규제 대상이 된다고 보아야 한다.

옥외집회에서 '옥외'의 의미

집시법은 '옥외'를 천장이 없거나 사방이 폐쇄되지 않은 장소 중 하나만 충족하여도 옥외에 해당하며, 천장도 없고 사방이 폐쇄되지 않은 장소만을 의미하는 것은 아니다. 또한 '공중이 자유로이 통행할 수 있는' 장소일 것을 요구하지 않는다.[22] 다만 신고 없이 천장이 없거나 사방이 폐쇄되지 않은 장소에서 집회가 개최되더라도 일정한 경우에는 미신고 옥외집회 개최행위로 처벌하지 않을 수도 있다.

[대법원 2013. 10. 24. 선고, 2012도11518 판결][23] 헌법이 집회의 자유를 보장하는 근본이념과 앞서 본 집시법의 규정 내용 및 입법 취지 등을 종합하여 볼 때, 집회의 목적, 방법 및 형태, 참가자의 인원 및 구성, 집회 장소의 개방성 및 접근성, 주변 환경 등에 비추어 집회 과정에서 불특정 다수나 일반 공중 등 외부와 접촉하여 제3자의 법익과 충돌하거나 공공의 안녕질서에 해를 끼칠 수 있는 상황에 대한 예견가능성조차 없거나 일반적인 사회생활질서의 범위 안에 있는 것으로 볼 수 있는 경우에는 설령 외형상 천장이 없거나 사방이 폐쇄되지 아니한 장소에서 개최되는 집회라고 하더라도 이를 집시법상 미신고 옥외집회의 개최행위로 보아 처벌하여서는 아니 될 것이다.

한편 옥내일지라도 일반인이 자유롭게 통행하여 사실상 옥외와 비슷한 성격을 가지는 장소, 즉 지하철 역사 또는 공항 건물 내부 등에서 개최되는 집회도

---

22) 헌법재판소 1994. 4. 28. 선고, 91헌바12 전원재판부 결정.
23) 회사 차고지 공터로서 외부인의 출입이 금지된 장소에서 차량이 통행할 수 있는 출입구를 제외하고 사방이 담장과 건물로 막혀있으며, 회사 영업에 이용되는 택시 및 직원들의 출·퇴근 차량이 주차되어 있던 상황에서 회사 근로자 30여 명이 노조 인정 및 단체교섭을 요구하며 자유시간에 집회를 개최한 사안에 관한 대법원의 판단이다.

집시법의 적용대상인 옥외집회에 해당하는지 논란이 있다. 경찰청은 지하철 구내에서의 집회에 대해 집시법 제2조에서 '천장이 없거나 사방이 폐쇄되지 않은 장소'를 '사방이 폐쇄되었더라도 천장이 없거나 천장이 있더라도 사방이 폐쇄되지 않아 불특정 다수인이 집회 내용을 보고 들을 수 있어 타인의 의견에 영향을 줄 수 있다면 집회로 보아야 한다고 판단하였다.[24] 그러나 서울북부지방법원은 지하철 역사 내부를 집시법상 옥외로 해석하는 것은 불리한 유추해석에 해당한다고 판단한 점을 고려할 때, 공공장소 내부에서의 집회는 집시법상 규율대상인 옥외집회에 해당하지 않는다고 할 수 있다.

[서울북부지방법원 2015. 8. 13. 선고, 2014노1743] 이 사건 집회장소(성북역 내)는 개찰구 안쪽으로 천장이 있고, 진출입로 및 승강장으로 내려가는 계단 통로를 제외한 사방이 벽이나 창문으로 막혀있는 사실을 인정할 수 있으므로 집시법에서 말하는 천장이 없거나 사방이 폐쇄되지 아니한 장소라 할 수 없다. 또한, 이 사건 집회 장소가 일반 공중이 자유롭게 통행하는 곳이라는 이유로 옥외라고 보는 것은 집시법에서 정한 '옥외집회'의 개념을 피고인에게 불리하게 성문규정이 표현하는 본래의 의미와 다른 내용으로 유추해석하는 것에 해당하여 허용될 수 없다.

다만 집시법은 옥외집회와 시위를 구분하고 있으며, 서울북부지방법원의 판단은 '옥외집회'에 관한 판단이다. 시위의 개념에는 '옥외'라는 장소적 제한이 없으므로, 공공장소 내부라고 하더라도 집시법의 규율 대상인 '시위'에는 해당할 수 있다.

옥내 집회

집시법은 옥외집회와 옥내집회를 구별하면서, 옥내집회에 대해서는 별다른 제한을 규정하지 않는다. 다만, 집시법 제16조 제5항은 옥내집회 주최자의 준수사항을 규정하고 있다. 이는 옥내집회를 개최하면서 확성기 등을 설치하여 옥외

---

24) 경찰청, 경찰법령질의회시집(제5집), 경찰청 법무과 (1997. 12.), pp.252-254. 유사한 취지로 문경환·이창무, 경찰정보학(제3판), 박영사 (2019), p.257 참조.

까지 집회의 내용을 들리게 하는 방법으로 사실상 옥외집회로 개최하는 경우를 제한하려는 취지다.

> 집시법 제16조【주최자의 준수 사항】⑤ 옥내집회의 주최자는 확성기를 설치하는 등 주변에서의 옥외 참가를 유발하는 행위를 하여서는 아니 된다.

3.2. 시위

집시법 제2조 제2호는 시위를 "여러 사람이 공동의 목적을 가지고 도로·광장·공원 등 일반인이 자유로이 통행할 수 있는 장소를 행진하거나, 위력 또는 기세를 보여 불특정한 여러 사람의 의견에 영향을 주거나 제압을 가하는 행위"로 정의한다. 헌법재판소는 이를 다수인이 공동의 목적을 가지고 ① 도로·광장·공원 등 일반인이 자유롭게 통행할 수 있는 장소를 행진하여 불특정 다수인의 의견에 영향을 주거나 제압을 가하는 행위와 ② 위력 또는 기세를 보여 불특정 다수인의 의견에 영향을 주거나 제압을 가하는 행위로 구분하였다. 행진은 '공중이 자유로이 통행할 수 있는 장소'임을 요건으로 하나,[25] 위력·기세를 보여 불특정 다수인의 의견에 영향을 주는 행위는 장소적인 제한을 받지 않는다는 것이다.

> [헌법재판소 1994. 4. 28. 선고, 91헌바14 결정] 집회(集會)및시위(示威)에관한법률(法律) 제2조 제2호의 "시위(示威)"는 그 문리(文理)와 개정연혁(改正沿革)에 비추어 다수인이 공동목적을 가지고 (1) 도로·광장·공원 등 공중이 자유로이 통행할 수 있는 장소를 진행함으로써 불특정다수인의 의견에 영향을 주거나 제압을 가하는 행위와 (2) 위력(威力) 또는 기세(氣勢)를 보여 불특정다수인의 의견에 영향을 주거나 제압을 가하는 행위를 말한다고 풀이되므로, 위 (2)의 경우에는 "공중(公衆)이 자유로이 통행할 수 있는 장소"라는 장소적 제한개념은 시위(示威)라는 개념의 요소라고 볼 수 없다.

---

[25] 행진은 시위의 한 부분 또는 형태라고 할 수 있다. 따라서 옥외집회 및 시위의 신고 내용에 행진이 포함된 경우에는 별도로 행진을 신고할 필요는 없으나, 옥내집회 이후 행진을 하는 경우 또는 행진만을 주최하는 경우에는 별도로 신고를 하여야 한다.

위력 또는 기세를 보여 불특정 다수인의 의견에 영향을 주거나 제압을 가하는 행위의 경우라면 공중이 자유로이 통행할 수 있는 장소이든 아니든 상관없이 시위에 해당한다고 볼 수 있다. 대법원도 여러 사람이 장소적인 이동을 수반하지 않고 일정한 장소에서 위력이나 기세를 보여 불특정 다수에게 전달함으로써 그들의 의견에 영향을 미치는 행위도 '시위'에 해당한다고 보았다.

[대법원 2014. 11. 13. 선고, 2011도2871 판결] 화물연대 CJ GLS 분회 60명이 2007. 8. 7.~8. 9. 수원센터 앞에서 집회·시위·노숙농성을 개최하면서 업무를 방해하고 재물을 손괴한 사안에서, 여러 사람이 공동의 목적을 가지고 한 곳에 모여서 계획한 역할 분담에 따라 여러 사람의 위력 또는 기세를 보여 그들의 주장 내용을 소외 회사의 임직원을 비롯한 불특정한 여러 사람에게 전달함으로써 그들의 의견에 영향을 미치는 행위로서 시위에 해당한다.

여러 사람이 일정한 장소에 모여 행한 특정 행위가 공동의 목적을 가진 집단적 의사 표현 방법의 하나로 이루어진 시위에 해당하는지 여부는 행위 태양·참가 인원 등 객관적인 측면과 함께 참가자 사이에 내적인 유대관계가 있는지 등의 주관적인 측면을 종합하여 전체적으로 평가하는 것이 바람직하다.

[대법원 2011. 9 19. 선고, 2009도2821 판결] 다수인이 일정한 장소에 모여 행한 특정행위가 공동의 목적을 가진 집단적 의사표현의 일환으로 이루어진 것으로 집시법 제6조 제1항의 신고대상인 시위에 해당하는지는 행위의 태양 및 참가 인원 등 객관적 측면과 아울러 그들 사이의 내적인 유대관계 등 주관적 측면을 종합하여 전체적으로 그 행위를 다수인이 위력 또는 기세를 보여 불특정 다수인의 의견에 영향을 주거나 제압을 가하는 행위로 볼 수 있는지에 따라 평가하여야 한다.

한편 학문·예술·체육·종교·의식·친목·오락·관혼상제 및 국경 행사에 관한 집회의 경우에는 집시법 제15조에서 집회 신고 대상에서 제외하도록 규정하고 있다. 그런데 집시법이 제2조에서 옥외집회와 시위를 구분하고 있으므로 집시법 제15조에 의한 신고 제외 대상은 옥외집회인 경우만 해당한다. 따라서 학

문·예술 등의 행사와 관련하여 행진하고자 할 때는 집시법에 따른 신고의 대상이 된다.[26]

1인 시위

'1인 시위'란 개인이 특정한 장소에서 어떠한 사안에 대해 부당함이나 요구 등 자신의 주장을 불특정 다수에게 알리는 행위를 말한다.[27] 현행 집시법상 시위는 2인 이상의 다수인을 전제로 하므로 '1인 시위'는 집시법상 시위의 구성요건에 해당하지 않는다. 다만 2000년 12월 18일부터 79일 동안 국세청 앞에서 삼성 그룹의 변칙 상속에 관한 상속세 추징을 요구하며 참여연대에서 진행한 행동이 언론과 사회의 이목을 집중하면서 '1인 시위'라는 이름으로 자연스럽게 표현되면서 자연스럽게 시위의 한 형태로 자리잡았다.

> [서울지방법원 2003. 5. 21. 선고, 2002나60701 판결] 1인 시위는 다수인을 전제로 한 집시법 제2조 제2항의 '시위' 개념에는 포함된다고 볼 수 없으므로, 집시법상의 시위 금지와 관련된 조항의 제한을 받지 아니한다.

집시법상 집회·시위가 금지된 장소에서도 그 내용이나 형태의 개별법령에 따른 금지·제한 여부는 별론으로 하고, 1인 시위라는 방법으로 자신들의 주의·주장 또는 의사를 표현할 수 있다.[28] 그러나 외형상 1인 시위라고 하더라도 주변에 1인 시위를 하겠다는 개인간에 공동 가공의 의사와 기능적 행위지배가

---

26) 예를 들면, 대한불교 조계종에서 주최하는 '부처님오신날 기념 법회'의 경우에는 순수한 종교 행사로서 집시법 제15조에 따라 신고 대상에서 제외되는 '집회'이다. 그러나 기념 행사의 하나로 진행되는 '연등행렬'의 경우에는 행진의 형태로 이루어지는 '시위'에 해당하며, 도로를 이용하여 교통 소통에 장애를 줄 수 있으므로 원칙적으로는 신고의 대상이 된다.

27) 정우열·김주완, 앞의 글, p.565.

28) 예를 들어, 1인이 피켓이나 어깨띠를 휴대하거나 플래카드를 게시 또는 첨부하고 구호를 제창하는 경우, 차도·인도에 눕거나 서서 교통을 방해하는 경우, 상복을 착용하거나 상여 또는 특정인을 상징하는 허수아비를 이용하는 경우, 교각·절벽·옥상·동상 등에 올라가 시위하는 경우 또는 알몸시위 등의 방법으로 1인 시위를 하는 경우 등과 같은 행위 자체는 각각의 행위에 관해 개별법령에서 금지·처벌하는 규정이 있는지는 별론으로 하더라도 집시법을 적용하여 이와 같은 행위를 금지·제한할 수는 없다.

인정될 때는 이를 1인 시위가 아닌 집회로 보아야 한다.[29]

다만 개별 행위에 대하여 규제 또는 제한하는 법령이 있다면 이에 근거하여 필요한 경찰조치를 할 수 있다. 청와대 인근의 경호구역 내에서 이루어지는 1인 시위의 경우에는 「대통령 등 경호에 관한 법률」(대통령경호법) 제5조에 따라 출입통제 등 위해 방지에 필요한 안전 활동이 취해질 수 있다.

> **대통령 등의 경호에 관한 법률 제5조【경호구역의 지정 등】** ① 처장은 경호업무의 수행에 필요하다고 판단되는 경우 경호구역을 지정할 수 있다.
> ② 제1항에 따른 경호구역의 지정은 경호 목적 달성을 위한 최소한의 범위로 한정되어야 한다.
> ③ 소속공무원과 관계기관의 공무원으로서 경호업무를 지원하는 사람은 경호 목적상 불가피하다고 인정되는 상당한 이유가 있는 경우에만 경호구역에서 질서유지, 교통관리, 검문·검색, 출입통제, 위험물 탐지 및 안전조치 등 위해 방지에 필요한 안전 활동을 할 수 있다.

다만 대통령경호법에 따른 조치를 시행하더라도 경호에 필요한 최소한의 범위에 그쳐야 하며, 불법 집회로 변질할 우려가 없고 주변에 경찰을 배치하여 돌발상태에 대응이 가능하다면 경호상 문제를 이유로 1인 시위를 금지 또는 제한할 수 없다.[30]

외교기관 앞에서 이루어지는 1인 시위의 경우에도 해당 국가의 국기·국장을 손상·제거·오욕하는 행위가 있으면 형법상 외국의 국기·국장 모독죄(형법 제109조)를 적용할 수 있다. 또한 '외교관계에 관한 비엔나 협약'[31] 및 「경찰관 직

---

29) 대법원 2011. 9. 29. 선고, 2009도2821 판결.
30) 서울지방법원 2003. 5. 21. 선고, 2002나60701 판결; 서울중앙지방법원 2018. 7. 11. 선고, 2016가단5284331 판결.
31) 1961. 4. 18. 비엔나에서 체결되어, 1970. 12. 28. 국회 동의를 받아 1971. 1. 21. 발효된 조약으로서 헌법 제6조 제1항에 의하여 국내법률과 같은 효력을 지닌다. '외교관계에 관한 비엔나 협약' 제22조 제2호는 "접수국은 어떤 침입이나 손해에 대하여도 공관지역을 보호하며, 공관의 안녕을 교란시키거나 품위 손상을 방지하기 위하여 모든 적절한 조치를 취할 특별한 의무를 가진다"고 규정하고 있다.

무집행법」상 '범죄의 예방과 제지' 등의 규정에 근거하여 외교사절을 보호하기 위한 현장 제지 조치가 취해질 수 있다.[32]

3.3. 특별한 형태의 집회·시위

변형 1인 시위

1인 시위가 집시법의 적용대상이 아니라는 해석에 따라 인간띠 잇기, 릴레이 시위, 혼합 1인 시위 등 변형된 1인 시위가 이루어지기도 한다. '인간띠 잇기'는 여러 사람이 공동의 목적을 가지고 상호 연대하여 일정한 거리를 두고 1인 시위 형태로 진행하는 시위이고, '릴레이 시위'는 여러 사람이 근거리에 대기하며 1명씩 교대로 진행하는 시위이며, '혼합 1인 시위'는 같은 장소에서 각자 다른 내용을 가지고 1인 시위 형태로 진행하는 시위를 말한다. 그러나 단독으로 이루어지는 행위라고 하여 모두 1인 시위라고 할 수 없으며, 개별 사안에 따라 구체적으로 살펴 집시법의 적용 대상인 집회·시위로서 신고해야 하는 사안인지 검토할 필요가 있다.

'인간띠 잇기'의 경우는 단체·목적·주장이 동일하고, 상호 간 의사소통이 가능한 거리에서 이루어지는 것이라면 집시법에 따른 신고 대상인 시위에 해당한다고 보아야 한다.

> [울산지방법원 2009. 4. 17. 선고, 2009고합3 판결] 피고인들은 해고근로자의 복직을 요구하는 공동의 목적을 가지고 있었던 점, 이를 위하여 피고인들이 역할을 분담하여 ○○그룹 본관 건물 앞 및 그 인근 노상의 일정한 지점(오전 3개, 오후 4개 지점)에 동시에 피켓을 들거나 탈을 뒤집어쓰고 서있는 형태로 3~4인 1조로 교대로 시위를 한 점, 피고인들은 각자 30~70미터 가량의 간격을 두고 사회통념상 단일한 시위 개최구역 내에서 유기적으로 위와 같은 방법으로 기세를 보이는 행동을

---

32) 이와 관련하여, 법원도 美대사관 건너편 광화문광장에서 '1인 시위'를 하면서 美대사관을 배경으로 고성능 카메라를 이용하여 사진 촬영한 것을 제지한 경찰 조치가 정당하다고 판단하였다. 서울서부지법 2014. 2. 17. 선고, 2013가단30434 판결.

하였던 점, 피고인들은 가시권 내에 간격을 두고 동일한 취지의 의사표시를 하고 있었으므로 일반인들로서도 복수의 시위참가자의 존재를 충분히 알 수 있었던 점 등에 비추어 보면 피고인들의 위와 같은 행위는 순수한 형태의 1인 시위로 볼 수 없고 공동의 목적을 가진 다수인이 노상에서 기세를 보이는 방법으로 불특정한 여러 사람의 의견에 영향을 줄 수 있는 행위를 한 것이라고 보아야 할 것이다.

'릴레이 시위'의 경우, 시위자와 대기자 사이의 거리, 피켓·기타 시위용품의 공동 사용 여부 등을 종합적으로 판단하여 집시법의 적용 대상인지를 판단하여야 한다. 판례에서는 공간적으로 같은 장소에서 여러 사람이 동시간대에 같이 모여 있는 경우라면 집시법에 따른 신고대상인 시위에 해당한다고 보고 있다.

[대법원 2011. 9. 19. 선고, 2009도2821 판결] 1인은 피켓을 들고 다른 2~4인은 그 옆에 서 있는 방법으로 6일간 총 17회에 걸쳐 관할 경찰서장에게 신고하지 아니하고 옥외시위 … (중략) … 집시법의 신고대상인 옥외시위에 해당한다고 보기에 충분하다 할 것이다. 이와 달리 그 주장이 담긴 피켓을 직접 든 1인 외에 그 주변에 있는 사람들이 별도로 구호를 외치거나 전단을 배포하는 등의 행위를 하지 않았다고 하는 형식적 이유만으로 이 사건 각 행위를 집시법의 신고대상이 되지 아니하는 이른바 '1인 시위'에 해당한다고 볼 수는 없다.

[제주지방법원 2006. 4. 13. 선고, 2005고정234 판결] 피고인을 포함한 ○○시청의 공무원들은 릴레이 시위대를 편성하여 정해진 시간대별로 1명씩 피켓을 들고 시청 부근에 서 있었을 뿐, 2명 이상이 동시에 모여 위와 같은 행위를 하지는 아니한 사실을 알 수 있는 바, 위 인정사실에 의하면, 피고인의 위와 같은 행위는 위 법률에서 정하는 시위에 해당하지 아니한다고 할 것이므로…

'혼합 1인 시위'의 경우, 형식적으로 개별 1인 시위가 이루어지고 있는 것으로 보일 수 있다. 그러나 실질적으로 1인 시위의 목적이 포괄적으로 같은 주장을 표현하며 시위자 상호 간에 공동의 인식을 하고 있다고 인정될만한 객관적인 정황이 있는 경우라면 집시법에 따른 신고대상인 시위에 해당한다고 보아야 한다.[33]

촛불문화제·촛불집회

촛불문화제 또는 촛불집회는 과거 종교·문화적 행사의 하나로 이루어지기는 했지만, 일반 국민에게 알려진 것은 2002년 미군 장갑차에 치여 숨진 효순이·미선이 사건을 추모하기 위한 집회부터였다.[34] 이후 2004년 4월 노무현 대통령 탄핵소추안 통과 반대 촛불집회, 2008년 미국산 쇠고기 수입 반대 촛불시위 등이 이어졌으며, 지난 2016년 박근혜 대통령 탄핵 촛불집회가 개최된 바 있다.

촛불문화제는 집시법 제15조의 규정에서 말하는 문화행사에 해당한다고 볼 수 있으므로 집시법의 적용을 받지 않는 집회·시위의 한 형태이다. 다만 외부적으로는 문화행사를 표방하면서 행사의 목적, 준비물, 단상 발언 내용, 구호제창, 행사 진행 과정 등을 종합하여 순수한 문화제가 아닌 실질적인 집회·시위의 형태로 진행되는 경우에는 집시법에 따른 신고대상인 집회·시위를 개최한 것으로 집시법의 규정에 따른 금지·제한이 가능하다.

[부산지방법원 2008. 5. 6. 선고, 2007노4390 판결] 집회 명칭이 '촛불문화제'로 되어 있더라도 '노동기본권 쟁취' 등의 현수막을 내걸고, 시민들을 상대로 유인물 약 1천부를 배포하면서, 사회자의 선창에 따라 'FTA 반대' 등의 구호제창을 하며 깃발을 흔든 뒤 약 2km 구간을 행진한 경우에는 그 실질이 집회·시위에 해당되어 집시법 상 집회·시위로서 의율할 수 있다.

기자회견

공동의사를 표현하는 다수인이 기자만을 대상으로 순수하게 회견하는 경우

---

33) 대전지방법원 2015. 4. 9. 선고, 2014고정1653 판결.
34) 훈련 중인 미군 장갑차에 치여 숨진 여중생 사망사건과 관련하여 두 미군 가해자가 확인되었으나 한미주둔군지위협정(SOFA)에 따라 미군 군사재판에서 무죄평결을 받으면서 인터넷으로 두 여중생을 추모하기 위한 촛불집회가 제안되었다. 2001년 11월 30일 처음으로 광화문에서 순수 추모행사로 개최되었다가 문화제 형식으로 발전하였으며, 이후 차도점거, 美대사관 진출 등 전형적인 '시위'로 이어졌다. 정부의 SOFA 개정 약속 및 재발 방지 대책 추진, 촛불집회의 폭력적·불법적 변질에 대한 부정적 여론으로 연말을 기점으로 감소하였다. 정우열·김주완, 앞의 글, p.567.

에는 시위에 해당하지 않으므로 집시법의 적용을 받지 않는다. 그러나 기자 이외의 불특정 여러 사람의 의견에 영향을 주거나 제압을 가하기 위하여 연설, 구호 제창, 피케팅, 플래카드의 게시 및 첨부, 복장 또는 머리띠에 구호를 표시하여 늘어서는 방법 등으로 집회·시위의 형태를 갖추거나 도로점거·시설 집단진입 시도 등을 할 때는 집시법에 따른 신고대상인 집회·시위에 해당한다.

> [대법원 2015. 10. 15. 선고, 2015도12320 판결] 언론노조 20여명이 청운동주민센터 주차장에서 '대선공약 파기 규탄 기자회견' 시 현수막과 손피켓 7개를 들고 구호를 외쳤던 사실 등에 비추어 기자회견 형식으로 개최되더라도 옥외집회에 해당한다.

그러나 피켓을 들고 구호를 외치는 행위라고 하더라도 행위의 전·후 사정을 고려할 때 기자회견의 내용을 전달하는 방법이라면 시위에 해당한다고 볼 수 없다는 하급심 판결도 있어 집회·시위 해당하는지를 판단할 때에는 신중한 검토가 필요하다.

> [대전지방법원 2018. 6. 22. 선고, 2017노3002 판결] 피고인들이 기자회견 과정에서 피켓을 들고 구호를 외치는 행위를 하기도 하였다. 그러나 이는 기자회견의 내용을 함축적이고 효율적으로 전달하기 위한 시청각적 방법으로, 의사표현의 자유의 범주에 속하는 행위로 보는 것이 타당하다.

플래시몹(flash‒mob)

플래시몹은 갑자기 접속이 폭증하는 현상을 의미하는 플래시 크라우드(flash‒crowd)와 동일한 생각을 가지고 행동하는 집단을 의미하는 스마트몹(smart‒mob)의 합성어로, 불특정 다수가 휴대전화 또는 전자우편을 이용하여 사전에 정해진 시간과 장소에 모여 현장에서 주어진 행동을 짧은 시간에 실행하고 바로 흩어지는 것을 말한다. 2003년 6월에 미국 뉴욕에서 처음 시작되었다고 알려져 있다.

친목·오락·예술 등의 범위에 해당하는 플래시몹은 일종의 집단 유희에 그

친다고 보아 집시법상 신고 대상에 해당하지 않는다고 보는 것이 타당하다. 그러나 집결 목적·일시·장소·방법·참여인원·행위·내용 및 소요시간 등을 종합적으로 검토하여 집시법 제15조에서 규정한 친목·오락·예술의 범위를 벗어나는 경우라면 집시법에 따른 신고대상인 집회·시위에 해당할 수 있다.

[대법원 2013. 3. 28. 선고, 2011도2393 판결] 카페 회원 10여명과 함께 불특정 다수의 시민들이 지나는 서울 명동 한복판에서 30분간에 걸쳐, ○○ 사이트가 제공하는 선전물을 사용하고, 피고인은 상복을 입고 '○○노동조합 설립신고 허하시오'라고 기재된 피켓을 목에 건채 모임의 선두에서 시종일관 북을 치면서 "청년들도 일하고 싶다", "정부는 청년실업 해결하라"는 구호를 외치고, 다른 참가자들은 청년실업 및 최저임금 문제에 관한 피켓을 목에 건 채 돗자리를 펴고 그 위에 앉아 있고, 그 중에는 기타를 치면서 노래를 부르거나 컵라면을 먹으면서 실업청년의 생활고를 나타내려는 사람, 수험서적을 들고 공부하는 모습을 나타내거나 상복을 입고 앉아 있는 사람, 이들 뒤에서 학사모와 졸업복을 입고 '청년실업 해결하라'는 피켓을 손에 든 채 배회하는 사람 등 각자 역할을 분담하여 퍼포먼스(performance) 형태의 플래시 몹(flash mob) 방식으로 노조설립신고를 노동부가 반려한 데 대한 규탄 모임을 진행한 것은, 주된 목적·일시·장소·방법·참여인원·참여자의 행위태양·진행내용 및 소요시간 등 제반 사정에 비추어 볼 때 미신고 옥외집회에 해당한다.

홀로그램(hologram) 집회

홀로그램 집회는 '온라인으로 확보한 동조자의 영상을 홀로그램으로 만들어 거리 등에 투사시켜 일반 대중들이 해당 시위의 동조자들이 현장에 실제 참여하듯 느끼게 만드는 정치 캠페인'을 말한다.[35] 특정 의사전달을 목적으로 실제 시위에 참여하는 사람 없이 미리 촬영한 구호제창, 피케팅 등의 시위 영상을 빔프로젝터 등의 영상장치를 이용하여 건물의 외벽이나 별도로 설치한 스크린에 반복적으로 상영하여 의사를 전달하는 시위방법이다.

---

35) 김대원·지영환, "홀로그램 시위에 대한 형사법적 탐색", 법과 정책 제22권 제3호, 제주대학교 법과정책연구원 (2016), p.64.

2015년 4월 스페인 의회에서 공공건물 주변에서의 시위를 금지하고 벌금을 부과하는 시민안전법이 통과되자 이에 항의하기 위하여 시민단체에서 마드리드 의회 앞에서 홀로그램 집회를 처음으로 개최하였다. 우리나라에서도 국제엠네스티 한국지부에서 세월호 사건 이후 광화문광장 북측 지역에서 집회를 불허하는 것에 항의하기 위하여 2016년 12월 24일에 홀로그램 집회를 개최한 바 있다. 당초 사람을 대체할 수 있을 정도의 구체적·입체적 영상을 허공에 송출할 것으로 예상하였으나, 이날 집회는 비경판에 영상을 송출하는 기존의 빔프로젝터와 유사한 방식으로 진행되었다.

집시법의 규율 대상인 집회·시위의 주체는 자연인을 전제로 한다. 그런데 홀로그램 시위에 나타난 영상 속의 인물은 자연인으로 볼 수 없다. 따라서 상영되는 홀로그램 자체는 집시법상 집회·시위에 해당하지 않는다고 할 수 있다. 그러나 홀로그램 시위 영상을 상영하는 장소 또는 장치 주변에 해당 홀로그램 상영과 관련한 사람이 2인 이상 집결한 상황에서 홀로그램을 통해 구호 또는 발언이 송출되는 경우라면 집시법상 규율 대상인 집회·시위에 해당할 수 있다. 다만 홀로그램이라는 수단을 이용하더라도 그 주제가 학문·예술·종교 등에 관한 것으로서 공공의 안녕질서에 위협을 끼치지 않는 범위에서 진행된 경우라면 집시법 제15조에 따라 신고 대상 집회·시위가 아닌 것으로 볼 여지는 있다.

한편 2015년 4월 스페인에서 있었던 최초의 홀로그램 시위의 경우, 집회 강행에 대한 처벌을 우려한 주최 측은 현장에 불참하고 영상물 상영을 위한 소수의 기술자만이 현장에 참석하였다. 이 경우에 기술자들이 집회의 성격 및 취지를 이해하고 미신고 집회가 위법임을 인지하는 경우에는 집시법 위반의 공동정범의 책임을 부과할 여지가 있을 것이다. 그러나 집회 내용과 무관하게 순수한 기술적 지원을 위하여 참석한 경우라면 집시법 위반의 책임을 묻기 어려울 것으로 보인다.[36] 만일 홀로그램 시위로 상영되는 영상이 인근을 통행하는 차량 운전자의 시야를 방해하는 경우에는 도로교통법에 따른 상영 중지 및 장소 변경을 요구할 수는 있을 것이다.

---

[36] 이에 관한 자세한 내용은 박민우, "이른바 홀로그램 집회에 있어 주최 측과 현장 기술자들의 형사책임", 저스티스 제155호, 한국법학원 (2016), pp.280 - 310 참조.

3.4. 특별한 장소의 집회·시위

관리주체가 있는 경계 내부

대학이나 회사, 종교시설의 경내 및 공공관서의 마당과 같은 관리 주체가 있는 경계의 내부에서 이루어지는 집회도 신고의 대상인지에 대하여, 판례는 불특정 다수가 자유롭게 통행할 수 없는 장소라도 천장이 없거나 사방이 폐쇄되지 않은 장소에서의 집회를 집시법의 적용대상에 해당한다고 판단하고 있다. 따라서 대학의 운동장, 회사의 공터, 종교시설의 경내, 시청 마당 등에서의 집회는 원칙적으로 집회를 신고한 후에 개최하여야 하며, 집회신고 또한 헌법상 집회신고 제도의 취지에 비추어 장소사용 권한이 있는지와 관계없이 접수하여야 한다.

> [헌법재판소 1994. 4. 28. 선고, 91헌바14 결정] 시위란 다수인이 공동목적을 가지고 ① 도로·광장·공원 등 공중이 자유로이 통행할 수 있는 장소를 진행하거나 ② 위력 또는 기세를 보여 불특정 다수인의 의견에 영향을 주거나 제압을 가하는 행위를 말하므로, ②의 경우에는 공중이 자유로이 통행할 수 있는 장소이든 아니든 상관 없이 시위에 해당한다. 그러므로 공중이 자유로이 통행할 수 없는 대학 구내에서의 시위도 요건에 해당하면 집시법 상 시위로서 규제 대상이 된다.

> [대법원 2008. 3. 14. 선고, 2006도6049 판결] '옥내'라고 함은 일반적인 언어관념 상으로도 지붕과 벽이 있는 공간을 의미하므로, 고등학교 교내 본관 건물 옆에서 노조원들과 함께 학교장의 허락 없이 학교 내에 천막을 치고 학교의 컴퓨터 인터넷선 및 전기를 인입하여 사용하면서 구호를 제창하거나 유인물을 부착한 것은 옥외집회에 해당한다.

그런데 장소사용 권한이 없는 경우에 집회신고 여부와 별도로 해당 장소에서 집회·시위를 개최하는 것이 「형법」상 건조물침입죄, 업무방해죄, 공무집행방해죄 또는 「국유재산법」 위반 등 타 법령을 위반하는 행위에 해당할 수 있다.

[대법원 2013. 7. 25. 선고, 2010도14545 판결] 설령 집회의 장소가 관공서 등 공공건조물의 옥내라 하더라도 그곳이 일반적으로 집회의 개최가 허용된 개방된 장소가 아닌 이상 이를 무단 점거하여 그 건조물의 평온을 해치거나 정상적인 기능의 수행에 위험을 초래하고 나아가 질서를 유지할 수 없는 정도에 이른 경우에는 집회의 자유에 의하여 보장되는 활동의 범주를 넘는다 할 것이다.

이 경우, 광화문광장 또는 서울광장 등과 같이 관리주체가 있는 광장도 광장을 관리하는 주체에게 허가 또는 신고를 통하여 집회 장소 사용 권한을 얻는 등의 사전 절차를 이행한 후 집회를 신고하도록 행정지도할 수 있으나, 이를 이유로 집회신고서의 접수를 거부할 수 없다. 같은 이유로 집회·시위 개최 예정 장소의 관리주체에게 허가 또는 신고 등의 사전 절차의 이행을 요구하는 것을 내용으로 하는 보완통고 및 이에 근거한 금지통고도 집시법상 근거가 없는 것으로 보아야 한다.

[부산지방법원 2016. 4. 1. 선고, 2015구합24643 판결] (판결요지 中) 甲 노동조합이 소속 조합원들의 회사 매각 및 정리해고 등에 대하여 집회를 개최하기 위하여 시청 후문 앞 인도 부분에 관하여 옥외집회신고를 하였으나, 관할 경찰서장이 화단으로 조성된 시청 청사부지에서는 집회를 개최할 수 없으니 장소를 변경하여 재신고하도록 보완통고를 한 후 보완되지 않았다는 이유로 옥외집회 금지통고를 한 사안에서, 집회의 자유는 '허가'의 방식에 의한 제한이 허용되지 아니하는 점을 고려하면, 관할 경찰관서장은 신고서의 기재가 누락되었다거나 명백한 흠결이 있는 경우에만 형식적인 내용에 관하여 보완통고를 할 수 있고, 그 이외의 사항에 관하여는 보완요구를 할 수 없는데, 신고서의 기재에 누락이 있거나 명백한 흠결이 있지 아니하므로 보완통고는 근거가 없고, 집회장소가 집회의 금지 또는 제한통고에 관하여 정한 구 집회 및 시위에 관한 법률(2016. 1. 27. 법률 제13834호로 개정되기 전의 것, 이하 '구 집시법'이라 한다) 제8조 제1항, 제3항에도 해당하지 아니하므로, 통고처분이 구 집시법상 근거 없이 이루어져 위법하다.

천막(노숙·고공) 농성

천막농성은 요구사항을 관철하기 위해 공공기관, 국회 등 민원의 대상인 시설 주변에 천막을 치고 밤을 새워 대기하며 플래카드 등을 게시 또는 첨부하고 숙식까지 시위 장소에서 이루어지는 시위 형태를 말한다. 이와 유사한 형태로 노숙농성, 고공 농성 등이 있다. 천막·노숙 농성은 소규모 비용으로 장기간 이목을 집중시킬 수 있는 집회·시위 방법의 하나이지만 집시법상에는 명확한 규정이 없다. 다만 헌법재판소는 집회·시위 과정에서 수반되는 다소간의 불편이나 법익 침해는 일반 국민도 수인해야 한다는 의견이다.

> [헌법재판소 2003. 10. 30. 선고, 2000헌바67 결정] 헌법은 집회의 자유를 국민의 기본권으로 보장함으로써, 평화적 집회 그 자체는 공공의 안녕질서에 대한 위험이나 침해로서 평가되어서는 아니 되며, 개인이 집회의 자유를 집단적으로 행사함으로써 불가피하게 발생하는 일반대중에 대한 불편함이나 법익에 대한 위험은 보호법익과 조화를 이루는 범위 내에서 국가와 제3자에 의하여 수인되어야 한다는 것을 헌법 스스로 규정하고 있는 것이다.

법원도 도로법상의 점용 허가를 이유로 집회가 사실상의 허가제로 기능하지 않도록 세심한 주의를 기울일 것을 요구하고 있다.

> [서울고등법원 2015. 10. 30. 선고, 2013노4012 판결] 도로법상의 도로점용 허가는 그것을 통해 달성하고자 하는 독자적인 목적이 있고 이는 집회의 자유와는 별개의 것이므로, 집회를 위해 필요한 물건이라고 하더라도 그것의 사용이 도로의 점용을 수반하는 것이라면 원칙적으로 도로법상 도로점용 허가를 받아야한다. 다만, 위와 같이 허가를 받도록 하는 것이 사실상 집회에 대한 허가로 기능하지 않도록 세심한 주의를 기울일 필요가 있다. 이를 위해서는, 집회에 필요한 물건의 사용에 대하여 도로점용 허가를 받도록 함으로써 초래되는 집회의 자유에 대한 제한이 기본권 제한의 한계를 일탈하였는지를 심사하는 과정에서 집회의 자유의 헌법적 의미와 해당 집회의 목적과 태양, '도로점용 허가'라는

제도를 통해 보호되는 법익 등 제반 사정을 비교 형량하여야 한다. 이러한 비교형량을 통해 예외적으로 집회에 필요한 물건의 사용에 대하여 도로점용 허가를 받지 않았다는 이유로 이를 처벌하는 것이 사실상 집회에 대한 허가제로 기능한다고 판단되는 경우에는 허가를 받지 않은 도로점용 행위도 위법성이 조각되어 처벌할 수 없다.

특히 천막을 설치하는 것이 도로법을 위반하였다고 하더라도 생명·신체의 위해나 재산상 중대한 손해가 우려되는 경우, 즉 「경찰관 직무집행법」상 즉시강제의 요건을 충족할 때는 현장에서 천막 설치를 제지·반입·차단할 수 있으나, 실질적으로 이를 충족하는 경우는 드물다. 반면 포괄적인 도로관리권을 지닌 관할 도로관리청은 정당한 사유 없이 천막을 설치하는 행위를 제지할 수 있다. 이때 경찰은 그 과정에서 발생하는 공무집행방해 등의 불법행위를 차단하거나 관련자를 검거하는 등 보충적·간접적으로 개입할 수 있다.

[대법원 2014. 2. 27. 선고, 2013도5356 판결] 구 도로법 제45조에 따르면 누구든지 정당한 사유없이 도로에 장애물을 쌓거나 교통에 지장을 끼치는 행위를 하여서는 안 되며, 그러한 행위를 하는 사람에 대하여는 구 도로법 제83조에 따라 도로관리청이 필요한 처분을 하거나 조치를 명할 수 있으므로, 도로를 설치하고 그 존립을 유지하여 이를 일반 교통에 제공함으로써 도로의 본래 목적을 발휘하도록 하기 위한 포괄적 도로관리권을 가지는 도로관리청으로서는 도로의 기능 발휘에 장애가 되는 시설물을 정당한 사유 없이 설치하는 것을 제지할 수 있다.

경찰행정권 범위 외에서 개최되는 집회·시위

민통선 북방지역에서 이루어지는 집회·시위에 관하여 집시법상 신고 의무를 면제하는 규정은 없다. 그러나 사실상 경찰의 행정권이 미치지 않는 軍 작전 관할 구역 내에 있으므로 경찰에 집회·시위를 신고하였다고 하더라도 해당 지역에서 작전 관할권을 가지는 군부대장의 허가가 없다면 작전 관할권이 있는 군부대장의 허가를 받아 개최하는 것이 바람직하다.

실제로 2003년 8월 22일에 독일 출신 북한 인권 운동가 노르베르트 폴러첸의 주도로 강원도 철원 舊 노동당사 건물 앞에서 대형 고무 풍선 20여 개에 태양전지로 작동되는 라디오 700여 개를 매달아 북한 땅으로 날려 보내는 행사를 추진하였으나, 사전 집회 신고를 하지 않아 경찰에 의해 제지를 받았다.[37] 반면 2015년 5월 24일에 세계 여성운동가 등 30여 명이 참여한 '세계 여성의날 맞이 평화걷기 행사'의 경우에는 남·북한 정부 및 UN의 사전 협의를 거쳐 해당 지역의 작전관할권이 있는 육군 1사단의 허가를 받아 파주 통일대교 남단에서 임진각 평화누리공원까지 설치된 철책선 북측(민통선 북방지역)을 따라 행진하는 행사를 개최한 바 있다.[38]

차량시위, 해상·수상시위

'차량시위'란 화물트럭·방송차량 등 자동차, 덤프트럭·굴삭기 등 건설기계, 트랙터 등 농기계를 집회 장소에 다수 동원하거나, 운전자의 의사를 외부에 표현한 플래카드 등을 차량에 첨부 또는 게시하고 도로상을 운행하는 형태의 시위를 말한다. 한편 차량시위와 유사한 방법으로 어민단체·환경단체 등이 자신들의 의사를 표현할 목적으로 선박에 플래카드 등을 내걸고 운항하는 형태의 시위를 '해상·수상시위'라고 한다. 해경이 담당하는 동해·서해·남해 등 바다에서 선박을 운항하는 경우는 '해상시위'로, 경찰이 담당하는 한강·낙동강 등 내수면에서 운항하는 경우는 '수상시위'로 구분한다.

차량이나 자전거 등을 이용한 시위의 경우에도 사람이 하는 행동으로 시위에 해당하며, 이 경우 차량이나 자전거 등은 일종의 시위 도구로 볼 수 있다. 따라서 차량을 이용한 행진 등의 경우에도 원칙적으로 집시법상 신고 대상인 시위에 해당한다.

---

37) 전성철, "라디오 매단 풍선, 北 띄우기 충돌", 한국일보 (2003. 8. 23.), 검색일: 2019. 8. 16.
38) 이에 관한 자세한 내용은 이진옥, "WOMENCROSSDMZ: 한반도 평화를 위한 여성의 경계 넘기", 여성학논집 제33권 제2호, 이화여자대학교 한국여성연구원 (2016), pp.63 - 97 참조.

[대법원 2017. 3. 30. 선고, 2016도14076 판결] 농민들이 BH 나락반납 시위계획을 밝힌 상태에서 고속도로 차량시위·나락 도로투기 등 불법시위·교통방해가 예상되어, 나락을 하차하고 개별 상경토록 경고했으나 불응하여 「경찰관 직무집행법」 제6조(범죄의 예방과 제지)에 근거해 차단한 사례에 대해 법원은 '공공의 안녕질서에 대한 직접적인 위험이 초래되지 않았음에도 경찰이 트럭들을 가로막은 것은 위법한 직무집행'이라고 판시하였다.

그러나 차량은 그 이용 방법에 따라 '위험한 물건'에 해당할 수 있으며, 차량 이동 과정에서 교통상의 위험을 발생하게 하거나 다수의 차량으로 모든 차로를 점거하여 교통이 마비되는 등 구체적인 위험이 명백하게 발생한 경우에는 차량의 이동을 제지하거나 견인하는 등의 현장조치도 가능하다.

[서울남부지방법원 2006. 8. 25. 선고, 2006노201 판결][39] 피고인들은 관할 경찰서장에 신고하지 아니하고, 공소사실 기재 일시, 장소에서 공소사실 기재 현수막을 부착한 차량 2대를 정차시켜 두고 남북장관급회담에 참석하는 북측 대표단 일행의 차량행렬을 기다리다가 위 차량행렬이 위 장소에 도착하자 갑자기 피고인들 차량 2대를 운전하여 위 차량행렬 앞으로 끼어들어 진행하면서 위 차량행렬이 약 1분간 지체되게 하고 그 사이 북측대표단 일행에게 공소사실 기재 현수막의 내용을 홍보하는 방법으로 신고 없이 시위를 주최하였음을 인정할 수 있다.

해상시위는 선박을 이용하여 공해상에서 개인이나 단체의 주장을 외부에 표현하는 집회 또는 시위로서, 일반적으로 다수의 선박을 동원하여 항만을 봉쇄하거나 선박의 통행을 방해하는 방법으로 이루어진다. 따라서 해상·수상 시위와 연계하여 항만 등 육상에서 이루어지는 집회·시위의 경우에는 집시법상 집회·시위에 해당하므로 신고 등 집시법상 관련 규정을 준수해야 하겠지만, 해상시위가 이루어지는 '바다'는 현행 집시법에서 규정한 '도로·광장·공원 등 공중이 자유로이 통행할 수 있는 장소'에 해당하지 않는다는 점에서 일반적인 집회·시위와

---

39) 이 사건과 관련하여 집시법 위반 부분에 대해서는 대법원 2007. 7. 12. 선고, 2006도5993 판결로 확정되었다.

다르며, 이는 내수면에서 이루어지는 수상시위의 경우에도 같다.[40] 판례는 '공중이 자유로이 통행할 수 있는 장소'가 아니더라도 공공의 안녕질서에 해를 끼칠 우려가 있다면 집시법상 신고대상인 집회에 포함된다고 판단하고 있다.

> [대법원 2013. 10. 24. 선고, 2012도11518 판결] 천장이 없거나 사방이 폐쇄되지 아니한 장소에서의 집회는 설사 그곳이 공중이 자유로이 통행할 수 있는 장소가 아닐지라도 그 장소의 위치와 넓이, 형태 및 참가인원의 수, 집회의 목적과 성격 및 방법 등에 따라서는 공공의 안녕질서에 해를 끼칠 우려가 있다는 점에서 이 또한 집시법에 의하여 보장 및 규제의 대상이 되는 집회에 포함된다.

해상시위의 경우에는 집회신고를 접수하는 것은 경찰관서이지만 집회·시위가 이루어지는 장소는 해양경찰관서의 관할에 해당하여 경찰행정권의 범위 밖에서 이루어지는 집회·시위에 해당한다고 볼 수 있다. 다만 집시법의 규정이 적용되지 않더라도 「해사안전법」 등 해상 운항 관련 법령에서 선박의 항행 방법 등을 구체적으로 규정하고 있다.

수상시위가 이루어지는 하천 등의 내수면은 경찰의 관할 범위에 포함된다. 따라서 집회 주최자가 수상시위를 신고하면 경찰은 이를 접수하고 집회·시위가 안전하게 이루어질 수 있도록 필요한 조치를 할 수 있다. 실제로 2010년 8월 12일에 대구·경북 골재원 노조원 3명이 모터보트 1대에 4대강 반대 현수막을 펼쳐든 채 경남 달성보에서 함안보 구간을 이동하며 수상시위를 한 사안에서, 법원은 해당 행위가 집시법의 규율 대상인 집회·시위에 해당한다고 판단하면서도, 피고인들 제출한 집회신고서를 반려하면서 그 이유를 알리거나 보완을 요구하지도 않은 상황에서 수상시위가 집시법의 적용대상에 해당하지 않아 허용되거나 신고를 요하지 않는 것으로 믿었던 것에 대하여 정당한 이유가 있는 경우에 해당한다고 보아 무죄로 판단하였다.[41] 다만 해상과 달리 선박의 운항 방법 등을 규정한 법률이 없어 수상에서의 집단 행동을 규제·관리할 수 없다는 현실

---

40) 정우열·김주완, 앞의 글, p.568.
41) 대법원 2012. 2. 23. 선고, 2011도17217 판결; 창원지법 2011. 11. 24. 선고, 2011노1785 판결; 창원지법 밀양지원 2011. 7. 13. 선고, 2010고정254 판결.

적인 문제가 있다. 따라서 수상시위의 경우에는 집시법상 신고대상인 집회·시위로 보아 보호·관리하되, 불법행위에 관해서는 관련 법령에 따른 조치가 가능하다. 수상시위 과정에서 안전사고 예방을 위한 조치를 위하여 「경찰관 직무집행법」에 규정된 방법을 사용할 수 있을 것이다.

문화재 보호구역 내

숭례문 등 문화재 또는 문화재 공개 제한지역에 출입하는 행위 또는 지정문화재·假지정문화재의 현상을 변경하거나 그 보존에 영향을 미치는 행위는 문화재청장의 허가를 받아 출입할 수 있다.

> **문화재보호법 제35조【허가사항】** ① 국가지정문화재(국가무형문화재는 제외한다. 이하 이 조에서 같다)에 대하여 다음 각 호의 어느 하나에 해당하는 행위를 하려는 자는 대통령령으로 정하는 바에 따라 문화재청장의 허가를 받아야 하며, 허가사항을 변경하려는 경우에도 문화재청장의 허가를 받아야 한다. 다만, 국가지정문화재 보호구역에 안내판 및 경고판을 설치하는 행위 등 대통령령으로 정하는 경미한 행위에 대해서는 특별자치시장, 특별자치도지사, 시장·군수 또는 구청장의 허가(변경허가를 포함한다)를 받아야 한다.
> 1. 국가지정문화재(보호물·보호구역과 천연기념물 중 죽은 것 및 제41조제1항에 따라 수입·반입 신고된 것을 포함한다)의 현상을 변경하는 행위로서 대통령령으로 정하는 행위
> 2. 국가지정문화재(동산에 속하는 문화재는 제외한다)의 보존에 영향을 미칠 우려가 있는 행위로서 대통령령으로 정하는 행위

> **문화재보호법 제48조【국가지정문화재의 공개 등】** ① 국가지정문화재(국가무형문화재는 제외한다. 이하 이 조에서 같다)는 제2항에 따라 해당 문화재의 공개를 제한하는 경우 외에는 특별한 사유가 없으면 이를 공개하여야 한다.
> ② 문화재청장은 국가지정문화재의 보존과 훼손 방지를 위하여 필요하면 해당 문화재의 전부나 일부에 대하여 공개를 제한할 수 있다. 이 경우 문화재청장은 해당 문화재의 소유자(관리단체가 지정되어 있으면 그 관리단체를 말한다)의 의견을 들어야 한다.

⑤ 제2항과 제3항에 따라 공개가 제한되는 지역에 출입하려는 자는 그 사유를 명시하여 문화재청장의 허가를 받아야 한다.

문화재보호법 제99조【무허가 행위 등의 죄】 ① 다음 각 호의 어느 하나에 해당하는 자는 5년 이하의 징역이나 5천만원 이하의 벌금에 처한다.
1. 제35조제1항제1호 또는 제2호(제47조와 제74조제2항에 따라 준용되는 경우를 포함한다)를 위반하여 지정문화재(보호물, 보호구역과 천연기념물 중 죽은 것을 포함한다)나 임시지정문화재의 현상을 변경하거나 그 보존에 영향을 미칠 우려가 있는 행위를 한 자

문화재보호법 제101조【관리행위 방해 등의 죄】 다음 각 호의 어느 하나에 해당하는 자는 2년 이하의 징역이나 2천만원 이하의 벌금에 처한다.
8. 제48조제2항에 따른 문화재청장의 공개 제한을 위반하여 문화재를 공개하거나 같은 조 제5항에 따른 허가를 받지 아니하고 출입한 자(제74조제2항에 따라 준용되는 경우를 포함한다)

따라서 집회신고를 접수할 때 집회 주최자에게 「문화재보호법」에 따라 처벌을 받을 수 있으며, 사전에 장소사용허가서를 받아야 한다고 행정지도를 할 수 있다. 그러나 집회장소가 「문화재보호법」에서 허가를 받아야 하는 장소라고 하더라도 장소사용허가를 받지 않았다는 이유로 집회 신고를 반려하거나 보완통고 또는 금지통고를 할 수는 없다.

개인 영업장소 주변

옥외집회 또는 시위는 집시법에서 금지 또는 제한을 규정하고 있는 장소 이외에는 별도의 장소적 제한을 받지 않는다. 따라서 집회·시위를 개최하여 타인의 영업권을 침해하는 경우에 민·형사상의 책임 문제는 별론으로 하고 개인의 영업장소 주변이라고 하여 집회·시위를 개최할 수 없는 것은 아니다. 다만 회사의 앞마당, 대형 병원 주변의 공터 또는 잔디밭 등의 경우와 같이 일반적인 영업장소라기보다는 여러 사람이 자유롭게 통행할 수 있는 장소로 보이는 곳에서 집회

·시위를 개최하는 경우에는 지적도 등을 확인하여 해당 장소가 관리주체가 있는 경계 내부에서의 집회·시위에 해당하는 것은 아닌지 확인해 볼 필요가 있다.

3.5. 집회·시위 사전신고 의무의 예외

집시법 제15조에 의한 예외

집시법은 "학문, 예술, 체육, 종교, 의식, 친목, 오락, 관혼상제 및 국경행사에 관한 집회"인 경우에 사전신고 의무를 면제하고 있다(제15조). 다만, 이 경우는 원칙적으로 사전신고 의무의 대상이 되는 집회에 해당하지만, 공익과 공공질서를 침해할 가능성이 희박하기에 사전신고 의무를 면제하는 것으로 해석하는 것이 타당하다. 입법자가 친목·오락 등을 목적으로 하는 집회가 집시법상의 집회 개념에 포함되지 않는다고 판단하였다면 제15조의 경우와 같은 예외 규정이 필요하지 않기 때문이다. 법원도 3·1운동 100주년 기념행사 개최와 관련한 옥외집회 제한통고 처분 효력 정지 신청에 관한 판단에서, 집시법 제15조에 해당하는 집회의 경우, 이를 집시법상 신고 서식이 아닌 공문으로 통보하더라도 이를 집시법상 신고와 같다고 보아 선순위 집회 신고의 지위를 인정하였다.[42]

[서울행정법원 2019. 2. 28. 선고, 2019아270 결정] 3·1운동 100주년 기념행사는 행정안전부, 대통령 소속의 3·1운동 기념사업추진위, 서울시가 3·1운동 및 임시정부 수립 100주년을 기념하여 … 국경행사(國慶行事)에 해당하는 사실이 인정되는바, 집시법 제15조의 규정에 따라 집시법 제6조의 적용을 받지 아니하므로 3·1운동 100주년 기념행사의 개최를 위한 신고에는 … 집시법 제6조가 적용되지 않는다. 따라서, … 서울지방경찰청장에게 송부한 협조공문이 집시법 제6조에 따른 신고의 요건을 구비하지 않고 있다고 하여 집시법에 따른 집회신고로서 부적법하다고 볼 수 없고, 위 각 신고(협조 요청)가 … 먼저 이루어졌음은 명백하므로 선순위 집회로서 지위를 갖는다.

---

42) 서울행정법원 2019. 2. 28. 선고, 2019아270 결정.

또한 집시법 제15조의 '제6조 내지 제12조의 적용배제'는 '집회'의 경우에 사전신고 의무의 예외를 인정하는 것이지 '시위' 또는 '행진'의 경우까지 사전신고 의무의 예외를 인정하는 것은 아니다. 따라서 시위·행진의 목적이 학문, 예술, 체육, 종교, 의식, 친목, 오락, 관혼상제 및 국경행사에 관한 경우에도 원칙적으로는 집시법상 사전신고 의무가 있다고 해석하는 것이 타당하다. 다만, 시위·행진의 목적과 그 범위 내에서 이루어지는 이동·행진의 수준을 넘어서서 그 기회를 이용하여 시위로 볼 수 있는 행위로 나아가지 않는 이상 집시법 제15조에 따른 사전신고 의무의 예외를 인정할 수 있을 것이다.[43]

3.6. 우발적 집회와 긴급집회

우발적 집회

집시법은 단일 주최자의 지휘에 따라 조직되어 사전에 계획된 집회를 가장 일반적·전형적 집회의 유형으로 전제하고, 주최자에게는 사전신고의무(제6조)를 부과하면서 주최자와 질서유지인에게는 일정한 사항을 준수(제14조 및 제15조)하도록 하고 있다. 즉 집시법상 신고의무는 '주최자에 의하여 사전에 예정된 옥외집회'를 전제로 하는 것이다.[44]

따라서 사전에 예정되지 않거나, 매우 급한 정치적·사회적 논의의 전개에 따라 우발적으로 이루어지는 자연발생적인 집회, 이른바 우발적 집회[45]의 경우에는 사전신고의무를 적용하는 것이 근본적으로 불가능하다는 문제가 발생한다. 사전신고의무를 우발적 집회에도 적용하게 된다면 현행 집시법에서 신고제를 규정하고 있는 것만으로도 자연발생적 집회를 처음부터 금지하게 되는 결론에 이르기 때문이다.[46] 이에 대해 우발적 집회의 목적이 자유민주적 기본질서와

---

43) 대법원 2012. 4. 26. 선고, 2011도6294 판결.
44) 김봉철, 앞의 글, p.297.
45) 예를 들어, 2016년 강남역 살인사건의 피해자를 추모하기 위해 개인의 의사에 따라 여러 사람이 모인 경우는 '군집'에 해당할 뿐 집회라고 할 수 없으나, 우연히 함께 한 군집이 여성 혐오범죄 또는 조현병 환자에 의한 피해에 대한 정부의 대책을 촉구하는 집회로 발전하는 경우라면 우발적 집회에 해당한다고 할 수 있을 것이다.

조화되며, 그 방법이 법적으로 허용된 것이고, 집회의 목적과 방법이 내적인 관련성을 유지하며 합리적인 비례관계에 있다면 신고된 집회와 동일하게 보호해주는 것이 집회의 자유를 보장하는 헌법 정신에 부합한다는 견해도 있다.[47] 과거 대법원은 우발적 집회의 주최행위와 관련한 판결을 선고한 바 있다.

> [대법원 1991. 4. 9. 선고, 90도2435 판결] 집시법 제6조 제1항에 의하여 사전 신고의무가 있는 옥외집회 또는 시위의 "주최자"라 함은 자기 명의로 자기 책임 아래 집회 또는 시위를 개최하는 사람 또는 단체를 말하는 것인 바, 피고인들이 학교강당에서 개최 중이던 범국민대토론회에 참석하려고 2시간 가까이 노력하였으나 학교당국과 경찰의 정문출입 봉쇄로 뜻을 이루지 못하게 되자, 심한 모멸감으로 격분하여 학교당국과 경찰에 항의하는 의미로, 위 집회에 참석하려던 다른 사람들과 함께 즉석에서 즉흥적으로 약 20분간의 단시간 내에 그 당시 일반적으로 성행하던 구호와 노래를 제창하였을 뿐이라면, 위 시위가 사전에 피고인들에 의하여 계획되고 조직된 것이 아니고, 다만 피고인들이 위와 같은 경위로 우연히위 대학교 정문 앞에 모이게 된 다른 사람들과 함께 즉석에서 즉흥적으로 학교당국과 경찰의 제지에 대한 항의의 의미로 위와 같이 시위를 하게 된 것인 만큼, 비록 그 시위에서의 구호나 노래가 피고인들의 선창에 의하여 제창되었다고 하더라도, 그와 같은 사실만으로는 피고인들이 위 시위의 주최자라고는 볼 수 없다고 할 것이므로 피고인들이 옥외집회 또는 시위를 주최하고자 하는 자로서 같은 법 제6조 제1항의 규정에 위반하여 집회 또는 시위를 주최하였다고 할 수 없다.

위의 판례는 우발적 집회와 관련하여 판단한 최초의 판례라 할 수 있다. 그러나 그 법적 의미는 분명하지 않다. 우발적 집회의 경우 '사실상 신고의무가 면제'된다는 것인지, 아니면 미신고 옥외집회 또는 시위의 주최자를 특정할 수 없어서 형사처벌이 불가능하다는 것인지 명확하게 설명하지 못하고 있기 때문이다. 다만, 위의 판례에서는 우발적 집회를 주최한 행위를 주요 쟁점으로 상정하고 있다는 점에서 처벌의 대상을 특정할 수 없다는 후자의 입장에서 판단하고

---

46) 한수웅, 앞의 글 (2014), pp.21 - 22.
47) 허 영, 앞의 책, p.595.

있다고 볼 수 있으며, 이러한 측면에서 본다면 우발적 집회라는 이유로 신고의무가 면제되는 집회라고 단정할 수는 없다.

긴급집회

집회의 주최자가 있고, 사전에 집회를 개최하고자 하였으나 즉시 집회를 개최하지 않으면 안 되는 중대성과 사안의 긴급성을 이유로 집시법에 규정된 "720시간 전부터 48시간 전"이라는 시간적 요건을 갖추지 못하는 집회, 이른바 긴급집회[48]의 경우에도 집시법상 신고 의무(제6조 제1항)와 관련하여 문제가 제기된 바 있다. 헌법재판소는 긴급집회의 개념을 인정하고 있다. 다만 집시법상 신고시한이 긴급집회까지도 과도하게 제한하고 있는지에 대해서는 견해가 나뉘었다.

헌법재판소 다수의견은 집시법이 720시간~48시간 이내 신고할 것을 규정하고 있지만, 긴급집회의 경우 '신고가능성이 존재하는 즉시 신고'하면 되는 것으로 해석하여야 하므로 이 경우 집시법상 신고시한에 대한 예외에 해당한다고 보고 있다.[49]

[헌법재판소 2014. 1. 28. 선고, 2011헌바174 결정] (다수의견 中) 헌법 제21조 제1항을 기초로 하여 심판대상조항을 보면, 미리 계획도 되었고 주최자도 있지만 집회·시위법이 요구하는 시간 내에 신고를 할 수 없는 옥외집회인 이른바 '긴급집회'의 경우에는 신고가능성이 존재하는 즉시 신고하여야 하는 것으로 해석된다. 따라서 신고 가능한 즉시 신고한 긴급집회의 경우에까지 심판대상조항을 적용하여 처벌할 수는 없다. 따라서 심판대상조항이 과잉금지원칙에 위배하여 집회의

---

48) 예를 들어, 2016년 박근혜 대통령 탄핵 과정에서 국회의 탄핵안 의결이 내일 이루어지는 것을 오늘에서야 알려진 경우, 이를 찬성 또는 반대하는 시민단체 등의 집회·시위가 의미가 있으려면 집회 사전신고의무를 준수하는 것이 불가능하게 되는 경우가 긴급집회에 해당할 수 있다.

49) 한수웅은 긴급집회의 경우 사전신고 의무가 잠시 유예되며, 그 시간적 요건이 완화되어 '가능한 한 조속하게 신고해야 할 의무'로 변형되는 특성을 지니고 있다고 보고 있다. 한수웅, 앞의 글 (2014), p.22.

자유를 침해하지 아니한다.

반면 반대의견은 집시법 제6조 제1항이 긴급집회에 대해 어떠한 예외도 규정하지 않고 모든 옥외집회에 대해 사전신고를 의무화하고 있는 것은 과잉금지원칙에 어긋난다고 보고 있다.

[헌법재판소 2014. 1. 28. 선고, 2011헌바174 결정] (반대의견 中) 집회·시위법은 사전신고 요건을 충족시키기 어려운 긴급집회의 경우에 그 신고를 유예하거나 즉시 신고로서 옥외집회를 가능하게 하는 조치를 전혀 취하고 있지 않다. 긴급집회의 경우 수범자에게 집회를 개최하려고 마음먹은 때부터 집회 시까지 48시간을 초과하지 못하여 집회·시위법 제6조 제1항에 따른 신고를 부담하는지, 부담한다면 언제 신고를 하여야 하는지가 분명하다고 할 수 없다. 따라서 심판대상조항이 긴급집회에 대해 어떠한 예외도 규정하지 않고 모든 옥외집회에 대해 사전신고를 의무화하는 것은 과잉금지원칙에 위배되어 청구인들의 집회의 자유를 침해한다.

우발적 집회와 긴급집회에 관한 논의

우발적 집회나 긴급집회의 경우와 같이 집회의 성격상 사전신고의무를 이행하거나 신고 기간을 준수할 수 없는 경우라면 집시법 제6조 제1항을 합헌적으로 해석하여 사전신고 의무가 면제되거나 단기의 신고 기간으로 충분한 것으로 보아야 하고, 사전신고 의무를 위반했다는 이유만으로 집회의 금지 또는 해산이 정당화될 수 없으며, 사전신고 의무를 위반한 것에 대한 벌칙규정을 적용해서는 안 된다는 견해도 있다.[50]

독일은 연방헌법재판소의 결정으로 우발적 집회 및 긴급집회에 대한 논란을 정리하였다. 독일 헌법 제8조 제2항에서 옥외집회의 경우에 법률에 근거를 두고 제한할 수 있도록 하고 있으며, 이에 따라 연방집시법 제14조는 신고의무를

---

50) 구형근, "집시법상 집회와 시위에 관한 법적 고찰", 토지공법연구 제48권, 한국토지공법학회 (2010), p.328; 김봉철, 앞의 글, p.298; 한수웅, 앞의 글 (2014), p.22.

부과하고 있다. 이에 대해 독일 연방헌법재판소는 브로크도르프 결정에서 연방 집시법 제14조에서의 옥외집회 신고의무 조항은 우발적인 집회에서는 적용되지 않는다고 해석하는 한 합헌이라고 판단하였다. 또한 미신고집회라도 하더라도 이를 해산하거나 금지하는 경우에는 비례의 원칙을 엄격하게 적용하여 판단한다는 전제 아래 같은 수준의 가치를 가지는 법익을 보호하고, 또 그 법익에 대한 직접적인 침해가 발생한다고 볼 수 있는 충분한 근거가 있는 경우에만 가능하다고 판단하였다.[51]

그러나 우리나라의 현행 집시법에는 우발적 집회 또는 긴급집회에 대한 별도규정이 없다. 사회 현상의 변화에 따라 집시법도 지속해서 발전·보완되어야 하지만 입법적 개선이 이루어지지 않는 상태, 즉 입법의 공백이 존재하는 것이다. 이 때문에 사전신고 의무를 준수하지 않고 개최되는, 이른바 미신고집회가 우발적 집회 또는 긴급집회인지를 누가 판단할 것인지 명확하지 않다는 문제가 발생한다.

이에 관한 가장 근본적인 해결책은 집시법의 개정을 통해 긴급집회 또는 우발적 집회에 관한 내용을 명확하게 규정하는 것이라 할 수 있다. 다만, 지난 2017년 9월 1일 경찰개혁위원회에서 발표한 '집회·시위 자유 보장방안'에 따르면, 현행 집시법의 규정에 따라 신고시간에 제한이 있어 우발적이거나 긴급한 집회·시위의 경우와 같이 사전신고 없이 진행될 수밖에 없는 집회·시위도 있다는 점을 감안할 필요가 있다.[52] 따라서 현행 집시법에 우발적 집회 또는 긴급집회에 관한 별도규정이 없기 때문에 미신고 집회·시위에 해당한다고 하더라도 평화적으로 진행되는 경우라면 그 집회·시위의 개최 및 진행을 최대한 보장할 필요가 있다.

---

51) 김봉철, 앞의 글, p.301.
52) 경찰개혁위원회, "집회·시위 자유 보장방안", 인권보호분과 (2017. 9. 1.).

4. 집회·시위 신고서의 제출 및 보완

> **그림 3.1** 현행 집시법에 따른 집회신고 및 처리절차

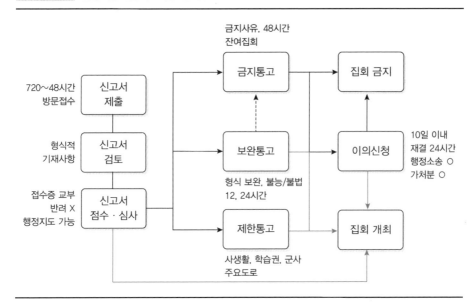

4.1. 신고서의 기재사항

집회신고서는 주최자가 집회·시위에 대한 상세한 계획을 신고하게 하여 관할 경찰관서가 집회·시위를 최대한 보호함과 동시에 공공의 안녕질서를 유지할 수 있도록 하기 위한 것이다. 따라서 옥외집회 또는 시위를 개최하고자 하는 사람 또는 단체는 목적·일시·장소, 주최자 또는 단체의 대표자·연락책임자·질서유지인의 주소·성명·직업·연락처[53], 참가 예정단체 또는 참가인원, 시위의 진로 약도를 포함하는 시위방법[54]을 구체적으로 기재하여야 한다(집시법 제6조 제1

---

53) 집시법 시행령 개정(2004. 1. 29.) 시 집회 개최 전에 주최자·연락책임자 등과 집회·시위 관리에 대해 협의할 수 있도록 집회신고서에 연락처를 의무적으로 기재하도록 하였다.

54) 집시법 시행령 제2조에서 시위방법을 구체적으로 기재하도록 하고 있을 뿐, 시위가 아닌 집

항). 신고해야 하는 구체적인 시위 방법에 대해서는 집시법 시행령 제2조에서 구체적으로 규율하고 있다.

> **집시법 시행령 제2조【시위방법】**「집회 및 시위에 관한 법률」(이하 "법"이라 한다) 제
> 6조제1항제6호에 따른 시위방법은 다음 각 호의 사항을 말한다.
> 1. 시위의 대형
> 2. 차량, 확성기, 입간판, 그밖에 주장을 표시한 시설물의 이용 여부와 그 수
> 3. 구호 제창의 여부
> 4. 진로(출발지, 경유지, 중간 행사지, 도착지 등)
> 5. 약도(시위행진의 진행방향을 도면으로 표시한 것)
> 6. 차도·보도·교차로의 통행방법
> 7. 그밖에 시위방법과 관련되는 사항

주최자·주관자

'주최자'란 "자기 이름으로 자기 책임 아래 집회나 시위를 여는 사람이나 단체"를 말한다(집시법 제2조 제3호). 주최자는 주관자를 따로 두어 집회 또는 시위의 실행을 맡아 관리하도록 위임할 수 있으며, 이 경우 주관자는 그 위임범위 내에서 주최자로 본다.

단체가 집회 또는 시위를 주최하는 때도 다수 있어 주최자의 개념에 사람과 단체를 포괄적으로 규정하였으며, 주최자와 주관자가 각각 정의됨에 따라 권한과 책임이 불분명하였던 것을 명료하게 정의하였다. 따라서 주관자는 주최자의 위임범위 내에서 집시법상 주최자에 관한 규정의 적용을 받게 된다.

한편 집회신고서에 기재된 주최자가 위계상 상·하급으로 구분된 단체일 때에는 실질적으로 집회를 주도한 단체를 주최자로 본다. 따라서 상급단체 명의로 집회를 신고하였지만, 실제로는 하급 단체의 주도로 집회가 이루어졌다면, 해당

회의 경우에 물품의 신고의무를 부과하지 않는다. 따라서 집회에 사용하기 위한 물품의 반입을 경찰이 제지하거나 회수할 수는 없다. 그렇다고 하더라도 모든 물품에 대하여 집회 장소에 반입할 수 있는 것은 아니며, 일반인의 상식으로 공공의 위험을 일으킬 수 있는 휘발유 등의 위험 물품에 대해서는 「경찰관 직무집행법」상 위험의 방지를 근거로 제지할 수 있다.

집회에 관한 집시법상의 책임은 집회를 주도한 하급 단체에 있다.

> [대법원 2008. 3. 14. 선고, 2006도6049 판결] 관련 집회들이 상급단체(전교조 서울시지부) 명의로 집회신고 된 경우라도, 해당 미신고 집회를 실제 주도한 자(○○여고 분회장)가 주최자로서 미신고 집회를 주최한 책임을 진다.

질서유지인

'질서유지인'이란 "주최자가 자신을 보좌하여 집회 또는 시위의 질서를 유지하게 할 목적으로 임명한 자"를 말한다(집시법 제2조 제4호). 집회·시위를 개최할 때 자율적으로 질서를 유지하고 평화적인 집회·시위 문화를 정착하기 위하여 독일 집시법상의 질서유지인제도를 참고하여 '1989년 집시법'부터 도입하였다.

질서유지선

'질서유지선'이란 "관할 경찰서장이나 시·도경찰청장이 적법한 집회 및 시위를 보호하고 질서유지나 원활한 교통 소통을 위하여 집회 또는 시위의 장소나 행진 구간을 일정하게 구획하여 설정한 띠, 방책, 차선 등의 경계 표지"를 말한다(집시법 제2조 제5호).

'Police Line'을 법령 용어로 표현한 것으로, 집회·시위를 보호하고 공공의 안녕질서 유지와 교통 소통, 집회·시위와 직접적인 관련이 없는 제3자의 권익을 보호하기 위하여 '1999년 집시법'부터 도입하였다. 띠·줄·방책 등 유형적인 물건을 사전에 준비하여 지상에 고착시키는 것에 한정되지 않고 상황에 따라 휴대·이동시킬 수 있는 것을 포함한다. 또한 집회·시위 개최 지역에 별도의 목적이나 용도로 사용하기 위하여 이미 설치된 인도 경계석이나 차선 등을 질서유지선으로 설정하여 활용할 수도 있다.

경찰관서

'경찰관서'란 국가경찰관서를 말한다(집시법 제2조 제6호). '제주도 특별자치도 설치 및 국제자유도시 조성을 위한 특별법'이 제정되면서 자치경찰제도를 도입

함에 따라 집시법을 운용하는 주체를 분명히 하고자 제12차 개정(2006. 2. 21. 타 법개정)시에 규정되었다. 이에 근거하여 집회신고 및 처리, 집회·시위 관리 주체 는 국가경찰관서로 한정된다.

4.2. 신고서의 제출

주최자는 집회신고서를 옥외집회 또는 시위의 개최시간 720시간 전부터 48 시간 전까지 집회·시위의 장소를 관할하는 경찰관서장에게 제출하여야 한다. 집회 시작 48시간 전으로 제출 시한을 정한 것은 관할 경찰관서에서 집회신고 서를 접수한 이후 신고서의 접수 및 처리, 금지통고·조건통보 등의 조치, 집시 법 등 관계 법령의 검토 및 집회·시위 개최에 대비한 교통관리 및 경비 대책을 준비하는 등 집회·시위로 예상되는 상황을 고려하여 질서유지에 필요한 준비를 하기 위한 최소한의 시간을 확보하기 위한 것이다.[55]

> **집시법 제6조【옥외집회 및 시위의 신고 등】** ① 옥외집회나 시위를 주최하려는 자는 그에 관한 다음 각 호의 사항 모두를 적은 신고서를 옥외집회나 시위를 시 작하기 720시간 전부터 48시간 전에 관할 경찰서장에게 제출하여야 한다. 다 만, 옥외집회 또는 시위 장소가 두 곳 이상의 경찰서의 관할에 속하는 경우에는 관할 시·도경찰청장에게 제출하여야 하고, 두 곳 이상의 시·도경찰청 관할에 속 하는 경우에는 주최지를 관할하는 시·도경찰청장에게 제출하여야 한다.

신고기간

집시법은 제정 당시부터 집회·시위를 개최하기 '48시간 전'까지 집회·시위 를 신고하는 것 이외에 별도의 제한을 두지 않았다. '1973년 집시법'에서 '72시 간 전'으로 변경하였다가, 같은 해 있었던 집시법 2차 개정에서 '48시간 전'으로 환원하는 정도였다.

그러나 특정 장소를 선점할 목적으로 장기간 집회를 신고하여 실제 집회를

---

55) 김봉철, 앞의 글, pp.307-308.

개최하고자 하는 사람이나 단체의 집회·시위의 자유를 침해하고, 불필요한 경찰력의 낭비를 초래한다는 문제점이 제기되었다. 이와 같은 문제를 해결하기 위하여 '2004년 집시법'에서 집회·시위를 개최하기 '720시간 전부터 48시간 전'에 집회신고서를 제출하도록 변경하였다.

집회 시작 일시가 신고기간 내에 해당하지 않을 때는 집시법상의 형식적 요건에 적합하지 않은 것이므로 집회신고서를 접수하는 과정에서 집회·시위 개최 일시를 조정하여 다시 제출하거나 현장에서 수정하도록 행정지도할 수 있다. 다만 집회·시위의 주최자가 첫 번째 집회신고 후 금지통고를 받고, 이에 불복하여 이의신청·행정심판 또는 행정소송을 거쳐 인용 결정을 받은 후 집회·시위 개최 일시를 새롭게 정하여 신고하는 경우에는 재결서 또는 판결문의 사본을 첨부하여 집회·시위의 개최시간 24시간 전에 신고서를 제출할 수 있다.

> 집시법 제9조【집회 및 시위의 금지통고에 대한 이의 신청 등】 ③ 이의 신청인은 제2항에 따라 금지통고가 위법하거나 부당한 것으로 재결되거나 그 효력을 잃게 된 경우 처음 신고한 대로 집회 또는 시위를 개최할 수 있다. 다만, 금지통고 등으로 시기를 놓친 경우에는 일시를 새로 정하여 집회 또는 시위를 시작하기 24시간 전에 관할경찰관서장에게 신고함으로써 집회 또는 시위를 개최할 수 있다.

신고서 제출 장소

집회·시위의 장소를 하나의 경찰서에서 관할하는 경우에는 해당 경찰관서장에게 집회신고서를 제출한다. 집회·시위 장소를 관할하는 경찰서가 2개 이상이면 관할 시·도경찰청장에게, 2개 이상의 시·도경찰청 관할에 속할 때는 주최지를 관할하는 시·도경찰청장에게 제출하도록 규정하고 있다(집시법 제6조 제1항 단서).

이 경우 '주최지'의 의미에 대하여 집시법이 명확하게 규정하고 있지는 않다. 다만 집회신고 제도를 규정한 목적이 '공공의 안녕질서를 위한 사전 준비'를 위한 것임을 고려할 때 집회에 이어 시위 또는 행진을 포함한 집회·시위의 모든 과정을 살펴볼 때 주된 집회·시위가 이루어지는 장소를 주최지로 보아야 한다.

왜냐하면, 경찰관서의 관할을 구분하고 있는 이상 주된 집회·시위가 이루어지는 경찰관서를 중심으로 집회·시위 과정에서 이루어지는 사전 준비가 더욱 세심하게 이루어져야 하기 때문이다. 예를 들어, 집회 후 행진하거나 집회 없이 행진을 시작한 후 도착한 장소에서 정리집회를 개최한 경우에는 정리집회가 이루어지는 장소를 주최지로 보아 해당 지역을 관할하는 경찰서장 또는 시·도경찰청장에게 집회신고서를 제출한다. 또한 옥외집회 없이 행진만 하고 정리집회를 하지 않거나, 옥외집회 후 행진이 이루어지고 별도의 정리집회를 하지 않는 경우에는 출발지를 관할하는 경찰서장 또는 시·도경찰청장에게 집회신고서를 제출한다.

[대법원 2011. 6. 9 선고, 2009도591 판결] 집시법 제6조 제1항 단서는 옥외집회나 시위의 장소가 두 곳 이상의 지방경찰청 관할지에 속하는 경우 신고서를 '주최지 관할 지방경찰청장'에게 제출하도록 하면서 '주최지'에 관한 정의를 규정하지 않고 있는데, 위 규정이 집회나 시위 장소의 관할 지방경찰청장 모두에게 신고서를 제출하도록 하고 있지는 않을 뿐 아니라 두 곳 이상의 관할 지방경찰청장 중 어느 쪽이 '주최지 관할'지방경찰청장에 해당한다고 규정하지도 않고 있으므로, 헌법상 집회의 자유에 대한 보장과 신고제도의 취지 및 신고사항과 그에 대한 관할 경찰관서장의 보완, 금지의 통고 및 제한 조치 등에 관한 절차규정에 비추어 볼 때, 주최지 중 어느 한 곳의 관할 지방경찰청장에게 두 곳 이상의 지방경찰청 관할지에 속하는 옥외집회나 시위의 신고서를 제출하고 집시법 제6조제1항 각 호에서 정한 신고사항이 실제 개최한 내용과 실질적인 점에서 부합하는 경우에는 위 규정에 따른 적법한 신고가 있다고 볼 수 있다.

방문 제출 원칙

신고서를 제출할 때에는 신고서 기재사항을 보완하고, 주최자·주관자 또는 연락책임자와 함께 질서유지를 위한 협력 사항 및 사전에 조율해야 할 내용이 있을 경우 이를 협의하기 위하여 직접 방문하여 제출하는 것을 원칙으로 한다. 이에 따라 「민원 처리에 관한 법률」에 의한 행정안전부 고시에서는 집회신고의 방법으로 '방문 접수'만을 인정하고 있다.[56] 우편·FAX·전화·인터넷 등을 이용한 신고는 접수 인정 시각 및 집시법상 규정된 접수증의 교부, 주최자와 질서유

지를 위한 협의 등이 곤란하여 인정하지 않는다.[57]

이와 관련하여, 경찰개혁위원회에서는 "집회·시위의 자유를 폭넓게 보장하기 위하여 신고절차를 간소화"하고, "이를 위해 '온라인 집회·시위 신고 시스템'을 도입하고 변경신고 절차를 마련"하도록 권고하였다.[58] 경찰청도 경찰개혁위원회의 권고를 수용하기 위해 다양한 검토를 하였으나 2023년 12월 현재까지 '방문접수' 방법을 유지하고 있다.

한편 집시법 제17조 제4항에 따라 집회·시위의 주최자가 관할 경찰관서장과 협의하여 질서유지인의 수를 조정한 경우에는 조정된 질서유지인의 명단을 집회 또는 시위의 개최 전에 관할 경찰관서장에게 서면으로 통보하여야 한다.

> **집시법 제17조【질서유지인의 준수 사항 등】** ④ 관할경찰관서장은 집회 또는 시위의 주최자와 협의하여 질서유지인의 수(數)를 적절하게 조정할 수 있다.
> ⑤ 집회나 시위의 주최자는 제4항에 따라 질서유지인의 수를 조정한 경우 집회 또는 시위를 개최하기 전에 조정된 질서유지인의 명단을 관할경찰관서장에게 알려야 한다.

> **집시법 시행령 제16조【조정된 질서유지인 명단의 통보방법】** 법 제17조제4항 및 제5항에 따라 조정된 질서유지인의 명단은 서면으로 통보하여야 한다.

집회신고서는 집시법 시행규칙상 신고 서식에 따라 작성하여 관할 경찰관서의 민원실 또는 공공안녕정보(외사)과에 제출한다. 종전에는 방문 접수를 할 때도 민원실이 아닌 공공안녕정보(외사)과 사무실에서 집회신고서를 접수하였다. 이는 집회신고 접수 과정에서 집회·시위 개최시에 발생할 수 있는 다양한 상황

---

56) 행정안전부 민원제도혁신과, 2018년 민원처리기준표(12월말 기준) 참조.
57) 예를 들어, 2016년 11월부터 2017년 4월까지 개최되었던 탄핵 찬·반 집회 시, 양 단체 모두 청와대 및 헌법재판소 주변에서 집회·행진을 신고하기 위한 경쟁이 과열되었다. 이에 서울경찰청은 양 단체 집행부를 상대로 사전에 조율하여 서울지방경찰청 민원실에 도착하여 '야간·휴일 민원사무 처리부' 상에 기재된 순서에 따라 집회 개최의 우선순위를 부여한 바 있다.
58) 경찰개혁위원회, "집회·시위 자유 보장방안", 인권보호분과 (2017. 9. 1.). 이와 관련한 구체적인 내용은 후술하는 'Ⅷ. 집회·시위의 자유와 인권' 내용을 참조.

에 대해 실질적인 사전 협의가 이루어질 수 있도록 하고자 함이었다. 그러나 2018년 경찰개혁위원회의 권고를 수용하여, 국민이 집회신고를 보다 쉽게할 수 있도록 한다는 관점에서 접근하여 이 부분에 대한 개선을 검토하였다. 이에 따라 2019년 1월 1일부터는 집회신고 업무를 민원실로 이관하고 평일 일과시간 중에는 경찰서 민원실에서, 야간 또는 휴일에는 민원접수대에서 집회신고를 접수하고 있다. 다만 집회신고를 접수하는 업무는 공공안녕정보(외사)과 소속 경찰관이 담당한다.

4.3. 신고서의 접수 및 처리

집회신고서가 접수되면 관할 경찰관서장은 집회신고서를 접수한 신고자에게 접수일시를 기재한 접수증을 교부하여야 한다. 앞에서 살펴본 것처럼 집회 신고는 행정법상 '자기완결적 신고'에 해당하므로 집시법에서 적법하게 기재된 신고서가 경찰관서에 도달하는 즉시 신고의 효력을 발휘하는 것으로 본다. 이에 따라 형식상 신고서의 기재사항을 모두 기재하여 신고하였다면 관할 경찰관서는 집회신고서를 임의로 반려할 수 없다. 만약 경찰관서에서 집회신고를 반려하였더라도 이는 사실행위에 불과하며, 접수증을 교부받지 않았다고 하더라도 집회신고의 효력에는 영향이 없다.[59] 다만 집회신고서 기재사항에 형식상 미비점이 있는 경우에는 집시법 제7조에 따른 보완통고를 할 수는 있다.

한편 경찰은 2006년부터 2007년 1월까지 한시적으로 운영되었던 '평화시위 문화 정착을 위한 민관 공동위원회'에서 당시 이해찬 국무총리와 최열 환경운동연합 고문이 제안하고 경찰청 책임과제로 선정하여 2006년 4월부터 '준법집회

---

59) 2010. 8. 12. 대구·경북 골재원 노조원 3명이 모터보트 1대에 4대강 반대 현수막을 펼쳐 든 채 경남 달성보에서 함안보 구간을 이동하며 수상시위를 한 것에 대해 미신고 시위 개최 혐의로 기소된 사안에서, 법원은 '피고인들의 행위는 집시법상의 집회 또는 시위에 해당하나, 피고인들이 집회신고서를 제출하였음에도 반려되어 수상시위가 집시법의 적용대상에 해당되지 않아 허용되거나 신고를 요하지 않는 것으로 믿었던 것에 대하여 정당한 이유가 있는 경우에 해당한다'고 보아 미신고 집회 개최 부분에 대하여 무죄로 판결하였다. 대법원 2012. 2. 23. 선고, 2011도17217 판결; 창원지방법원 2011. 11. 24. 선고, 2011노1785 판결; 창원지방법원 밀양지원 2011. 7. 13. 선고, 2010고정254 판결.

협정(MOU)' 제도를 시행하고 있다. 주최 측과 경찰이 집회·시위 신고 단계에서 양측 모두에게 책임과 의무를 부여하여 집회·시위가 자율과 책임 아래 개최될 수 있도록 하기 위한 제도이다. 일반적으로 집회신고를 제출할 때 접수증을 교부하면서 준법집회협정(MOU)을 체결하고 있으나 필수적으로 협정을 체결해야 하는 것은 아니며, 집회주최자의 자율적인 의사에 따라 선택할 수 있다.[60]

집회신고서를 접수한 관할 경찰관서는 접수증을 교부하고 신고 내용을 검토하여 집시법상 제한되는지를 검토한다. 원칙적으로 신고서를 접수한 이후 보완이 필요한 경우 보완통고를 통해 보완하여야 하나, 기재사항의 단순 누락으로 보완이 필요한 경우에는 집회신고서를 제출할 때 보완하도록 행정지도할 수 있다. 또한 제출받은 집회신고서의 내용을 검토하여 집시법 또는 타 법령에 저촉되는지를 검토한다. 필요한 경우 집시법의 규정에 따라 보완통고, 금지통고, 제한통고, 조건통보를 할 수 있으나, 집회신고서의 접수를 거부 또는 반려할 수 없다.

미신고 집회에 대한 벌칙

집회신고를 하지 않고 옥외집회 또는 시위를 개최한 경우, 즉 주최자가 신고서를 제출하지 아니하거나, 집회·시위 개최 48시간 이내 또는 720시간을 초과하여 제출하거나 관할이 다른 경찰관서장에게 제출하는 경우에는 '2년 이하의 징역 또는 200만원 이하의 벌금'에 해당하는 벌칙이 주어진다.

> 집시법 제22조【벌칙】② 제5조제1항 또는 제6조제1항을 위반하거나 제8조에 따라 금지를 통고한 집회 또는 시위를 주최한 자는 2년 이하의 징역 또는 200만원 이하의 벌금에 처한다.

또한 거짓으로 집회를 신고하고 집회·시위를 개최하는 경우에도 주최자에게

---

60) 이와 관련하여 경찰개혁위원회에서는 '집회·시위 자유 보장방안' 권고안 부속의견에서 준법집회협정(MOU)가 법적 의무가 없는 사안이므로 폐지해야 한다는 의견을 제시하기도 하였다. 경찰개혁위원회, "집회·시위 자유 보장방안", 인권보호분과 (2017. 9. 1.).

'6월 이하의 징역 또는 50만원 이하의 벌금 등'에 해당하는 벌칙이 주어진다.

집시법 제24조【벌칙】다음 각 호의 어느 하나에 해당하는 자는 6개월 이하의 징역 또는 50만원 이하의 벌금·구류 또는 과료에 처한다.
2. 제6조제1항에 따른 신고를 거짓으로 하고 집회 또는 시위를 개최한 자

4.4. 신고한 집회의 철회

집회를 신고만 하고 개최하지 않는 이른바 '유령집회'를 제한하여 후순위 집회의 개최 기회를 최대한 보장하기 위하여, 2016년 집시법(제14차 개정)에서 집시법 제6조 제3항·제4항과 제8조 제2항을 개정하고, 제8조 제3항·제4항과 제26조를 신설하였다.

집시법 제6조【옥외집회 및 시위의 신고 등】③ 주최자는 제1항에 따라 신고한 옥외집회 또는 시위를 하지 아니하게 된 경우에는 신고서에 적힌 집회 일시 24시간 전에 그 철회사유 등을 적은 철회신고서를 관할경찰관서장에게 제출하여야 한다.
④ 제3항에 따라 철회신고서를 받은 관할경찰관서장은 제8조제3항에 따라 금지통고를 한 집회나 시위가 있는 경우에는 그 금지통고를 받은 주최자에게 제3항에 따른 사실을 즉시 알려야 한다.
집시법 제8조【집회 및 시위의 금지 또는 제한통고】③ 관할경찰관서장은 제2항에 따른 권유가 받아들여지지 아니하면 뒤에 접수된 옥외집회 또는 시위에 대하여 제1항에 준하여 그 집회 또는 시위의 금지를 통고할 수 있다
④ 제3항에 따라 뒤에 접수된 옥외집회 또는 시위가 금지통고된 경우 먼저 신고를 접수하여 옥외집회 또는 시위를 개최할 수 있는 자는 집회 시작 1시간 전에 관할경찰관서장에게 집회 개최 사실을 통지하여야 한다

집회주최자가 집회를 신고하고 이를 개최하지 않을 경우 집회 개최 예정 일시 24시간 전에 철회신고서[61]를 작성하여 관할 경찰관서장에게 통지하고(집시법 제6조 제3항), 철회신고를 받은 관할 경찰관서장은 시간·장소의 경합으로 금지통

---

61) 집시법 시행규칙 제2조의2, 별지 제4호의2.

고된 후순위 집회주최자에게 그 사실을 즉시 알리도록 하였다(집시법 제8조 제4항). 미개최 집회·시위에 대한 철회신고 의무는 후순위 집회의 존재 여부와 무관하게 신고한 모든 옥외집회·시위에 적용된다.

'철회의 철회' 인정 여부

집회신고의 철회는 처음 신고한 집회의 일시·장소 가운데 일부에 대해서만 철회하는 것도 가능하지만, '철회의 철회'는 인정하지 않는다. 집회신고와 마찬가지로 철회신고의 경우에도 도달과 함께 즉시 그 효력이 발생하는 것으로 해석해야 하며, 이후 다시 집회를 개최하고자 할 경우에는 새롭게 집회신고를 하여야 한다. 만약 철회의 철회를 인정할 경우 관할 경찰관서에서는 실질적인 집회 개최 여부를 파악하기 어려워 신고제의 입법 취지를 달성할 수 없으며, '더 많은 사람들의 집회권을 보장한다'는 철회 제도의 입법 취지에도 반하기 때문이다.

철회신고 의무 불이행에 따른 과태료 부과

철회 제도의 도입과 함께 철회신고 없이 집회를 개최하지 않은 주최자에게 과태료를 부과하는 제도를 도입하였다(집시법 제26조). 그러나 모든 경우에 과태료를 부과하는 것은 아니며, 집회 신고 이후 철회신고서를 제출하지 않음으로 인해 결과적으로 타인의 집회권을 침해한 경우에 과태료를 부과한다.

> 집시법 제26조【과태료】 ① 제8조제4항에 해당하는 먼저 신고된 옥외집회 또는 시위의 주최자가 정당한 사유 없이 제6조제3항을 위반한 경우에는 100만원 이하의 과태료를 부과한다.

따라서 ① 시간·장소의 중복으로 후순위 집회·시위가 금지통고되고, ② 선순위 집회·시위 주최자가 철회신고서를 제출하지 않은 상태에서, ③ 선순위 집회·시위가 개최되지 않았을 경우에만 과태료를 부과할 수 있다. 예를 들면, 시간·장소 등의 중복이 없는 일반 집회·시위의 주최자는 철회신고서를 제출하지 않더라도 과태료 부과 대상이 아니다. 시간·장소 등이 중복되더라도 경찰관서장의 중재 등으로 후순위 집회·시위가 정상 개최되는 경우에도 선순위 집회·시위가 철회신고서를 제출하지 않은 채, 개최하지 않았더라도 과태료 부과 대상이 아니다. 선순위 집회·시위의 개최와 관련하여 집시법 제6조 제3항은 '옥외집회 또는 시위를 하지 아니하게 된 경우'만을 규정하고 있으므로, 일부라도 개최되었다면 이를 경찰관서장이 임의로 미개최로 보아 과태료를 부과할 수 없다.

과태료는 주최자가 자연인이면 해당 주최자에게, 주최자가 단체면 집시법 제25조에 따라 단체의 대표자에게 부과한다. 과태료의 부과 절차는 질서위반행위규제법에 따라 사전통지, 의견제출, 금액 확정, 납부 고지의 순서로 일반적인 과태료 부과·징수 및 이의제기 절차를 준용한다.

> 집시법 제25조【단체의 대표자에 대한 벌칙 적용】 단체가 집회 또는 시위를 주최하는 경우에는 이 법의 벌칙 적용에서 그 대표자를 주최자로 본다.

4.5. 신고서의 보완

> 집시법 제7조【신고서의 보완 등】 ① 관할경찰관서장은 제6조제1항에 따른 신고서의 기재 사항에 미비한 점을 발견하면 접수증을 교부한 때부터 12시간 이내에 주최자에게 24시간을 기한으로 그 기재 사항을 보완할 것을 통고할 수 있다.
> ② 제1항에 따른 보완통고는 보완할 사항을 분명히 밝혀 서면으로 주최자 또는 연락책임자에게 송달하여야 한다.

신고제의 위헌성에 대한 문제는 신고제 자체가 가지는 법적 성격보다는 과다한 신고사항을 보완하도록 요구하는 법적용상의 문제로 나타날 수 있으며, 이 경우에는 실질적인 허가제에 해당하여 허용될 수 없다. 집시법 제6조 제1항에서 규정하는 신고 내용에는 집회·시위의 목적·일시 등 집회 개최의 개괄적인 내용부터 시위의 경우 진로와 약도를 포함하는 방법까지 모두 기재하도록 하고 있어서 보완통고를 신고 내용이 미비한 것에 대한 형식적 보완통고가 아니라 실질적인 보완심사로서 적용될 수 있다는 우려가 제기되는 것이다.

보완의 요건 및 범위

주최자가 제출한 집회신고서의 기재사항에 미비한 점이 있는 경우에 접수증을 교부한 시각부터 12시간 이내에 주최자에게 기재사항의 보완을 통고할 수 있다. 이때 기재사항에 대한 심사는 형식적 기재사항을 심사하는 데 그쳐야 한다. 신고서 기재사항의 미비점에 대한 보완을 요구할 때에도 집회의 실질적인 내용까지 보완을 요구할 수는 없다는 것이 판례의 입장이다.

> [부산지방법원 2016. 4. 1. 선고, 2015구합24643 판결][62] 헌법 제21조제2항은 "언론·출판에 대한 허가나 검열과 집회·결사에 대한 허가는 인정되지 아니한다"고 규정하여 집회에 대한 허가 금지를 명시함으로써, 집회의 자유에 있어서는 다른 기본권 조항들과는 달리 '허가'의 방식에 의한 제한은 허용되지 아니하는 점(헌법재판소 2014. 4. 24. 선고, 2011헌가29 전원재판부 결정)을 고려하면, 관할경찰관서장은 신고서의 기재가 누락되었다거나 명백한 흠결이 있는 경우에만 형식적인 내용에 관하여 보완통고를 할 수 있고, 그 이외의 사항에 관하여는 보완요구 할 수 없다고 보아야 할 것이다.

형식적 기재사항에 보완이 필요한 경우는 신고의 기재사항 중 일부를 빠뜨린 경우가 일반적이다. 경찰관청 등 행정관청이 집회의 순조로운 개최와 공공의 안전 도모를 위하여 필요한 준비를 할 수 있는 시간적 여유를 주기 위한 '협력의무로서의 신고'[63]라는 사전신고 제도의 목적에 비추어, 신고 내용이 극히 추상적이거나 비현실적인 것으로서 질서유지를 위한 사전 준비가 불가능 또는 현

---

62) 이 판결은 전국금속노동조합에서 소속 조합원들의 회사 매각 및 정리해고 등에 대하여 '사기 불법매각 규탄, 생존권 확보, 노동탄압규탄 결의대회'를 개최하기 위하여 부산시청 후문 앞 인도 등 총 16곳에 옥외집회를 신고한 것과 관련하여, 부산연제경찰서가 부산시청 청사 부지에 대하여 공유재산에 해당되어 부산시로부터 집회 제한 및 보호 요청을 받았으므로 위 장소 사용에 대한 부산광역시장의 사용허가서를 첨부하거나 집회장소를 변경하여 기한 내 재신고하도록 보완통고한 후 전국금속노동조합 측이 보완통고 내용을 보완하지 아니하였음을 이유로 부산시청 청사 부지를 집회장소로 신고한 옥외집회에 대해 금지통고한 사안에 대한 법원의 판단이다.

63) 헌법재판소 2014. 1. 28. 선고, 2011헌바174 결정.

저히 곤란해지는 정도라면 보완을 요구할 수 있다.

그러나 집회·시위 주최자의 신고내용으로 보아 일부 불법행위가 예견되는 경우라고 하더라도 이를 이유로 집회 자체를 보완통고하거나, 이와 같은 보완통고에 응하지 않았다는 이유로 금지통고 할 수 없다. 집회 상황에 따라 현행범으로 체포하거나 「경찰관 직무집행법」에 근거한 즉시강제와 같은 현장조치를 할 수 있을 뿐이다.

[대법원 2001. 10. 9. 선고, 98다20929 판결] 옥외집회 또는 시위 당시의 구체적인 상황에 비추어볼 때 옥외집회 또는 시위의 신고사항 미비점이나 신고범위 일탈로 인하여 타인의 법익 기타 공공의 안녕질서에 대하여 직접적인 위험이 초래된 경우에 비로소 그 위험의 방지·제거에 적합한 제한조치를 취할 수 있되, 그 조치는 법령에 의하여 허용되는 범위 내에서 필요한 최소한도에 그쳐야 할 것이다.

보완통고 절차 및 방법

보완통고는 관할 경찰관서장이 신고서의 기재사항 가운데 보완할 사항을 명시하여 집시법 시행규칙 제3조 제1항 및 별지 제5호 서식에 따라 서면으로, 접수증을 교부한 때로부터 12시간 이내에 주최자에게 24시간을 기한으로 기재사항을 보완할 것을 통고할 수 있다.[64] 따라서 신고서 기재사항에 미비점이 있는 경우 신속하게 주최자 및 연락책임자에게 보완통고서를 송달하여야 하며, 12시간이 경과한 이후에 송달된 보완통고서는 그 효력을 상실하게 된다.

송달은 12시간의 제약과 함께 보완통고서 수령증을 받아야 하기에 직접 주최자 또는 연락책임자의 소재지로 찾아가서 전달하는 것이 일반적이다. 그런데 주최자 등이 보완통고서의 수령을 거부하거나, 부재중 또는 소재불명 등으로 송달할 수 없는 때를 대비하여 집시법 시행령 제3조에 대리송달 방법을 규정하고 있다. 예를 들어 주최자의 주소지가 제주인데 서울 시내 경찰서에 집회신고를 한 경우에 보완통고가 필요하다면 해당 관서의 경찰관이 12시간 이내

---

64) '1999년 집시법'까지도 기재사항 보완기간을 '8시간 이내에 12시간을 기한으로' 보완통고하도록 하였으나, 기재사항 보완 기간을 연장하기 위하여 '12시간 이내에 24시간을 기한으로' 보완할 수 있도록 '2004년 집시법'에서 개정하였다.

에 통고서 원본을 직접 주최자에게 송달하기는 현실적으로 어렵기 때문이다.

> **집시법 시행령 제3조【보완통고서의 송달】** 법 제6조제1항의 규정에 따른 신고서를 접수한 관할경찰서장 또는 시·도경찰청장(이하 "관할 경찰관서장"이라 한다)은 법 제7조제2항에 따른 보완통고서를 주최자나 연락책임자의 책임 있는 사유로 주최자나 연락책임자에게 직접 송달할 수 없는 때에는 다음 각 호의 방법으로 송달할 수 있다.
> 1. 주최자가 단체인 경우
>   주최자 또는 연락책임자의 대리인이나 단체의 사무소에서 근무하는 직원에게 전달하되, 대리인 또는 사무소에서 근무하는 직원에게 전달할 수 없는 때에는 단체의 사무소가 있는 건물의 관리인이나 건물 소재지의 통장 또는 반장에게 전달할 수 있다.
> 2. 주최자가 개인인 경우
>   주최자 또는 연락책임자의 세대주나 가족 중 성년자에게 전달하되, 주최자 또는 연락책임자의 세대주나 가족 중 성년자에게 전달할 수 없는 때에는 주최자 또는 연락책임자가 거주하는 건물의 관리인이나 건물 소재지의 통장 또는 는 반장에게 전달할 수 있다.

드물게 집시법 시행령 제3조의 방법으로 대리송달하고자 하였으나, 대리수령자 등이 수령을 거부할 수가 있다. 이 경우에는 민사소송법 제186조의 '유치송달'의 규정을 준용할 수 있을 것이다. 그러나 유치송달은 대리송달의 방법으로 송달이 불가능할 때 최후의 수단으로 검토되어야 한다.

한편 보완통고 등을 서면 중에서도 반드시 '원본'으로 전달해야 한다는 법문상 규정이 없다. 생각건대, 집시법이 통고서를 주최자나 연락책임자에게 직접 송달할 것을 요구하고 대리송달의 경우에도 대리인이나 단체의 직원, 가족 등에게 전달토록 요구하고 있는 것은 집회를 금지하거나 보완을 요구하는 서면의 전달 여부에 대한 불확실성 문제를 해소하여 집회의 자유를 보호하는 데 있다. 따라서 보완통고는 주최자 등이 그 내용을 이해할 수 있고, 불복하더라도 이의제기 등의 다른 절차를 통해 구제받을 수 있도록 '서면'으로 법령상의 '송달방법'을 준수하면 충분하며, 반드시 원본으로 전달해야 할 필요는 없을 것으로 판단된다.

보완통고를 받은 주최자는 보완통고서를 수령한 때로부터 24시간 이내에 기재사항을 보완하여 보완통고를 한 경찰관서에 신고하여야 한다. 주최자가 보완통고서를 수령한 때부터 24시간 이내에 기재사항을 보완하지 않은 경우에는 관할 경찰관서장은 집시법 제8조에 근거하여 신고된 집회·시위의 금지를 통고할 수 있다.

IV

집회·시위의 금지·제한

The Theory and Practice of Assembly and Demonstration

IV 집회·시위의 금지·제한

The Theory and Practice of Assembly and Demonstration

집회 및 시위의 자유는 국민의 기본권으로서 최대한 보장되어야 하지만, 공공의 안녕과 질서유지 및 공공복리를 위하여 필요한 경우에는 헌법 제37조 제2항에 근거하여 법률로써 제한할 수 있다. 집시법에서는 집회·시위의 자유와 권리를 보장하면서도 집회·시위와 관련이 없는 일반 시민들의 기본권을 보호하기 위한 금지·제한규정을 두고 있다. 다음에서는 절대적 집회·시위 금지로서 집회(옥내·옥외) 및 시위의 금지(제5조), 집회 및 시위의 금지 또는 제한통고(제8조), 상대적 집회·시위 금지·제한에 해당하는 옥외집회 및 시위의 금지시간(제10조) 또는 금지장소(제11조)에 대한 규정을 먼저 살펴보고, 교통 소통을 위한 제한(제12조)에 관한 규정을 이어서 살펴본다.

1. 집회 및 시위의 금지

집시법 제5조【집회 및 시위의 금지】① 누구든지 다음 각 호의 어느 하나에 해당하는 집회나 시위를 주최하여서는 아니 된다.

1. 헌법재판소의 결정에 따라 해산된 정당의 목적을 달성하기 위한 집회 또는 시위
2. 집단적인 폭행, 협박, 손괴(損壞), 방화 등으로 공공의 안녕 질서에 직접적인 위협을 끼칠 것이 명백한 집회 또는 시위
② 누구든지 제1항에 따라 금지된 집회 또는 시위를 할 것을 선전하거나 선동하여서는 아니 된다.

1.1. 해산된 정당의 목적 달성을 위한 집회·시위

'헌법재판소의 결정에 따라 해산된 정당의 목적을 달성하기 위한 집회·시위'는 헌정 질서를 위협할 것이 명백하므로 민주주의 수호를 위해 금지하고 있다. 여기서 말하는 집회에는 옥외집회뿐만 아니라 옥내집회도 포함한다.[1]

해산된 정당의 목적 달성을 위한 집회·시위로 판단하기 위해서는 명칭·사람·주장의 동일성에 대한 검토가 필요하다. '주장의 동일성'은 해산된 정당의 정책을 계승하려는 의지를 표명하거나, 대체 정당을 설립하기 위한 경우, 대체 정당을 설립하려는 것을 반려한 것에 대해 반발하거나 해산된 정당의 재산을 압류하는 것에 반발하는 경우 등이 해당할 수 있다. 그러나 헌법재판소의 해산 결정에 대한 단순한 찬·반 의견을 표명하기 위한 집회는 표현의 자유와 상충되는 측면도 있다. 따라서 단순히 정당의 해산에 반대하거나, 해산된 정당이 주장했던 개별 주장과 같은 주장을 하는 집회라고 하여 해산된 정당의 목적을 달성하기 위한 것으로 단정해서는 안 되며, 집회의 주최단체와 내용을 종합적으로 판단해야 한다.

한편 옥내에서 집시법 제5조를 위반하여 집회를 개최하는 경우에는 집회신고를 필요로 하지 않으므로 사전에 집회 개최 사실을 알 수 없다. 이 경우에는 해산된 정당의 목적을 달성하기 위한 집회가 옥내집회로 개최되는 사실을 사전

---

1) 우리 집시법은 집회와 시위를 구분하고, 집회는 다시 옥내집회와 옥외집회로 나누어 규정하고 있다. 그런데 집시법 제5조 제1항이 규율하는 것은 '집회'이다. 따라서 여기서 말하는 집회에는 옥외집회와 옥내집회를 모두 포함한다고 할 수 있다.

에 알았다면 관할 경찰관서장은 집시법 제5조를 근거로 금지된 집회임을 알릴 수 있으며, 개최된 이후에 그 사실을 알았다면 집시법 제22조 제2항에 따른 처벌을 할 수 있다.

1.2. 공공의 안녕에 위협을 가하는 집회·시위

'집단적인 폭행·협박·손괴·방화 등으로 공공의 안녕질서에 직접적인 위협을 가할 것이 명백한 집회·시위'는 명백성이 입증되는 때에만 제한적이고 신중하게 적용해야 한다. 집시법은 공공의 안녕질서에 직접적인 위협을 가하는 행위에 대하여 행위 유형을 구체적으로 열거하고, 그 적용기준을 '명백하고 현존하는 위험'으로 강화하였다. 이때 '명백'이라 함은 집회·시위 개최가 공공질서에 직접적인 위협의 발생과 밀접한 인과관계가 존재하는 경우이고, '현존'이라 함은 공공질서에 직접적인 위협이 발생하는 것과 시간상으로 근접하는 경우를 말하며, '위험'이라 함은 공공질서에 대한 직접적인 위협의 발생을 의미한다.

'집단'이라 함은 '집회·시위의 참가인원, 성격, 기타 제반 사정을 참작하여 공공의 안녕질서에 직접적인 위협을 가할 정도의 다수인'을 말하며, '집단적'이라 함은 다수인이 조직적으로 결합하여야 한다거나 지휘·통솔 체제가 필요한 정도까지를 요구하지 않고, '군중심리에 의해 지배되는 경우'를 포함한다고 본다. '폭행·협박·손괴·방화'는 공공의 안녕질서에 직접적인 위협을 가할 정도의 폭력행위에 대한 예시로서, 집단 상호 간의 의사연락이 있어야 하는 것은 아니고, 여기서의 폭행·협박은 최광의의 폭행·협박으로 '대상이 무엇인가를 묻지 아니하고 유형력을 행사하는 모든 경우'로 해석해야 할 것이다.

[헌법재판소 2010. 4. 29. 선고, 2008헌바118 결정] 공공의 안녕질서에 직접적인 위협을 가할 것이 명백한 집회 또는 시위란 법과 제도, 개인의 생명·자유·재산 등 기본권 및 국가와 사회의 존속을 위해 필수적인 것으로 인정되는 가치와 규준 등에 대해 사회통념상 수인할 수 있는 혼란이나 불편을 넘는 위험을 직접 초래할 것이 명백한 집회 또는 시위를 말한다.

따라서 단순히 주최·참가 단체의 과거 폭력시위 전력을 이유로 공공의 안녕질서에 직접적인 위협을 가할 것이 명백한 집회·시위로 판단하여 집회·시위를 금지할 수는 없다. 구체적으로 집회·시위에서 배포된 유인물, 공개된 집회·시위의 내용·규모, 폭력시위에 사용된 물품의 준비 상황 등의 객관적인 자료를 종합적으로 분석하여 집단적인 폭력시위로 변질될 개연성이 명백할 때 금지할 수 있다.

> [서울고등법원 2016. 10. 19. 선고, 2016누42465 판결] 직접적 위협이 있는지를 판단하기 위해서는 집회의 주최단체가 폭력시위를 주도했던 이력이 있는지, 상습적으로 폭력시위를 주도했던 단체가 해당 집회·시위에 주도적으로 참여하는지, 폭력시위에 사용하기 위한 물건을 준비하거나 집단적인 폭력행위 등의 가능성이 있는지에 대해 종합적으로 판단한다. 다만, 집회장소·목적·태양·내용 등을 종합적·객관적으로 예측하여 판단하여야 하며, 일부 불법행위가 예상된다고 하더라도 전체적으로 평화적으로 진행될 것으로 예상한다면 집회·시위의 개최를 금지·제한할 수 없다.[2]

> [헌법재판소 2010. 4. 29. 선고, 2008헌바118 결정] 집단적인 폭행·협박 등이 발생한 집회 또는 시위를 해산하고 질서를 회복시키는데는 일반적으로 상당한 시간과 경찰력이 동원되고, 그 과정에서 공공의 안녕질서나 참가자나 제3자의 신체와 재산의 안전 등이 중대하게 침해되거나 위협받을 수밖에 없으므로, 그와 같은

---

2) 이 판결은 백남기 농민 쾌유와 국가폭력규탄 범국민대책위원회가 서울지방경찰청장을 상대로 2015년 12월 5일에 개최된 2차 민중총궐기 집회에 대한 경찰의 옥외집회 금지통고 처분의 취소를 요구하는 소송에 관한 법원의 판단이다. 대책위는 2015년 11월, '12월 5일 12시부터 21시까지 서울광장에서 종로 서울대병원 근처까지 7,000여 명이 2개 차로를 행진하겠다'는 내용의 집회신고서를 제출하였으나 경찰은 집회 주체·목적 등으로 보아 1차 민중총궐기 집회의 연장선에 있다고 판단하고 집회 금지통고하였다. 이에 2015년 12월 1일 "경찰은 집회 금지 결정을 취소하라"라고 행정소송을 제기하면서 가처분신청도 함께 제출하였다. 법원은 대책위의 가처분 신청을 받아들였고, 집회는 예정된 날짜에 개최되었으며, 특별한 불법행위는 발생하지 않았다. 이후 대책위는 본안 소송을 취하하고자 하였으나 법원은 이를 받아들이지 않고 재판을 진행하였으며, 1심은 지난 4월 "집회가 이미 열려 소의 실익이 없다"라며 청구를 각하했다. 이후 경찰은 집회의 적법성에 관한 판단을 받고자 항소하였으며, 2심에서 위와 같은 취지의 판단을 확인하였다. 경찰청은 이 사안에 대해 2016. 11. 14. 대법원에 상고하였으나, 2017. 2. 15.에 심리불속행기각되었다.

집회 또는 시위의 주최를 절대적으로 금지하는 것은 공공의 안녕질서를 유지하고, 집회 또는 시위의 참가자나 이에 참가하지 않은 제3자의 생명·신체·재산의 안전 등 기본권을 보호하기 위한 것으로서 정당한 목적달성을 위한 적합한 수단이며, 목적달성에 필요한 정도를 넘은 과도한 제한이 된다고 보기 어렵다.

한편 집시법 제5조는 옥내·옥외집회 및 시위에 모두 적용되는 점에서 옥외집회 및 시위에만 적용되는 집시법 제10조(옥외집회와 시위의 금지시간)·제11조(옥외집회와 시위의 금지장소) 및 제12조(교통 소통을 위한 제한)와 구별된다.

1.3. 금지된 집회·시위의 선전·선동행위 금지

집시법은 금지된 집회·시위의 개최를 금지하면서 동시에 금지된 집회·시위의 선전·선동행위도 금지하고 있다. 여기에서 말하는 금지된 집회·시위는 집시법 제5조 제1항에서 금지하고 있는 집회·시위, 즉 해산된 정당의 목적을 달성하기 위한 집회·시위와 폭력 등으로 공공의 안녕질서에 직접적인 위협을 끼칠 것이 명백한 집회·시위로 한정한다. 또한 '선전'이란 불특정 다수인에 대하여 집회 또는 시위의 필요성을 주지시켜 이해를 촉구하거나 동참을 구하는 일체의 행동을 말하며, '선동'이란 문서·도화 또는 언동에 의하여 타인에게 집회·시위를 할 결의가 생기게 하거나 이미 발생한 결의를 조장케 할 힘이 있는 자극을 주는 것을 말한다. 선동을 받은 자가 현실적으로 집회·시위를 주최하거나, 기존에 있었던 결의가 더욱 조장되었을 것을 필요로 하지는 않는다.

선전·선동의 방법에는 제한이 없다. 연설·방송·전단배포·연호·혈서·할복·투신·단식 등 어떤 방법으로도 가능하고, 명시적·묵시적 선전·선동을 구분하지 않는다. 그러나 선전·선동 당시에는 평화적 또는 비폭력적이었던 집회·시위가 그 이후에 선전·선동을 원인으로 하지 않는 예견할 수 없었던 사정으로 폭력적인 집회·시위로 변질된 경우에는 선전·선동 활동의 대상이 되지 않는 것으로 볼 수 있을 것이다.

[의정부지방법원 고양지원 2007. 4. 26. 선고, 2006고단967·1337 판결(병합)] 시청 정문 앞에서 주민 490여명이 모여 집회를 하던 중 시장면담을 요구하였으나 시장이 응하지 않는다는 이유로 "시장이 대화할 의사가 없으니 시청으로 쳐들어가자"고 소리치고 이에 주민들은 소리를 지르며 시청 현관으로 몰려가 닫힌 셔터와 현관 유리창을 부수고 시청 청사에 난입함으로써 집단적인 폭행 등으로 공공의 안녕질서에 직접적인 위협을 가할 것이 명백한 시위를 선동한 것이다.

1.4. 금지된 집회·시위의 해산 및 벌칙

관할 경찰관서장은 집시법 제5조 제1항의 규정에 따라 금지된 집회·시위가 개최된 경우에는 그 해산을 명할 수 있다. 또한 금지된 집회의 주최자 및 금지된 집회·시위임을 알면서도 시위에 참여한 사람, 즉 금지된 집회·시위에 관한 예고 전단을 보거나 구두지시·풍문 등으로 사전에 금지되었음을 알고 현장에 진출한 자, 금지된 집회·시위를 목격하고 가담한 사람은 집시법에 따라 처벌된다. 집시법은 금지된 집회·시위의 주최 및 참가 자체를 처벌하는 것으로 경찰관서장의 해산명령을 받고 즉시 해산하였다 하더라도 처벌 대상이 된다.

집시법 제22조【벌칙】② 제5조제1항 또는 제6조제1항을 위반하거나 제8조에 따라 금지를 통고한 집회 또는 시위를 주최한 자는 2년 이하의 징역 또는 200만원 이하의 벌금에 처한다.
③ 제5조제2항 또는 제16조제4항을 위반한 자는 1년 이하의 징역 또는 100만원 이하의 벌금에 처한다.
④ 그 사실을 알면서 제5조제1항을 위반한 집회 또는 시위에 참가한 자는 6개월 이하의 징역 또는 50만원 이하의 벌금·구류 또는 과료에 처한다.

한편 집시법 제22조에 의한 처벌과는 별개로 집단적인 폭행·협박·손괴·방화 등 행위를 한 자는 행위의 유형 및 정도에 따라 「폭력행위 등 처벌에 관한 법률」 제3조(집단적 폭행 등), 「화염병 사용 등의 처벌에 관한 법률」, 「형법」 제115조(소요) 또는 제116조(다중불해산) 등에 의한 처벌 대상이 될 수 있다.

2. 옥외집회 및 시위의 시간적 제한

집시법 제10조【옥외집회와 시위의 금지 시간】누구든지 해가 뜨기 전이나 해가 진 후에는 옥외집회[3] 또는 시위[4]를 하여서는 아니 된다. 다만, 집회의 성격상 부득이하여 주최자가 질서유지인을 두고 미리 신고한 경우에는 관할경찰관서장은 질서유지를 위한 조건을 붙여 해가 뜨기 전이나 해가 진 후에도 옥외집회를 허용할 수 있다.

집시법 제10조에서는 일몰 후부터 일출 전까지 '야간'에는 집회를 개최할 수 없도록 규정하고, 부득이한 때에만 질서유지인을 두고 집회를 개최할 수 있도록 규정하였다. 이는 '야간'이라는 시간적 특수성에 비추어 일반적으로 야간집회가 주간보다 질서유지가 곤란하고, 공공의 안녕질서에 피해를 줄 수 있는 개연성이 상대적으로 높으며, 심리적으로도 주간보다 자극에 민감하고 쉽게 흥분할 수 있어 집회·시위가 본래의 목적과 방법을 벗어나 난폭화할 우려가 크기 때문이다. 같은 맥락에서 형법에서도 야간주거침입 절도 등 야간의 행위를 더욱 엄격히 규제하고 있다.

이에 대해, 지난 2008년 미국산 쇠고기 수입 반대 촛불시위 당시 야간 옥외집회 금지 규정을 어겼다며 기소된 900여 명에 대해 위헌심판이 제청되었으며, 헌법재판소는 집시법 제10조 중 '옥외집회' 부분에 대하여 헌법불합치 결정을 내렸다. 이후 '시위' 부분에 대해서도 야간만 한정위헌 결정을 내렸으나, 현재까

---

3) [헌법 불합치, 2008헌가25, 2009. 9. 24. 집회 및 시위에 관한 법률(2007. 5. 11. 법률 제8424호로 전부개정된 것) 제10조 중 '옥외집회' 부분 및 제23조 제1호 중 '제10조 본문의 옥외집회' 부분은 헌법에 합치되지 아니한다. 위 조항들은 2010. 6. 30.을 시한으로 입법자가 개정할 때까지 계속 적용된다.]

4) [한정위헌, 2010헌가2, 2014. 3. 27. 집회 및 시위에 관한 법률(2007. 5. 11. 법률 제8424호로 개정된 것) 제10조 본문 중 '시위'에 관한 부분 및 제23조 제3호 중 '제10조 본문' 가운데 '시위'에 관한 부분은 각 '해가 진 후부터 같은 날 24시까지의 시위'에 적용하는 한 헌법에 위반된다.]

지 개정안이 마련되지 않고 있다. 이에 따라 현재 옥외집회는 시간에 제한을 받지 않고 개최할 수 있으며, 행진을 포함한 시위는 일출부터 24시까지 개최할 수 있다.

2.1. '옥외집회 금지 시간'에 대한 헌법불합치 결정

'옥외집회'에 대한 헌법불합치 결정

법원은 집시법 제10조 전체에 대하여 위헌법률심판을 제청하였으나, 헌법재판소는 신청인에게 적용된 부분은 '옥외집회'에 관한 부분이므로 심판 대상을 집시법 제10조 중 '옥외집회'로 한정하였다. 심판 대상의 핵심 쟁점은 야간 옥외집회를 금지한 것이 사전 허가제에 해당하는지 여부 및 과잉금지원칙을 위배하여 집회의 자유를 침해하는지 여부였다.

'옥외집회' 부분에 대하여, 재판관의 의견은 위헌 5, 헌법불합치 2, 합헌 2의 견으로 다르지만, 결론적으로 헌법재판소법에 따라 야간집회 금지 시간이 광범위하여 과잉금지원칙에 어긋난다는 것을 주된 이유로 '헌법 불합치' 의견을 채택하였다. 광범위하고 가변적인 제한을 해소하라는 취지였다.

표 4.1 '옥외집회' 관련 헌법재판관 9명의 의견 비교

의견		입법 형식 (헌법 제21조 제2항, 사전허가제)	내용 판단 (헌법 제37조 제2항, 과잉금지 등)
위헌 (5명)	3명	제10조는 원칙적 금지·예외적 허용으로 위헌	형식이 위헌이므로 내용 판단에 의미가 없음
	2명		야간 옥외집회 전면 금지는 과잉금지 원칙을 위배하므로 위헌(적정 시간대 제한)
불합치 (2명)		단서의 '관할 경찰서장의 허용'이 사전허가제 요소가 아니므로 합헌	
합헌 (2명)		사전허가제가 아니므로 합헌	야간 규제의 필요성 및 타인의 기본권 보호 관점에서 인정이 필요하므로 합헌
비고		5명이 사전허가제 의견	4명이 과잉금지원칙 위배 의견

구체적으로, '위헌 의견'은 '1962년 헌법'에서는 옥외집회의 시간과 장소를 법률로 규제할 수 있다는 개별적 유보조항을 두었으나, 현행 헌법은 이와 같은 취지의 규정이 없고, 집시법 제10조에서 야간 옥외집회 개최에 대해 일반적 금지 및 예외적 허용을 규정한 것은 집회의 자유가 원칙이고 금지가 예외인 신고제의 취지에 반한다고 보았다. 또한 프랑스는 23시 이후, 러시아는 23시부터 다음날 7시까지, 중국의 경우는 22시부터 다음날 6시까지 금지하고 있는 이외에 비교법적으로도 야간 옥외집회를 특별히 금지하거나 '허가'의 방법으로 제한하는 규정이 있는 국가는 극히 소수에 불과하다는 점 등을 들어 위헌이라고 판단하였다.

'헌법불합치 의견'은 집시법 제10조 단서에서 옥외집회의 시간적 제한을 완화하는 규정을 두어 '사전허가 금지'에는 해당하지 않으나, 광범위한 시간대를 금지하고 있는 것은 침해최소성의 원칙에 위배되며, 법익균형성에도 어긋나 과잉금지원칙을 위배한다고 보았다. 평일 집회를 주최하거나 참가하려는 직장인과 학생들의 집회의 자유를 박탈할 수 있으며, 집시법상 국민의 주거 및 사생활의 평온과 사회의 공공질서가 보호될 수 있는 보완장치가 마련되어 있어 야간집회를 허용하더라도 입법목적을 달성할 수 있다는 이유였다.

'합헌 의견'은 헌법 제37조 제2항에 따라 집회에 자유에 관한 사전억제적 제한이 가능하며, 집시법 제10조는 헌법상 사전허가 금지에 해당되지 않으므로, 집회의 자유의 본질을 침해할 정도로 입법재량의 범위를 현저히 벗어난 것으로 볼 수 없다고 보았다.

'야간 옥외 집회'에 대한 한정위헌 결정

2009년 헌법재판소가 야간 옥외집회를 규정한 집시법 제10조에 대해 헌법불합치를 결정하고 2010년 6월 30일을 시한으로 법령의 개정을 요구하였으나 현재까지 개정이 이루어지지 않고 있다. 이러한 상황에서, 2014년 3월 야간 시위의 한정위헌 결정이 있었고, 같은 해 4월 야간 옥외집회도 '일몰시간 후부터 같은 날 24시까지 금지하는 한 헌법에 위반'된다는 '한정위헌' 결정이 있었다.[5]

2.2. '시위 금지 시간'에 대한 한정위헌 결정

2008년 광우병 쇠고기 수입반대 야간 시위와 관련하여 서울중앙지법에서 집시법 제10조 중 '시위' 부분에 대하여 야간 시위를 일률적·전면적인 금지가 필요한지, 과잉금지의 원칙에 위배되지는 않는지에 대하여 위헌법률심판을 제청하였다. 이에 대해 헌법재판소는 시위는 공공의 안녕질서, 법적 평화 및 타인의 평온에 미치는 영향이 크고, 야간이라는 특수한 시간적 상황은 시민들의 평온이 강하게 요청되는 시간대로 야간의 시위는 주간의 시위보다 질서를 유지시키기가 어렵고, 따라서 야간의 시위 금지는 이러한 특징과 차별성을 고려하여 사회의 안녕질서를 유지하고 시민들의 주거 및 사생활의 평온을 보호하기 위한 것으로서 정당한 목적 달성을 위한 적합한 수단이라는 점은 인정하였다.

표 4.2 '시위' 관련 헌법재판관 9명의 의견 비교

의견	내용 판단 (헌법 제37조 제2항, 과잉금지 등)	위헌 부분 특정 필요성
전부위헌 (3명)	목적달성을 위하여 필요한 범위를 넘어 과도하게 야간시위를 제한하여 과잉금지 원칙을 위배하였으므로 위헌	헌법재판소 스스로 일정 시간대만을 기준으로 위헌·합헌을 구분하는 것은 권력분립 원칙을 침해하므로 전부 위헌
한정위헌 (6명)		합헌·위헌 부분 가운데 시간을 기준으로 규제가 불가피하므로 '해가 진 후부터 같은 날 24시까지의 시위'에 적용하는 한 위헌
비 고	9명 전원이 과잉금지 원칙 위배	6명이 한정 위헌 의견

그러나 직장인이나 학생은 사실상 시위를 주최하거나 참가할 수 없게 되는 등 집회의 자유가 실질적으로 박탈되는 결과가 초래될 수 있다는 점에서 '옥외

---

5) 헌법재판소 2014.4.24. 선고, 2011헌가2 결정.

집회'의 경우와 같이 판단하였다. 나아가 도시화·산업화가 진행된 현대 사회에서 전통적 의미의 야간, 즉 '해가 뜨기 전이나 해가 진 후'라는 광범위하고 가변적인 시간대는 위와 같은 '야간'이 특징이나 차별성이 명백하다고 보기 어려움에도 일률적으로 야간 시위를 금지하는 것은 목적달성을 위해 필요한 정도를 넘는 지나친 제한으로서 침해의 최소성 원칙 및 법익균형성 원칙에 반한다고 판단하였다. 그러면서 야간의 일상적인 생활의 범주에 속하는 '해가 진 이후부터 같은 날 24시까지의 시위'를 집시법 제10조를 근거로 금지하는 것은 위헌이라고 하여 한정위헌으로 결정하였다.

3. 옥외집회 및 시위의 장소적 제한

집회의 목적·내용과 집회의 장소는 밀접한 연관관계를 갖는 경우가 많다. 따라서 집회의 자유에는 다른 법익을 보호하기 위하여 정당화되지 않는 한 집회장소를 항의의 대상으로부터 분리시키는 것을 원칙적으로 금지하는 등 집회·시위의 자유를 최대한 보장하기 위한 집회장소 선택의 자유도 포함된다. 다만 우리 집시법은 주요 헌법기관 및 국내주재 외국의 외교기관 등 일정한 장소를 집회·시위 금지장소로 규정하여 집회·시위에 의한 직접적인 영향력에 의해 그 기능이나 안녕이 침해되는 것을 방지하고 있다.

> **집시법 제11조【옥외집회와 시위의 금지 장소】** 누구든지 다음 각 호의 어느 하나에 해당하는 청사 또는 저택의 경계 지점으로부터 100 미터 이내의 장소에서는 옥외집회 또는 시위를 하여서는 아니 된다.〉
> 1. 국회의사당. 다만, 다음 각 목의 어느 하나에 해당하는 경우로서 국회의 기능이나 안녕을 침해할 우려가 없다고 인정되는 때에는 그러하지 아니하다.
>   가. 국회의 활동을 방해할 우려가 없는 경우
>   나. 대규모 집회 또는 시위로 확산될 우려가 없는 경우
> 2. 각급 법원, 헌법재판소. 다만, 다음 각 목의 어느 하나에 해당하는 경우로서 각급 법원, 헌법재판소의 기능이나 안녕을 침해할 우려가 없다고 인정되는 때에는 그러하지 아니하다.

가. 법관이나 재판관의 직무상 독립이나 구체적 사건의 재판에 영향을 미칠 우려가 없는 경우

나. 대규모 집회 또는 시위로 확산될 우려가 없는 경우

3. 대통령 관저(官邸),[6] 국회의장 공관,[7] 대법원장 공관, 헌법재판소장 공관

4. 국무총리 공관. 다만, 다음 각 목의 어느 하나에 해당하는 경우로서 국무총리 공관의 기능이나 안녕을 침해할 우려가 없다고 인정되는 때에는 그러하지 아니하다.

가. 국무총리를 대상으로 하지 아니하는 경우

나. 대규모 집회 또는 시위로 확산될 우려가 없는 경우

5. 국내 주재 외국의 외교기관이나 외교사절의 숙소. 다만, 다음 각 목의 어느 하나에 해당하는 경우로서 외교기관 또는 외교사절 숙소의 기능이나 안녕을 침해할 우려가 없다고 인정되는 때에는 그러하지 아니하다.

가. 해당 외교기관 또는 외교사절의 숙소를 대상으로 하지 아니하는 경우

나. 대규모 집회 또는 시위로 확산될 우려가 없는 경우

다. 외교기관의 업무가 없는 휴일에 개최하는 경우

헌법재판소는 2003년 국내 주재 외국의 외교기관 등의 경계 지점으로부터 100미터 이내에서의 옥외집회·시위를 전면적으로 금지하는 조항에 대하여 헌법불합치 결정을 선고하였다. '외교기관 등 인근에서의 집회의 경우에는 일반적으로 고도의 법익 충돌 위험이 있다'는 예측판단을 전제로 하여 이 장소에서의 집회

---

6) [헌법불합치, 2018헌바48 2018헌바48,2019헌가1(병합), 2022.12.22.집회 및 시위에 관한 법률(2020. 6. 9. 법률 제17393호로 개정된 것) 제11조 제3호 중 '대통령 관저(官邸)' 부분 및 제23조 제1호 중 제11조 제3호 가운데 '대통령 관저(官邸)'에 관한 부분은 헌법에 합치되지 아니한다. 위 법률조항은 2024. 5. 31.을 시한으로 개정될 때까지 계속 적용된다.]

7) [헌법불합치, 2021헌가1, 2023.3.23, 1. 구 집회 및 시위에 관한 법률(2007. 5. 11. 법률 제8424호로 전부개정되고, 2020. 6. 9. 법률 제17393호로 개정되기 전의 것) 제11조 제2호 중 '국회의장 공관'에 관한 부분 및 제23조 제3호 중 제11조 제2호 가운데 '국회의장 공관'에 관한 부분은 헌법에 합치되지 아니한다. 법원 기타 국가기관 및 지방자치단체는 위 법률조항의 적용을 중지하여야 한다. 2. 집회 및 시위에 관한 법률(2020. 6. 9. 법률 제17393호로 개정된 것) 제11조 제3호 중 '국회의장 공관'에 관한 부분 및 제23조 제3호 중 제11조 제3호 가운데 '국회의장 공관'에 관한 부분은 헌법에 합치되지 아니한다. 위 법률조항은 2024. 5. 31.을 시한으로 개정될 때까지 계속 적용된다.]

를 원칙적으로 금지할 수는 있으나, 일반·추상적인 법 규정으로부터 발생하는 과도한 기본권 제한의 가능성이 완화될 수 있도록 일반적 금지에 관한 예외조항이 필요하다는 이유였다.[8] 하지만 2005년과 2009년 각급 법원과 국회의사당에 대하여 각 기관의 기능을 보호하기 위해 추상적 위험성을 근거로 집회·시위를 절대적으로 금지한 것이 헌법으로 보호하는 집회·시위의 자유권을 침해한 것은 아니라고 하면서 합헌 결정을 내린 바 있다.[9]

그런데 지난 2018년 5월 헌법재판소는 국회의사당 경계 지점으로부터 100m 이내에서의 옥외집회·시위를 전면적·일률적으로 금지하는 집시법 제11조 제1항 제1호에 대하여 침해최소성 원칙과 법익균형성 원칙 위배 등 과잉금지의 원칙을 위반하였다며 헌법불합치 결정을 하여 기존의 판단을 바꾸었고, 같은 해 6월과 7월에는 국무총리 공관 및 각급 법원에 대해서도 같은 이유로 각각 헌법불합치 결정을 선고하였다.[10] 국회는 국회의사당, 국무총리 공관 및 각급 법원에 대한 헌법불합치 결정의 취지를 반영하여 2020년 6월 9일에 법률 제17393호에 의하여 집시법 제11조를 개정하였다.

헌법재판소의 헌법불합치 결정은 현행 집시법 제11조 제3호의 일부 대상기관에 대해서도 이어졌다. 지난 2022년 12월 대통령 관저 부분, 2023년 3월 국회의장 공관 부분에 대해서도 각각 침해최소성 원칙과 법익균형성 원칙 위배 등 과잉금지원칙 위반을 이유로 헌법불합치 결정과 함께 입법개선 요구가 있었기 때문이다.[11]

3.1. 집회·시위 장소의 중요성

집회의 자유는 개인의 인격 발현의 요소이자 민주주의를 구성하는 요소라

---

8) 헌법재판소 2003. 10. 30. 선고, 2000헌바67·83(병합) 결정.
9) 헌법재판소 2005. 11. 24. 선고, 2004헌가17 결정; 헌법재판소 2009. 12. 29. 선고, 2006헌바20·59(병합) 결정.
10) 헌법재판소 2018. 5. 31. 선고, 2013헌바322 결정; 헌법재판소 2018. 6. 28. 선고, 2015헌가28 결정; 헌법재판소 2018. 7. 26. 선고, 2018헌바137 결정.
11) 헌법재판소 2022. 12. 22. 선고, 2018헌바48, 2019헌가1(병합) 결정; 헌법재판소 2023. 3. 23. 선고, 2021헌가1 결정.

는 이중적 헌법적 기능을 가지고 있다.[12] 집회를 통해 타인과 접촉하여 생각을 교환하면서 사회공동체의 일원으로 참여하고 이를 통해 개인은 인격을 발현한다. 또한 집단으로 정치적 의사를 표명함으로써 여론의 형성에 기여하고, 특히 정치적 반대의견이나 소수의견을 통해 다양한 사회 구성원들의 주장을 표현할 수 있다.

집회·시위의 자유는 헌법 제21조 제1항에 의해 보장받는 기본권이자 인권이다. 공동으로 형성된 의사를 집단적으로 표현하고 이를 통하여 불특정 다수인의 의사에 영향을 줄 자유를 포함한다. 집회·시위 장소는 집회·시위의 목적을 달성하는 데 있어서 매우 중요한 역할을 수행하는 경우가 많다. 또한 집회·시위 장소를 자유롭게 선택할 수 있어야만 집회·시위의 자유가 비로소 효과적으로 보장될 수 있다. 따라서 집회 장소 선택의 자유는 집회·시위 자유의 중요한 실질을 형성한다고 볼 수 있다.[13] 즉 집회·시위를 하는 목적 또는 내용은 집회·시위의 장소와 밀접한 관련이 있으므로 '집회·시위의 자유'가 온전히 보장받기 위해서는 참가자들이 원하는 장소에서 집회·시위를 할 수 있어야 한다. 장소 선택의 자유까지 온전히 보장되어야만 진정으로 '집회·시위의 자유'가 보장된다고 할 수 있다.[14]

집회의 자유를 보장하는 데 있어 집회 장소는 다음과 같은 의미가 있다. 첫째, 집회의 효과를 높이기 위해서는 다수가 참여할 수 있고 다수의 제3자에게 영향을 줄 수 있는 장소가 필요하다. 둘째, 일본대사관 앞에서의 수요집회처럼 집회장소 자체가 집회의 목적·내용과 밀접하게 연관되는 경우가 있다.

[헌법재판소 2003. 10. 30. 선고, 2000헌바67 결정] 집회장소가 바로 집회의 목적과 효과에 대하여 중요한 의미를 가지기 때문에, 누구나 '어떤 장소에서' 자신이 계획한 집회를 할 것인가를 원칙적으로 자유롭게 결정할 수 있어야만 집회의 자유가 비로소 효과적으로 보장되는 것이다. 따라서 집회의 자유는 다른 법익의 보호

---

12) 한수웅, 헌법학(제8판), 법문사 (2018), p.799.
13) 헌법재판소 2005. 11. 24. 선고, 2004헌가17 결정.
14) 김기영·김선일·박주형, "집회 및 시위에 관한 법률 제11조의 개정 방안", 경찰학논총 제14권 제2호, 원광대학교 경찰학연구소 (2019), p.180.

를 위하여 정당화되지 않는 한, 집회장소를 항의의 대상으로부터 분리시키는 것을 금지한다.

셋째, 민의 수렴 기관인 국회나 선거로 당선된 대통령은 소수자를 포함한 국민의 의견에 귀를 기울여야 하는데 국회의사당이나 대통령 관저 인근에서의 집회가 그 창구 역할을 할 수 있다.[15]

3.2. 집회·시위의 장소적 제한의 범위

집회·시위 금지장소의 범위는 해당 청사 또는 저택의 경계 지점으로부터 100m 이내의 장소이다. 1962년 집시법 제정 당시에는 대상기관의 경계지점으로부터 주위 200m 이내의 장소에서 집회를 금지하였다.[16] 이후 집시법은 몇 차례의 개정을 거쳐 '1989년 집시법'에서 경계지점에서의 거리가 200m 이내에서 100m 이내로 축소되었고,[17] 일부 자구를 수정하기 위하여 2007년 5월 11일 전부개정(법률 제8424호)한 것 이외에는 현재까지 그 내용을 유지하고 있다.[18]

[헌법재판소 2003. 10. 30. 선고, 2000헌바67 결정] 입법자가 집회금지 구역의 범위를 청사의 경계지점으로부터 반경 100m로 정한 것은 법익의 효과적인 보호를 보장하기 위하여 필요한 최소한의 것으로서 허용되는 것으로 보이며, 외국의 입법례를 고려하더라도 과도하게 확장된 것이라고 볼 수 없다.

이에 대하여 '100m 이내의 장소'를 동일 필지로 보는 사례도 있으나, 법문상 '경계지점'으로 규정하고 있는 것으로 보아 집시법에서 말하는 집회·시위의 금지장소는 이를 엄격히 해석하여 대상기관의 울타리로부터 직선거리가 100m 이

---

15) 김기영·김선일·박주형, 앞의 글, p.182.
16) 「집회및시위에관한법률」(1962. 12. 31. 제정, 법률 제1245호) 제7조 제1호.
17) 「집회및시위에관한법률」(1989. 3. 29. 전부개정, 법률 제4095호) 제11조 제1호.
18) 김기영·김선일·박주형, 앞의 글, pp.180 - 181.

내인 지점의 장소만을 의미한다고 해석된다. 또한 시위대의 일부가 금지장소에 있거나 집회·시위 중에 일시적으로 금지장소에 있는 경우라도 모두 금지장소에 서의 집회·시위로 볼 수 있다.

[서울행정법원 2007. 3. 15. 선고, 2006구합24787 판결] 집시법 제11조는 … 헌법에 합치되는 것이기는 하지만, 헌법 제21조 제1항에서 국민의 기본권의 하나로 보장된 집회의 자유가 갖는 헌법적 의의와 민주사회에서의 기능 및 기본권 제한의 일반원칙 등에 비추어 보면 집회 또는 시위 등의 절대금지장소인 위 규정은 엄격하게 해석하여야 한다. 따라서 집시법 제11조제2호에 규정된 대통령 관저는 그 문언상 대통령이 주로 직무를 행하는 장소와 주거로 사용되는 장소, 대통령을 보좌하거나 경호하는 사람들이 사용하는 필수적 부속건물 및 그 부지, 즉 일반적으로 청와대라고 불리워지는 담장 안에 있는 일단의 건물 및 그 부지만을 의미한다고 봄이 타당하고, 만일 이와 달리 그 담장 밖에 있으면서 대통령이 연 2~3회 방문하여 일시적으로 회의를 주재하거나 사찰하는 장소까지 모두 대통령관저에 포함된다면 광화문과 과천에 있는 정부종합청사 및 세종문화회관 등도 모두 대통령관저로 보아야 한다는 납득할 수 없는 결론에 이르게 되어 연무관은 앞에서 본 바와 같은 위치와 성격에 비추어 대통령관저라 할 수 없다.

3.3. 입법기관 주변의 옥외집회·시위 금지

국회는 국민을 대표하는 대의기관으로 법률의 제·개정 및 국정 통제기관으로서 행정부에 대한 강력한 통제 권한을 행사하는 등 국가의 정책 결정에 있어 중요한 기능을 담당하고 있다. 따라서 헌법에서 보장하는 국회의 기능과 역할은 그 특수성과 중요성에 비추어 특별한 보호가 필요하다. 집시법은 이러한 배경에서 국회의원 또는 국회에서 근무하거나 업무를 처리하는 사람들이 어떠한 압력이나 위력에 구애받지 않고 자유롭게 국회에 출입하여 업무를 수행하는 한편, 국회의사당 및 주변 시설의 안전이 보장될 수 있도록 하기 위한 목적으로 국회의사당 인근에서의 옥외집회 및 시위를 금지하고 있다.

2009년 헌법재판소는 국회의사당 주변에서의 옥외집회 또는 시위를 절대적으로 금지하는 조항이 침해최소성 원칙이나 법익균형성 원칙에 반하지 않는다는 입장을 취하였다.

[헌법재판소 2009. 12. 29. 선고, 2006헌바20 결정] 국회가 수행하는 헌법적 기능은 그 특수성과 중요성에 비추어 특별하고 충분한 보호가 요청되는데, '집회 및 시위에 관한 법률'상의 일반적인 규제나 형사법상의 사후적 규제만으로는 국회의 기능을 보호하기 위한 효과적인 수단이 된다고 볼 수 없고, 이 사건 법률조항 외에 달리 덜 제약적인 수단이 명백히 존재한다고 보기 어려우며, 국회의 기능이나 역할에 비추어 예외를 두지 아니한 것이 침해의 최소성 원칙에 반한다고 볼 수도 없다. 나아가 이 사건 법률조항으로 인한 사익의 제한은 국회 인근에서의 집회의 제한이라는 좁은 범위의 장소적 제한인 반면 국회의 기능보호는 대의민주주의 제도 아래에서 절대적인 중요성을 지닌다고 할 것이므로 이 사건 법률조항으로 인한 집회·시위 효과의 감소 및 이에 관련된 자유의 제한은 감수할 만한 정도의 것으로 보이므로, 법익균형성 원칙 위배도 인정되지 않는다.

국회의사당 주변의 옥외집회·시위 금지에 대한 헌법불합치 결정

헌법재판소는 2018년 이후 기존의 입장을 변경하였다. 입법권의 독립성·중립성을 보장하기 위하여 국회의사당 주변에서의 옥외집회·시위를 금지·제한하는 것에 대한 필요성은 인정하였다. 그러나 집회·시위의 자유를 제한하는 것은 원칙적으로 국회의원에 대한 물리적인 압력이나 위해를 가할 가능성, 국회의사당을 포함한 국회시설에의 출입이나 안전에 위협을 가할 위험성으로부터의 보호에 그쳐야 하며(침해최소성 원칙), 국회의 헌법적 기능을 무력화시키거나 저해할 우려가 있는 집회뿐만 아니라 평화적이고 정당한 집회까지 전면적으로 제한하는 것은 상충하는 법익 간의 조화를 이루지 못하는 것(법익균형성 원칙)이라고 판단하였다. 이에 근거하여 국회의사당 인근에서의 옥외집회·시위의 절대적 금지 조항은 위헌적인 부분과 합헌적인 부분이 공존하고 있다고 보아 헌법불합치 결정을 선고하되 2019년 12월 31일까지 개선입법을 요구하였다.

[헌법재판소 2018. 5. 31. 선고, 2013헌바322 결정] 국회의사당 인근에서의 집회가 집시법에 의하여 보호되는 법익에 대한 직접적인 위협을 초래한다는 일반적 추정이 구체적인 상황에 의하여 부인될 수 있는 경우라면, 입법자로서는 예외적으로 옥외집회가 가능할 수 있도록 해당 조항을 규정하여야 한다. 예를 들어 국회의 기능을 직접 저해할 가능성이 거의 없는 '소규모 집회', 국회의 업무가 없는 '공휴일이나 휴회기 등에 행하여지는 집회', '국회의 활동을 대상으로 한 집회가 아니거나 부차적으로 국회에 영향을 미치고자 하는 의도가 내포되어 있는 집회'처럼 옥외집회에 의한 국회의 헌법적 기능이 침해될 가능성이 부인되거나 또는 현저히 낮은 경우에는, 입법자로서는 해당 조항으로 인하여 발생하는 집회의 자유에 대한 과도한 제한 가능성이 완화될 수 있도록 그 금지에 대한 예외를 인정하여야 한다.

이후 국회는 현행 집시법과 같이 제11조를 개정하였다. 현재 국회의사당 인근에서의 옥외집회와 시위는 원칙적으로 금지되지만, 일정한 사유에 해당하는 경우에는 예외적으로 옥외집회나 시위가 허용될 수 있다(집시법 제11조 제1호 참조).

3.4. 사법기관 주변의 옥외집회·시위 금지

집시법에서 각급 법원, 헌법재판소 인근에서 옥외집회 또는 시위를 금지하는 것은 국가의 사법작용이 외부의 영향이나 통제를 받지 않아야 하기 때문이다. 즉 사법권을 보호하고 법원의 안녕질서를 보호하며, 재판의 독립성을 확보하기 위한 제한이라 할 수 있다.

[헌법재판소 2005. 11. 24. 선고, 2004헌가17 결정] 법원의 기능은 사법작용의 공정성과 독립성이 확보될 때에만 제대로 유지될 수 있는데, 사법작용의 공정성과 독립성은 헌법적 요청이므로, 법원의 기능보호를 핵심으로 하는 이 사건 법률조항의 입법목적은 헌법이 적극적으로 요청하는 바로서 정당성이 인정되고, 이에 따라 법원에 대한 특별한 보호에 정당성을 부여한다.

그러나 국회의사당 주변에서의 옥외집회·시위를 금지하는 규정에 대한 헌법재판소의 판단이 변경되면서 사법기관 주변에서의 옥외집회·시위에 관한 법문의 해석에 헌법재판소의 취지를 반영한 법원의 판결이 내려지기도 하였다. 즉 국가의 사법작용이 외부의 영향이나 통제를 받지 않도록 해야 한다는 사법 기능의 보호, 법원의 안녕질서 보호, 재판의 독립 확보라는 입법목적에 따른 옥외집회·시위의 금지는 인정하지만, 법원의 특수성 또한 집회의 자유라는 헌법상 기본권과 조화를 이루어야 한다는 것이다.

[대전지방법원 2018. 6. 22. 선고, 2017노3002 판결] 대규모 집회 또는 시위로 확산될 우려가 없는 소규모 집회, 법원 영장실질심사 등 긴급 업무를 제외하고 민형사 본안재판이 전체적으로 진행되지 않는 휴일의 집회와 같이 법원의 기능과 안녕에 위해가 되지 않는 집회가 있을 수 있다. 따라서 법원 인근의 모든 집회를 일률적으로 법원의 기능을 저해하는 것으로 평가할 수는 없다. … 사법 기능 보호 등 입법목적과 무관한 집회는 예외적으로 허용된다고 해석하는 것이 헌법에 합치된다.

법원 주변의 옥외집회·시위 금지에 대한 헌법불합치 결정

과거 2005년과 2009년 헌법재판소는 '각급 법원' 인근에서의 옥외집회 또는 시위의 절대적 금지조항에 대해 합헌 결정을 선고한 바 있다. 그런데 지난 2018년 '각급 법원 인근 옥외집회 금지사건'에서 헌법재판소는 자신의 입장을 변경하였다. 각급 법원 주변에서의 옥외집회·시위를 금지한 목적은 법관의 독립성과 재판의 공정성을 확보하려는 헌법적 요청에 의한 것이므로 정당하며, 법원 청사 주변 100미터 이내의 장소에서의 옥외집회나 시위를 금지하는 것 역시 목적 달성을 위한 적합한 수단이라고 본 것이다.

그러나 법원 인근에서의 집회·시위가 해당 법원에서 심리 중인 사건의 재판에 영향을 미칠 위협이 존재한다는 일반적 추정이 구체적 상황에 따라 부인될 수 있는 경우라면, 그 금지에 대한 예외를 인정해야 한다고 판시하였다. 즉 '각급 법원' 인근에서의 집회를 원칙적으로 금지하더라도, 법관의 독립성이나 구체적 사건의 재판에 영향을 미칠 우려가 없는 예외적인 경우에는 옥외집회 또는 시위가 허용될 가능성을 열어두어야 한다는 취지였다.

> [헌법재판소 2018. 7. 26. 선고, 2018헌바137 결정] 법원 인근에서 옥외집회나 시위가 열릴 경우 해당 법원에서 심리 중인 사건의 재판에 영향을 미칠 위협이 존재한다는 일반적 추정이 구체적 상황에 따라 부인될 수 있는 경우라면, 입법자로서는 각급 법원 인근일지라도 예외적으로 옥외집회·시위가 가능하도록 관련 규정을 정비하여야 한다. … 법원 인근에서의 집회라 할지라도 법관의 독립을 위협하거나 재판에 영향을 미칠 염려가 없는 집회도 있다. 예컨대 법원을 대상으로 하지 않고 검찰청 등 법원 인근 국가기관이나 일반법인 또는 개인을 대상으로 한 집회로서 재판업무에 영향을 미칠 우려가 없는 집회가 있을 수 있다. 법원을 대상으로 한 집회라도 사법행정과 관련된 의사표시 전달을 목적으로 한 집회 등 법관의 독립이나 구체적 사건의 재판에 영향을 미칠 우려가 없는 집회도 있다. … 이런 사정을 종합하여 보면, 심판대상조항은 입법목적을 달성하는 데 필요한 최소한도의 범위를 넘어 규제가 불필요하거나 또는 예외적으로 허용 가능한 옥외집회·시위까지도 일률적·전면적으로 금지하고 있으므로, 침해의 최소성 원칙에 위배된다. 따라서 각급 법원 또는 헌법재판소 인근에서 이루어지는 집회·시위의 경우에 현행 규정에 의하면 절대적으로 금지되는 집회·시위에 해당하여 집회신고를 하더라도 금지통고하는 것이 원칙이라고 할 것이나, 사법기관을 직접적인 대상으로 하지 않거나, 법원의 기능과 안녕해 위해가 되지 않는 집회의 경우라면, 경찰에서는 그 장소가 법원 청사의 100m 이내에 해당한다고 할지라도 집회 신고 내용을 종합적으로 검토하여 집시법의 제정 취지를 달성하는 데 필요한 최소한의 제한에 그쳐야 할 것이다.

위와 같은 헌법재판소의 헌법불합치 결정의 내용을 반영하여, 국회는 현행 집시법 제11조를 개정하였다. 현재 '각급 법원'과 함께 '헌법재판소' 인근에서의 옥외집회와 시위는 원칙적으로 금지되지만, 일정한 사유에 해당하는 경우에는 예외적으로 옥외집회나 시위가 허용될 수 있다(집시법 제11조 제2호 참조).

3.5. 외교기관 주변의 옥외집회·시위 금지

외교기관 인근에서 옥외집회 또는 시위를 금지하는 것은 외국과의 선린 우호 관계를 보호하고, 해당 외교기관의 자유로운 출입과 원활한 업무를 보장하며, 외교관의 신체적 안전을 보호하는 데 필요하다는 인식이 반영된 것으로 보인다. 또한 외교 관례상 호혜주의 원칙에 따라 외국에 주재하는 우리 외교기관에 대한 해당 국가의 보호를 요청하기 위해서라도 외교기관의 안녕에 대한 보호는 필요할 수 있다. 이에 집시법은 국내 주재 외국의 외교기관이나 외교사절의 숙소 주변에서 집회·시위를 제한하고 있다.

외교기관 등 주변의 집회·시위 금지조항은 1962년 집시법 제정 당시부터 존재하였다. 제정 집시법에서는 국내 주재 외국의 외교기관 및 외교사절 숙소의 경계 지점으로부터 주위 200m 이내의 장소에서 옥외집회 또는 시위를 금지하였다. 이후 '1989년 집시법'에서 국내 주재 외국의 외교기관 및 외교사절의 경우에는 경계 지점으로부터 100m 이내의 장소에서 옥외집회 또는 시위를 금지하되, 국내 주재 외국의 외교사절의 숙소의 경우에는 예외적으로 행진을 허용하는 것으로 변경되었다. 그러나 2003년 헌법재판소는 외교기관 등 주변에서의 집회·시위에 대해 '구체적인 상황을 고려하지 않고 일률적으로 금지하는 것'은 침해최소성 원칙 등에 반한다는 이유로 '위헌'으로 결정하였다. 이에 따라 '2004년 집시법'에서 헌법재판소의 입장을 반영하여 현재와 같이 규정하고 있다.

[헌법재판소 2003. 10. 30. 선고, 2000헌바67 결정] 집시법상 외교기관 100m 이내 집회금지는 '외교기관의 자유로운 출입, 원활한 업무의 보장, 외교관의 신체적 안전'이라는 공익상 이유로만 법률로써 제한할 수 있는 것이지 구체적 상황의 고려 없는 일률적 금지는 과도한 제한이 될 수 있어 '최소침해의 원칙'에 반하므로 위헌이다. … 국민이 자신의 견해를 집단적으로 표현하기 위하여 집회에 참가하는 행위는 민주시민생활의 일상에 속하는 것이자 보편적으로 인정되는 가치이므로, 국민의 일부가 외교기관 인근에서 평화적인 방법으로 자신의 기본권을 행사하였다고 하여 '외국과의 선린관계'가 저해된다고 볼 수 없다. 즉 '외국과의 선린관계'란 법익은 외교기관 인근에서 국민의 기본권행사를 금지할 수 있는 합리적인 이유가 될 수 없는 것이다.

따라서 국내 주재 외국의 외교기관이나 외교사절 숙소의 경계 지점으로부터 100m 이내의 장소에서는 옥외집회 또는 시위는 금지됨이 원칙이나, 해당 외교기관 또는 외교사절의 숙소를 대상으로 하지 않거나, 대규모 집회 또는 시위로 확산할 우려가 없거나, 외교기관의 업무가 없는 휴일에 개최되는 경우와 같이 외교기관이나 외교사절 숙소의 기능이나 안녕을 침해할 우려가 없다고 인정되는 경우라면 예외적으로 허용되고 있다(집시법 제11조 제5호 참조).

3.6. 국무총리 공관 주변에서의 옥외집회·시위 금지

국무총리는 대통령을 보좌하고, 유고 시에 그 권한을 대행하는 행정부 2인자의 지위에 있으므로, 국무총리의 헌법상 지위를 고려할 때 국무총리의 생활공간이나 직무수행 장소인 공관의 기능과 안녕을 보호할 필요가 있다. 이러한 목적으로 집시법은 국무총리 공관 주변에서의 옥외집회·시위를 제한하고 있다.

국무총리 공관 주변의 옥외집회·시위를 금지하는 조항은 집시법 제정 당시부터 존재했다. 제정 집시법에서는 국무총리 공관 경계 지점으로부터 주위 200m 이내의 장소에서의 옥외집회 또는 시위를 금지하였다. 이후 '1989년 집시법'에서 국무총리 공관의 경계 지점으로부터 100m 이내의 장소에서의 옥외집회 또는 시위를 금지하되 예외적으로 행진은 허용하는 것으로 변경되었다.

2018년 헌법재판소는 국무총리 공관 주변에서의 절대적 옥외집회·시위 금지 조항에 대해 처음으로 자신의 견해를 밝혔다. 국무총리 공관 주변에서의 옥외집회·시위를 금지할 필요성이 인정되더라도, 국무총리 공관의 기능이나 안녕을 직접 저해할 가능성이 없는 '소규모 옥외집회·시위' 또는 '국무총리를 대상으로 하는 옥외집회·시위가 아닌 경우'까지도 예외 없이 이를 금지하는 것은 과도한 제한이라고 보았다. 또한 국무총리 공관 인근에서의 '행진'을 허용하고 있다고 하더라도 집시법상 '행진'의 개념이 모호하여 집회·시위의 자유라는 기본권을 제한을 완화하는 규정으로 보기 어렵다고 판단하였다. 국무총리 공관의 기능이나 안녕을 보호하는 데 필요한 범위를 넘어 국무총리 공관 인근에서의 옥외집회를 일률적·전면적으로 금지하는 것은 위헌적인 부분과 합헌적인 부분이 공존하고 있다고 본 것이다. 이에 따라 헌법재판소는 국무총리 공관 주변에서의 옥외집회 또는 시위 금지 조항에 대해 헌법불합치 결정을 선고하였다.

위와 같은 헌법재판소의 헌법불합치 결정의 내용을 반영하여, 국회는 현행 집시법 제11조를 개정하였다. 현행 집시법 제11조는 국무총리 공관 경계 지점으로부터 100미터 이내 장소에서의 옥외집회 또는 시위는 원칙적으로 금지되지만, 일정한 경우에 예외적으로 옥외집회나 시위를 허용할 수 있다(집시법 제11조 제4호 참조).

[헌법재판소 2018. 6. 28. 선고, 2015헌가28 결정] 국무총리는 대통령의 권한대행자, 대통령의 보좌기관 및 행정부 제2인자로서의 지위를 가지는바, 이러한 국무총리의 헌법상 지위를 고려하면 이 사건 금지장소 조항은 국무총리의 생활공간이자 직무수행 장소인 공관의 기능과 안녕을 보호하기 위한 것으로서 그 입법목적이 정당하다. 그리고 국무총리 공관 인근에서 행진을 제외한 옥외집회·시위를 금지하는 것은 입법목적 달성을 위한 적합한 수단이다. … 국무총리 공관 인근에서의 '행진'을 허용하고 있으나, 집시법상 '행진'의 개념이 모호하여 기본권 제한을 완화하는 효과는 기대하기 어렵다. … 심판대상조항이 가지는 위헌성은 국무총리 공관의 기능과 안녕을 보호하는 데 필요한 범위를 넘어 국무총리 공관 인근에서의 집회를 일률적·전면적으로 금지하는 데 있다. 즉 국무총리 공관 인근에서의 옥외집회·시위를 금지하는 것에는 위헌적인 부분과 합헌적인 부분이 공존하고 있는 것이다. 그런데 국무총리 공관 인근에서의 옥외집회·시위 중 어떠한 형태의 옥외집회·시위를 예외적으로 허용할 것인지에 관하여서는 입법자의 판단에 맡기는 것이 바람직하다.

3.7. 대통령 관저·국회의장 공관 주변에서의 옥외집회·시위 금지

대통령 관저 주변에서의 옥외집회·시위 금지

대통령은 국가원수이자 행정부 수반으로 그 헌법상 기능은 우리 헌정 질서를 유지·작동하기 위한 기초라는 점에 비추어 특별히 중요하며, 따라서 충분한 보호가 요청된다. 또한 대통령 관저는 대통령과 그 가족의 생활공간인 동시에 부분적으로 대통령의 직무 수행 장소로서의 역할을 한다는 점에서 그 보호 필요성이 인정될 수 있다.

그런데 지난 2022년 헌법재판소는 대통령 관저 인근에서의 옥외집회 또는 시위를 전면적으로 금지하면서 일정한 경우 집회를 허용할 수 있는 어떠한 예외도 마련하고 있지 않은 집시법 조항에 대해 헌법불합치 결정을 선고하면서 2024년 5월 31일까지 입법개선하도록 요구하였다.

> [헌법재판소 2022. 12. 22. 선고, 2018헌바48, 2019헌가1(병합) 결정] 대통령 관저 인근에서의 집회를 전면적으로 금지하면서도 '대통령 관저의 경계 지점'을 명시적으로 정의하는 규정을 두고 있지 않고, ... 대통령 등에 대해 위해를 가할 가능성이 없는 장소나 대통령 관저 출입과 무관한 장소까지도 집회금지장소에 포함된다. 결국 심판대상조항은 대통령 관저 인근 일대를 광범위하게 집회금지장소로 설정함으로써, 집회가 금지될 필요가 없는 장소까지도 집회금지장소에 포함되게 한다. ... 또한, 대규모 집회 또는 시위로 확산될 우려가 없는 소규모 집회의 경우, 심판대상조항에 의하여 보호되는 법익에 대해 직접적인 위협이 발생할 가능성은 상대적으로 낮다. 나아가 앞에서 본 '대통령 등의 안전이나 대통령 관저 출입과 직접적 관련이 없는 장소'에서 '소규모 집회'가 열릴 경우에는, 이러한 위험성은 더욱 낮아진다. 결국 심판대상조항은 이에 의하여 보호되는 법익에 대한 위험 상황이 구체적으로 존재하지 않는 집회까지도 예외 없이 금지하고 있는바, 이는 입법목적의 달성에 필요한 범위를 넘는 과도한 제한이다.

한편 위의 헌법재판소 결정에서는 재판관 2인이 별개의견을 통해 '대통령 관저'는 대통령과 그 가족의 생활공간인 대통령 관저 자체, 즉 '협의의 대통령 관저(숙소)'와 집무실 등 대통령 등의 직무수행 장소를 포함하는 '광의의 대통령 관저'를 의미한다는 입장을 명시적으로 밝혔다. 이러한 해석은 '대통령 관저'에 대통령 집무실이 포함되지 않는다는 입장을 2022년부터 일관되게 밝혀온 서울행정법원의 해석과 상반된다.[19]

국회의장 공관에서의 옥외집회·시위 금지

민의수렴 기관인 국회의 수장인 국회의장의 원활한 직무 수행과 공관 거주자 등의 신변 안전, 주거의 평온, 공관으로의 자유로운 출입 등 그 기능이나 안녕을 보호한다는 명분으로 국회의장 공관 주변에서의 옥외집회 또는 시위가 그

---

19) 이에 대한 자세한 내용은 김선일, 앞의 글 (2023), pp.44 - 46.

간 전면 금지되어 왔다. 그러나 헌법재판소는 2023년 3월 국회의장 공관의 기능과 안녕에 직접적인 위험을 초래할 가능성이 없는 집회까지도 예외 없이 금지하는 집시법 조항에 대해 헌법불합치 결정을 선고하면서 2024년 5월 31일까지 입법개선하도록 요구하였다.

[헌법재판소 2023. 3. 23. 선고, 2021헌가1 결정] 심판대상조항이 집회금지장소로 설정한 '국회의장 공관의 경계 지점으로부터 100미터 이내에 있는 장소'에는 국회의장 공관으로 출입하는 것과 무관한 지역, 다른 건물이나 녹지로 가로막혀 국회의장 공관 부지에 접근하기 어려운 지역 등 해당 장소에서 집회가 개최되더라도 국회의장에게 물리적 위해를 가하거나 국회의장 공관으로의 출입 내지 안전에 위협을 가할 우려가 없는 장소까지 포함되어 있다. 또한 대규모 집회로 확산될 우려가 없는 소규모 집회의 경우, 심판대상조항에 의하여 보호되는 법익에 직접적인 위험을 가할 가능성은 상대적으로 낮다. 따라서 이러한 소규모 집회가 일반 대중의 합세로 인하여 대규모 집회로 확대될 우려 내지 폭력집회로 변질될 위험이 없는 때에는 그 집회의 금지를 정당화할 수 있는 헌법적 근거를 발견하기 어렵다. 게다가 집시법은 공공의 안녕질서에 직접적인 위협을 가할 것이 명백한 집회의 주최 금지(제5조 제1항 제2호) 등 국회의장 공관의 기능과 안녕을 보호할 다양한 규제 수단을 마련하고 있고, 집회 과정에서의 폭력행위나 업무방해 행위 등은 형사법상의 범죄행위로 처벌되므로, 국회의장 공관 인근에서 예외적으로 집회를 허용한다고 하더라도 심판대상조항이 달성하려는 국회의장 공관의 기능과 안녕은 충분히 보장될 수 있다. 그럼에도 심판대상조항은 국회의장 공관 인근 일대를 광범위하게 전면적인 집회 금지 장소로 설정하고 국회의장 공관의 기능과 안녕에 직접적인 위험을 초래할 가능성이 없는 집회까지도 예외 없이 금지하는데, 이는 입법목적 달성에 필요한 범위를 넘는 과도한 제한이다. 따라서 심판대상조항은 침해의 최소성과 법익의 균형성에 반한다.

표 4.3 대상기관별 헌법판소 결정의 주요 이유 분석

구 분	목적의 정당성	수단의 적절성	침해의 최소성	법익의 균형성	비 고
국내주재 외국의 외교기관 등	대상기관의 (헌법적) 기능과 안녕을 보호하기 위해 그 주변 장소에서의 옥외집회 또는 시위를 금지한다는 점에서 목적의 정당성 긍정	대상기관 인근에서의 집회 금지 장소 설정(경계지점 등으로부터 100미터 이내) 역시 대상기관의 기능과 안녕의 보호라는 입법 목적 달성을 위한 적절한 수단임을 긍정	① 보호법익에 대한 직접적인 위협을 초래한다는 일반적 추정이 구체적인 상황에 의해 부인될 수 있다면 금지에 대한 예외를 인정해야 함 ② 입법목적 달성을 위한 필요 최소한도의 범위를 넘어, 규제가 불필요하거나 예외적으로 허용하는 것이 가능한 집회까지도 일률적, 전면적으로 금지	① 대상기관의 기능을 무력화 또는 저해할 우려가 있는 집회를 금지하는 데 머무르지 않고, 평화적이고 정당한 집회까지 전면 제한 ② 구체적인 상황을 고려하여 상충하는 법익 간의 조화를 이루려는 노력을 전혀 기울이지 않고 있음	2003년 (2000헌바 67·83 병합)
국회의사당					2018년 (2013헌바 322; 2015헌가28; 2018헌바 137)
국무총리 공관					
각급 법원					
대통령 관저					2022년 (2018헌바48, 2019헌가1(병합))
국회의장 공관					2023년 (2021헌가1)

출처: 김선일, 앞의 글 (2023), p.31.

표 4.4 헌법재판소가 제시한 대상기관별 예외 사유 예시

국내주재 외국의 외교기관 등		• 외교기관이 아닌 금지장소 내에 위치한 다른 항의 대상에 대한 집회 • 외교기관의 업무가 없는 휴일에 행해지는 집회
국회의사당		• 국회의 업무가 없는 '공휴일이나 휴회기 등에 행하여지는 집회' • '국회의 활동을 대상으로 하지 않거나 부차적으로 국회에 영향을 미치고자 하는 의도가 내포되어 있는 집회'
국무총리 공관		• 국무총리를 대상으로 하지 아니한 집회
각급 법원	• 대상기관의 기능을 직접 저해할 가능성이 거의 없는 '소규모 집회' • 대규모 집회 또는 시위로 확산될 우려가 없는 '소규모 집회' • 폭력집회로 변질될 위험이 없는 '소규모 집회'	• 검찰청 등 법원 인근 국가기관이나 일반법인 또는 개인을 대상으로 한 집회로서 재판업무에 영향을 미칠 우려가 없는 집회 • 법원을 대상으로 한 집회라도 사법행정과 관련된 의사표시 전달을 목적으로 한 집회 등 법관의 독립이나 구체적 사건의 재판에 영향을 미칠 우려가 없는 집회
대통령 관저		• 대통령 등의 안전이나 대통령 관저 출입과 직접적 관련이 없는 장소에서 열리는 소규모 집회
국회의장 공관		• 국회의장 공관으로 출입하는 것과 무관한 지역이나 공관 부지에 접근하기 어려운 지역 등 국회의장에게 물리적 위해를 가하거나 공관으로의 출입 내지 안전에 위협을 가할 우려가 없는 장소에 여는 집회

출처: 김선일, 앞의 글 (2023), p.31-32.

4. 후순위 집회의 금지·제한

4.1. 후순위 집회의 금지

같은 시간대와 장소에서 2개 이상의 집회가 동시에 개최될 경우, 서로 방해를 받아 원활하게 집회를 진행할 수 없게 되어 집회의 권리가 침해될 수 있다. 특히 목적이 상반되는 단체일 때에는 상호 충돌하여 공공의 안녕질서를 확보하기 어렵게 될 가능성이 크다. 이를 예방하기 위하여 집시법은 제정 당시부터 집회·시위의 시간·장소가 경합하는 2개 이상의 신고가 있을 때는 후순위 집회·시위에 대해 금지통고할 수 있도록 규정하였다. 이후 '1989년 집시법'에서 '집회·시위의 목적이 상반되거나 방해가 된다고 인정될 경우'라는 법문을 추가하여 금지통고할 수 있는 범위를 축소하였다.

그러나 경찰관서에 집회·시위의 개최를 신고한 이후 실제로 집회·시위를 개최하지 않는 비율이 여전히 95%를 상회하고 있다.[20] 이 가운데, 견해를 달리하거나 상반된 입장을 주장하는 집회를 방해할 목적으로 장소를 선점하기 위하여 집회·시위를 신고하는 방법으로 집시법을 악용하는 사례가 다수 발생하면서 후순위 집회에 대한 금지통고가 집회·시위의 자유를 제한한다는 문제가 제기되었다. 또한 후순위 집회에 대한 금지통고가 절대적 금지가 아닌 상대적 금지조항이라는 점에서 그 목적이 상반되는지에 대한 구체적 판단 없이 일률적으로 금지를 통고하는 것에 대해서도 문제가 제기되었다. 대법원도 후순위 집회라는 이유로 금지통고한 집회를 개최하는 행위에 대해 사안에 따라 금지통고 위반에 해당하지 않는다고 판단하였다.

---

20) 2021년에 신고된 집회는 모두 3,579,541건이었으며, 이중에서 실제로 개최된 집회는 86,348건으로 미개최율이 95.59%에 이른다. 2012년부터 2021년까지 신고된 집회 중 미개최율은 95.59% ~ 97.42%로 나타났다. 경찰청, '집회신고 중 개최·미개최 현황', 2021 경찰통계연보, 경찰청 혁신기획조정담당관실 (2022), p.199.

[대법원 2014. 12. 11. 선고, 2011도13299 판결] 집회의 신고가 경합할 경우 특별한 사정이 없는 한 관할경찰관서장은 집시법 제8조제2항의 규정에 의하여 신고순서에 따라 뒤에 신고된 집회에 대하여 금지통고를 할 수 있지만, 먼저 신고된 집회의 참여예정인원, 집회의 목적, 집회개최장소 및 시간, 집회 신고인이 기존에 신고한 집회 건수와 실제로 집회를 개최한 비율 등 먼저 신고된 집회의 실제 개최 가능성 여부와 양 집회의 상반 또는 방해가능성 등 제반 사정을 확인하여 먼저 신고된 집회가 다른 집회의 개최를 봉쇄하기 위한 허위 또는 가장 집회신고에 해당함이 객관적으로 분명해 보이는 경우에는, 뒤에 신고된 집회에 다른 집회금지 사유가 있는 경우가 아닌 한, 관할경찰관서장이 단지 먼저 신고가 있었다는 이유만으로 뒤에 신고된 집회에 대하여 집회 자체를 금지하는 통고를 하여서는 아니 되고, 설령 이러한 금지통고에 위반하여 집회를 개최하였다고 하더라도 그러한 행위를 집시법상 금지통고에 위반한 집회개최행위에 해당한다고 보아서는 아니된다.

4.2. 후순위 집회에 관한 사전 협의 의무

2016년에 현행 집시법과 같이 개정하면서 후순위 집회 금지에 관한 규정이 정비되었다. 2개 이상의 집회·시위가 시간과 장소가 중복되더라도 사전 조정을 통해 양자 모두 집회·시위를 개최할 수 있도록 최대한 노력하되, 그럼에도 불구하고 충돌의 가능성이 명백할 때 집회·시위를 금지할 수 있도록 해당 규정을 개정한 것이다.

집시법 제8조【집회 및 시위의 금지 또는 제한통고】 ② 관할경찰관서장은 집회 또는 시위의 시간과 장소가 중복되는 2개 이상의 신고가 있는 경우 그 목적으로 보아 서로 상반되거나 방해가 된다고 인정되면 각 옥외집회 또는 시위 간에 시간을 나누거나 장소를 분할하여 개최하도록 권유하는 등 각 옥외집회 또는 시위가 서로 방해되지 아니하고 평화적으로 개최·진행될 수 있도록 노력하여야 한다.
③ 관할경찰관서장은 제2항에 따른 권유가 받아들여지지 아니하면 뒤에 접수된 옥외집회 또는 시위에 대하여 제1항에 준하여 그 집회 또는 시위의 금지를 통고할 수 있다.

④ 제3항에 따라 뒤에 접수된 옥외집회 또는 시위가 금지통고된 경우 먼저 신고를 접수하여 옥외집회 또는 시위를 개최할 수 있는 자는 집회 시작 1시간 전에 관할경찰관서장에게 집회 개최 사실을 통지하여야 한다.

따라서 같은 시간 및 장소에서 2개 이상의 집회·시위를 신고할 경우, 먼저 신고한 집회를 우선하여 보장하여야 하지만, 후순위 집회신고라고 하더라도 집회의 목적 등이 상반되거나 먼저 신고된 집회가 방해받을 수 있는지 등을 확인하여 선·후순위 집회주최자 양측의 집회 권리가 최대한 보장되도록 노력하는 경찰의 조치가 우선되어야 한다. 구체적으로 양측의 사전 협의를 통해 집회 장소를 분리하거나, 오전·오후 등으로 시간을 나누어 교대로 개최하는 방법 등을 통해 상호 집회가 방해받지 않고 평화적으로 개최될 수 있도록 적극적인 경찰의 노력을 요구한다.

이러한 노력에도 불구하고 상호 간에 이견 조율이 이루어지지 않고, 선·후 집회의 성격, 장소, 목적, 인원 등을 종합적으로 고려하여 상호 충돌 및 방해의 가능성이 인정될 때는 금지통고를 할 수 있을 것이다. 다만 이 경우에도 선순위 집회 신고가 있다는 이유만으로 후순위 집회에 대해 금지통고를 하는 것보다는 장소 경합 이외의 다른 금지 요건에 해당하는지를 폭넓게 검토할 필요가 있다. 가능하다면 제한통고 등의 방법이나 완충지대를 설정하는 등 최대한 양측의 집회의 자유를 보장할 수 있도록 노력하여야 한다.

4.3. 집시법 제15조에 해당하는 집회와 경합하는 경우

집시법 제15조는 학문, 예술, 체육, 종교, 의식, 친목, 오락, 관혼상제 및 국경행사에 관한 집회에 대해 집회신고 의무의 적용을 배제하고 있다. 이 때문에 집회주최자가 집회를 개최하기 위해 신고한 장소와 시간에 마라톤과 같은 체육행사나 부처님오신날 연등행진과 같이 집시법 제15조에 해당하는 집회가 예정되었다면 어느 집회를 선순위 집회로 보아야 하는지가 문제가 될 수 있다.

이에 대해 법원은 집시법 제15조에 해당하여 집시법 제6조에 따른 신고의무의 적용을 받지 않는 집회라고 하더라도 집회 개최 사실을 경찰관서에 알렸다면 이를 집회신고로 볼 수 있다고 판단하였다.[21] 집시법 제15조에 해당하는 집회의 주최자가 집회와 관련한 내용을 경찰관서에 협조요청과 같은 문서로 알렸다면, 집시법 제6조의 적용을 받지 않기 때문에 신고시기 또는 신고방법 등 집시법에 규정된 신고의 요건을 준수하지 않았다고 하더라도 부적법한 집회신고라고 할 수 없다는 것이다. 따라서 집회신고 이전에 집시법 제15조에 해당하는 집회와 관련한 내용이 경찰관서에 문서 등으로 통보되었다면 선순위 집회신고의 지위를 갖는다고 할 수 있다.

5. 시설보호요청에 의한 금지·제한

집시법 제8조【집회 및 시위의 금지 또는 제한통고】⑤ 다음 각 호의 어느 하나에 해당하는 경우로서 그 거주자나 관리자가 시설이나 장소의 보호를 요청하는 경우에는 집회나 시위의 금지 또는 제한을 통고할 수 있다. 이 경우 집회나 시위의 금지통고에 대하여는 제1항을 준용한다.
1. 제6조제1항의 신고서에 적힌 장소(이하 이 항에서 "신고장소"라 한다)가 다른 사람의 주거지역이나 이와 유사한 장소로서 집회나 시위로 재산 또는 시설에 심각한 피해가 발생하거나 사생활의 평온(平穩)을 뚜렷하게 해칠 우려가 있는 경우
2. 신고장소가 「초·중등교육법」제2조에 따른 학교의 주변 지역으로서 집회 또는 시위로 학습권을 뚜렷이 침해할 우려가 있는 경우
3. 신고장소가 「군사기지 및 군사시설 보호법」제2조제2호에 따른 군사시설의 주변 지역으로서 집회 또는 시위로 시설이나 군 작전의 수행에 심각한 피해가 발생할 우려가 있는 경우

특정인의 거주지 등에서 잦은 집회·시위로 인하여 그 지역에 거주하는 다른 사람이나 건물의 관리자가 사생활의 평온을 침해받거나 재산 또는 시설의 이용

---

21) 서울행정법원 2019. 2. 28. 선고, 2019아270 결정.

을 제한받게 되어 불이익을 받을 수 있다면, 집회·시위의 자유와 개인의 사유 재산권 및 사생활 보호라는 기본권의 충돌이 있게 된다. 이에 따라 집시법은 '1999년 집시법'에서 예외적으로 개인의 사생활 및 재산권을 보호하여야 할 필요가 있는 경우에 당사자의 요청에 따라 집회·시위를 금지 또는 제한할 수 있도록 하는 규정을 신설하였다. '2004년 집시법'에서는 타인의 주거지역 등에서 학교 주변 지역 및 군사시설 주변 지역으로 그 범위를 확대하였다.

시설보호 요청은 이유 등을 명확하게 밝혀 관할 경찰관서장 또는 집회·시위 장소에 있는 경찰관에게 서면 또는 구두로 요청할 수 있으며, 구두로 요청할 때에는 지체 없이 그 이유 등을 밝힌 서면을 제출하도록 하고 있다.

집시법 시행령 제5조【주거지역 등에서의 집회 또는 시위의 제한·금지 요청】법 제8조 제5항에 따른 시설이나 장소의 보호 요청은 주거지역이나 이와 유사한 장소의 거주자나 관리자 또는 학교나 군사시설의 거주자나 관리자가 그 이유 등을 명확하게 밝혀 관할 경찰관서장이나 집회 또는 시위의 장소에 있는 경찰공무원에게 서면이나 구두로 하여야 한다. 이 경우 구두로 요청할 때에는 지체 없이 그 이유 등을 명확하게 밝힌 서면을 제출하여야 한다.

서면은 특정한 양식은 필요로 하지 않고 서면의 형태라면 충분하며, 접수는 「민원 처리에 관한 법률」상의 절차를 준용한다. 보호요청의 주체는 주거지역은 거주자, 학교는 학교장, 군사시설은 부대장 등이다.

보호요청을 접수하려면 보호를 요청하는 사람이 해당 지역에서 집회·시위로 심각한 피해를 볼 우려가 있는지를 확인해야 하는데, 경찰이 해당 지역에서 집회가 있는지에 대해 사전에 알려주어야 할 의무는 없다. 다만 집회·시위를 금지하거나 제한할 때는 집회·시위로 인한 실질적 피해 여부 등을 종합적으로 판단하여 시설보호 요청자의 피해가 명백한 경우에 최소한의 범위에서 집회·시위를 금지 또는 제한하여 집회의 자유가 부당하게 침해받지 않도록 하여야 할 것이다.

5.1. 주거지역 및 이와 유사한 장소

집시법은 '주거지역' 및 '주거지역과 유사한 장소'에서의 집회·시위로부터 '사생활의 평온'을 보호하기 위하여 집회·시위를 제한할 수 있도록 하고 있다. '주거지역'은 「국토의 계획 및 이용에 관한 법률」 제36조 제1항 제1호 가목에서 '거주의 안녕과 생활환경의 보호를 위하여 필요한 지역'으로 정하고 있으며, '주거지역과 유사한 지역'이 어디까지인지에 대해 집시법 시행령 제4조 제1항에서 '주택 또는 사실상 주거 용도로 사용되고 있는 건축물이 있는 지역과 이와 인접한 공터·도로 등을 포함한 장소'로 폭넓게 규정하고 있다.

> **집시법 시행령 제4조【주거지역 등의 범위】** ① 법 제8조제5항제1호에서 "이와 유사한 장소"란 주택 또는 사실상 주거의 용도로 사용되고 있는 건축물이 있는 지역과 이와 인접한 공터·도로 등을 포함한 장소를 말한다.

주택·준주택

집시법 시행령 제4조 제1항에서 규정한 주택 또는 사실상 주거의 용도로 사용되고 있는 건축물은 「주택법」 제2조 제1호 내지 제4호에서 규정한 주택(단독주택·공동주택) 및 준주택을 말한다.

> **주택법 제2조【정의】** 이 법에서 사용하는 용어의 뜻은 다음과 같다.
> 1. "주택"이란 세대(世帶)의 구성원이 장기간 독립된 주거생활을 할 수 있는 구조로 된 건축물의 전부 또는 일부 및 그 부속토지를 말하며, 단독주택과 공동주택으로 구분한다.
> 2. "단독주택"이란 1세대가 하나의 건축물 안에서 독립된 주거생활을 할 수 있는 구조로 된 주택을 말하며, 그 종류와 범위는 대통령령으로 정한다.
> 3. "공동주택"이란 건축물의 벽·복도·계단이나 그 밖의 설비 등의 전부 또는 일부를 공동으로 사용하는 각 세대가 하나의 건축물 안에서 각각 독립된 주거생활을 할 수 있는 구조로 된 주택을 말하며, 그 종류와 범위는 대통령령으로 정한다.

4. "준주택"이란 주택 외의 건축물과 그 부속토지로서 주거시설로 이용가능한
   시설 등을 말하며, 그 범위와 종류는 대통령령으로 정한다.

또한 「건축법 시행령」 제3조의5와 관련한 [별표 1]에서 용도별 건축물의 종
류를 규정하면서 단독주택 및 공동주택의 형태를 갖춘 가정어린이집·공동생활
가정·지역아동센터 및 노인복지시설(노인복지주택은 제외한다) 및 「주택법 시행령」
제10조 제1항 제1호에 따른 원룸형 공동주택을 주택에 포함하고 있다.

건축법 시행령 [별표1] 용도별 건축물의 종류 (제3조의5 관련) 中
1. 단독주택[단독주택의 형태를 갖춘 가정어린이집·공동생활가정·지역아동센터
   및 노인복지시설(노인복지주택은 제외한다)을 포함한다]
   가. 단독주택
   나. 다중주택: 다음의 요건을 모두 갖춘 주택을 말한다.
      1) 학생 또는 직장인 등 여러 사람이 장기간 거주할 수 있는 구조로 되어
         있는 것
      2) 독립된 주거의 형태를 갖추지 아니한 것(각 실 별로 욕실은 설치할 수
         있으나, 취사시설은 설치하지 아니한 것을 말한다. 이하 같다)
      3) 1개 동의 주택으로 쓰이는 바닥면적의 합계가 330제곱미터 이하이고
         주택으로 쓰는 층수(지하층은 제외한다)가 3개 층 이하일 것
   다. 다가구주택: 다음의 요건을 모두 갖춘 주택으로서 공동주택에 해당하지
      아니하는 것을 말한다.
      1) 주택으로 쓰는 층수(지하층은 제외한다)가 3개 층 이하일 것. 다만, 1층
         의 전부 또는 일부를 필로티 구조로 하여 주차장으로 사용하고 나머지
         부분을 주택 외의 용도로 쓰는 경우에는 해당 층을 주택의 층수에서
         제외한다.
      2) 1개 동의 주택으로 쓰이는 바닥면적(부설 주차장 면적은 제외한다. 이
         하 같다)의 합계가 660제곱미터 이하일 것
      3) 19세대(대지 내 동별 세대수를 합한 세대를 말한다) 이하가 거주할 수
         있을 것
   라. 공관(公館)

2. 공동주택[공동주택의 형태를 갖춘 가정어린이집·공동생활가정·지역아동센터·
   노인복지시설(노인복지주택은 제외한다) 및 「주택법 시행령」 제10조제1항제
   1호에 따른 원룸형 주택을 포함한다]. 다만, 가목이나 나목에서 층수를 산정
   할 때 1층 전부를 필로티 구조로 하여 주차장으로 사용하는 경우에는 필로티

   부분을 층수에서 제외하고, 다목에서 층수를 산정할 때 1층의 전부 또는 일부
   를 필로티 구조로 하여 주차장으로 사용하고 나머지 부분을 주택 외의 용도
   로 쓰는 경우에는 해당 층을 주택의 층수에서 제외하며, 가목부터 라목까지의
   규정에서 층수를 산정할 때 지하층을 주택의 층수에서 제외한다.
   가. 아파트: 주택으로 쓰는 층수가 5개 층 이상인 주택
   나. 연립주택: 주택으로 쓰는 1개 동의 바닥면적(2개 이상의 동을 지하주차장
      으로 연결하는 경우에는 각각의 동으로 본다) 합계가 660제곱미터를 초
      과하고, 층수가 4개 층 이하인 주택
   다. 다세대주택: 주택으로 쓰는 1개 동의 바닥면적 합계가 660제곱미터 이하
      이고, 층수가 4개 층 이하인 주택(2개 이상의 동을 지하주차장으로 연결
      하는 경우에는 각각의 동으로 본다)
   라. 기숙사: 학교 또는 공장 등의 학생 또는 종업원 등을 위하여 쓰는 것으로서
      1개 동의 공동취사시설 이용 세대 수가 전체의 50퍼센트 이상인 것(「교육
      기본법」 제27조제2항에 따른 학생복지주택을 포함한다)

따라서 이와 같은 주택 또는 준주택에 포함되는 장소의 인근에서 개최되는
집회·시위에 대하여 거주자 또는 관리자의 시설보호 요청이 있는 경우, 집회·
시위가 금지 또는 제한될 수 있다.

병원 및 숙박시설

병원의 경우에는 입원실이 있고 장기 치료 중인 환자들이 있어 주거지역 등
의 범위에 포함해야 한다는 견해도 있으나, 주거지역과 이와 유사한 장소에서의
사생활의 평온을 목적으로 하는 입법 취지를 고려할 때 일시적인 거주라고 볼
수 있는 병원의 경우는 집시법의 보호 대상의 범주에 포함하기 어렵다.

또한 여관·호텔 등의 숙박시설의 경우에도 주거 목적으로 건축된 것은 아니

나, 「건축법」상 숙박시설인 고시원을 장기투숙자의 현실적인 거주 등을 고려하여 준주택으로 포함하고 있는 취지에 비추어 집시법의 보호 대상으로 포함할 수 있는 여지는 있다.

생각건대, 병원 및 숙박시설에 대해서도 집회·시위로 인한 사생활의 평온을 보호해야 할 필요성은 인정된다고 할 수 있다. 그러나 사회 일반의 공감대가 형성하지 않은 채 병원이나 숙박시설까지 주거지역 등에 포함한다면 집회·시위의 자유를 명시적인 법적 근거 없이 제한한다는 비판을 받을 수 있다. 따라서 사회적 합의를 거쳐 병원이나 숙박시설 주변을 집시법 제8조 제5항 제1호에 따라 집회·시위를 금지 또는 제한할 수 있는 대상 장소에 포함하지 않는 이상 이들 장소 주변의 집회·시위를 사생활의 평온 등을 이유로 금지·제한해서는 안 된다.

주거지역에서 제한되는 행위

주거지역 등에서의 집회·시위를 제한하는 것은 집시법 시행령 제6조의 규정에 따라 집회·시위의 일시·장소, 참가인원, 확성기 등 사용, 구호제창, 낙서, 유인물배포 등 집회·시위의 방법을 제한할 수 있다.

> **집시법 시행령 제6조【주거지역 등에서의 집회 또는 시위의 제한 내용】** 법 제8조제5항에 따라 집회 또는 시위를 제한할 수 있는 내용은 다음 각 호와 같다.
> 1. 집회 또는 시위의 일시·장소 및 참가인원
> 2. 확성기등의 사용, 구호의 제창, 낙서, 유인물 배포 등 집회 또는 시위의 방법

이때 보호해야 할 법익인 '사생활의 평온'은 '거주의 안녕과 건전한 생활환경'으로 이해할 수 있으며, 집시법 시행령 제4조 제2항에서 구체적인 행위태양을 규정하고 있다.

> **집시법 시행령 제4조【주거지역 등의 범위】** ② 법 제8조제5항제1호에 따른 재산 또는 시설에 피해가 발생하거나 사생활의 평온을 해치는 경우란 함성, 구호의 제창, 확성기·북·징·꽹과리 등 기계·기구(이하 "확성기등"이라 한다)의 사용, 사람에게 모욕을 줄 수 있는 구호·낙서 및 유인물 배포, 돌·화염병의 투척 등 폭력행위나 그 밖

의 방법으로 재산·시설에 손해를 입히거나 사생활의 평온을 해치는 것을 말한다.

나아가 재산·시설의 훼손이나 사생활의 평온을 뚜렷하게 해할 수 있는 것이라면 집시법 시행령 제4조 제2항의 예시 이외에도 '피해' 또는 '사생활의 평온을 뚜렷하게 해칠 우려'는 주민들의 이동권을 제한하거나 차단하는 경우, 또는 소음 규정을 준수하였다고 하더라도 사회상규에 반하여 그 정도가 사생활의 평온을 뚜렷하게 해칠 우려가 있다고 볼 수 있는 경우 등 인근 주민들이 평온하게 살기 어려운 상태를 초래하는 일체의 행위를 말한다.

[대법원 2011. 10. 13. 선고, 2009도13846 판결] 2006. 10. 23부터 집회장소에서 천막 2개 동을 설치하고 생활하면서 확성기가 설치된 승합차를 이용하여 노동가요와 자신의 요구사항을 수시로 방송하여 업무방해죄로 수회에 걸쳐 처벌받은 사실, 위와 같이 계속되는 집회에 따른 소음으로 피해를 입는다는 112 신고가 2008. 7. 4~8. 14까지 사이만 해도 50회 남짓에 이르며 경찰의 소극적·미온적 대응에 항의하는 내용의 인터넷 민원이 제기되기도 한 사실, 집회장소와 인접한 거리에 위치한 마을 주민들은 수년간 집회 소음으로 인한 피해를 해소하고자 여러 차례 민원을 제기하였으나 해결되지 않자 법원에 확성기 사용금지 가처분을 신청하기 위하여 연대 서명을 한 사실 등을 종합하면 '사생활의 평온을 뚜렷하게 해칠 우려가 있는 경우'에 해당한다고 판단되어 집회를 금지통고한 것은 적법하다.

다만 주거지역의 경우, 특정 거주자 개인 또는 소수의 요청만으로 집회·시위를 금지 또는 제한할 때는 결과적으로 사인(私人)에 의해 집회를 금지·제한하는 것에 해당할 수 있으므로 부적절하다고 할 수 있다. 따라서 주거지역 등에서의 집회·시위 금지·제한 여부는 집회·시위의 권리와 타인의 사생활 보호 등을 비교형량하여 양 당사자의 기본권이 조화될 수 있는 방향으로 결정하는 것이 바람직하다.

[서울행정법원 2013. 6. 5. 선고, 2012구합18608 결정]22) [집시]법 제8조 제3항 제1호를 근거로 집회 금지통고를 하기 위해서는 집회장소가 다른 사람의 주거지역이나 이와 유사한 장소로서 집회나 시위로 재산 또는 시설에 심각한 피해가

발생하거나 사생활의 평온(平穩)을 뚜렷하게 해칠 우려가 있는 경우에 해당하여야 하고 이에 대해서는 피고가 그 입증책임을 진다고 할 것이나, 피고가 제출한 증거로는 위에서 인정한 바와 같이 이 사건 집회의 개최 장소가 제2종 일반주거지역에 속하고 그 주변의 주민들이 피고에게 집회 금지를 청원한 사실만을 인정할 수 있을 뿐, 더 나아가 이 사건 집회로 말미암아 시행령 제4조 제2항이 규정한 모습으로 주민들의 재산 또는 시설에 심각한 피해가 발생하거나 사생활의 평온을 뚜렷하게 해칠 우려가 있다고 인정할 수 없고, 시행령 제6조에 따라 집회의 규모나 방법을 제한하는 수준을 넘어 집회 자체를 금지할 특별한 사정이 있다고 보기도 어렵다.

5.2. 학교의 주변지역

집시법 제8조 제5항 제2호는 집회·시위 장소가 「초·중등교육법」 제2조에 따른 학교의 주변 지역에 해당하고, 그 집회·시위로 인하여 학습권을 뚜렷이 침해할 우려가 있으며, 학교장 등 관리자의 보호 요청이 있는 경우 학습권을 보호하기 위하여 집회·시위를 금지·제한할 수 있도록 하고 있다. 여기서 학교는 「초·중등교육법」 제2조에서 규정한 학교를 말한다.

초·중등교육법 제2조【학교의 종류】 초·중등교육을 실시하기 위하여 다음 각 호의 학교를 둔다.
1. 초등학교·공민학교 2. 중학교·고등공민학교 3. 고등학교·고등기술학교 4. 특수학교 5. 각종학교

이때 '각종학교'는 「초·중등교육법」 제2조 제1호 내지 4호의 학교와 유사한 교육기관으로 관계 법령에 따라 학력이 인정되는 학교로, 외국에서 일정기간 거주하고 귀국한 내국인 중 대통령령으로 정하는 사람, 「국적법」 제4조에 따라 국

---

22) 전국금속노동조합에서 '쌍용차 정리해고 희생자 추모문화제'를 2012년 6월 15일에 서울 종로구 신교동 새마을금고 앞 인도에서 개최하고자 종로경찰서에 제출한 집회신고에 대해 종로경찰서가 후순위 집회 및 사생활 평온에 현저한 침해 우려를 이유로 금지통고한 사안에서 사생활 평온에 대한 침해 우려와 관련하여 판단한 사례이다.

적을 취득한 자의 자녀 중 해당 학교의 장이 대통령령으로 정하는 기준과 절차에 따라 학업을 지속하기 어렵다고 판단한 사람, 외국인의 자녀를 교육하기 위하여 설립된 학교인 '외국인학교'(초·중등교육법 제60조의2), 학업을 중단하거나 개인적 특성에 맞는 교육을 받으려는 학생을 대상으로 현장 실습 등 체험 위주의 교육, 인성 위주의 교육 또는 개인의 소질·적성 개발 위주의 교육 등 다양한 교육을 하는 학교인 '대안학교'(초·중등교육법 제60조의3) 등을 포함한다.

따라서 「유아교육법」상 학교에 해당하는 유치원,[23] 「영유아보육법」의 적용을 받는 어린이집, 「고등교육법」을 적용받는 전문대학이나 대학 등은 집시법의 적용 대상이 되는 '학교'에 해당하지 않는다. 또한 도서관·학원 등의 학습 관련 시설이나 미인가 사설학교의 경우에도 학습권 보호를 이유로 집시법 제8조 제5항 제2호의 보호 대상에 포함된다고 할 수도 있으나, 「초·중등교육법」 제2조에 규정된 학교는 아니므로 이에 포함되지 않는다.

'학습권'이라 함은 학생들이 평온하게 교육을 받을 권리를 의미한다. 그러나 휴교령으로 학생들이 장기간 등교하지 않으므로 학습권이 침해되지 않는 상황이라면 집시법의 보호대상이 되는 학교로 볼 수 없다. 학습이 이루어지는 수업의 경우에 정규수업은 물론 자율학습 등도 포함되며, 학생들은 모두 하교하고 교사들만 남아서 학생들의 교육 준비를 하고 있어도 보호 대상이 된다. 다만 학생들이 없는 학교의 경우 침해받는 학습권의 범위가 상대적으로 작다고 할 수 있으므로 집회·시위를 금지·제한할 경우와 신중한 비교형량이 필요하다.

'뚜렷이 침해'한다고 하는 것은 집회·시위로 통행의 제한 또는 차단, 소란·소음·진동으로 학교수업 또는 그 준비가 제대로 진행될 수 없는 상태에 이르게 하는 것을 의미한다.

학습권을 보호하기 위한 집회·시위의 금지·제한은 학교의 출입문, 담장 및 이와 인접한 공터나 도로 등 주변 지역에 적용된다.

집시법 시행령 제4조【주거지역 등의 범위】③ 법 제8조제5항제2호 및 제3호에서 "주

---

[23] 유치원의 경우, 본래 「초·중등교육법」상 학교에 해당하였으나 2004. 1. 29. 법률 제7120호로 「유아교육법」이 별도로 제정되면서 「초·중등교육법」에서 삭제되었다.

변 지역"이란 학교 또는 군사시설의 출입문, 담장 및 이와 인접한 공터·도로 등을 포함한 장소를 말한다.

5.3. 군사시설 주변지역

집회·시위의 자유는 헌법상 기본권으로 보장되어야 하는 권리이나, 이로 인하여 국가의 안위와 직결되는 군사시설의 기능에 방해를 주거나 군부대의 작전을 수행하는 데 문제가 발생하는 것을 예방할 필요가 있다. 이에 따라 집시법은 군사시설 주변에서도 일정한 경우에 집회·시위를 금지할 수 있도록 하고 있다.

'군사시설'은 전투진지, 군사목적을 위한 장애물이나 폭발물 관련 시설, 사격장, 훈련장, 군용전기통신설비 및 그 밖의 군사목적에 직접 공용(供用)되는 시설로, 「군사기지 및 군사시설보호법」 제23조의 규정에 따라 주한미군 등 외국군의 군사시설도 여기에 포함된다.

군사기지 및 군사시설보호법 제2조【정의】 이 법에서 사용하는 용어의 정의는 다음과 같다.
1. "군사기지"란 군사시설이 위치한 군부대의 주둔지·해군기지·항공작전기지·방공(防空)기지·군용전기통신기지, 그밖에 군사작전을 수행하기 위한 근거지를 말한다.
2. "군사시설"이란 전투진지, 군사목적을 위한 장애물, 폭발물 관련 시설, 사격장, 훈련장, 군용전기통신설비, 그밖에 군사목적에 직접 공용(供用)되는 시설을 말한다.

군사기지 및 군사시설보호법 제23조【외국군 군사기지 및 군사시설에의 적용】 이 법은 「헌법」에 규정된 절차에 따라 대한민국에 주류(駐留)하는 외국군의 군사기지 및 군사시설에 대하여도 적용한다.

또한 '군사시설의 주변지역'이라 함은 군사시설의 출입문·담장 및 이와 인접한 공터·도로 등을 포함하는 장소로서, 그 지역에서 집회·시위가 개최되는 경우 군사시설 등에 피해를 줄 수 있는 범위의 지역을 말한다.

이때 '심각한 피해'는 집회·시위로 인하여 통행이 제한 또는 차단되거나, 점거, 손괴, 방화 등으로 군사시설 기능의 전부 또는 주요 부분을 상실하거나 군부대의 작전 수행에 상당한 지장이 초래되는 장애가 발생하는 것을 의미한다. 따라서 단순히 피해가 예상된다는 이유만으로 집회·시위를 금지·제한할 수 없다고 해석하는 것이 타당하다. 또한 심각한 피해가 예상되는 경우라고 하더라도 즉시 금지통고를 하기보다는 시위용품이나 거리를 제한하는 등의 방법으로 집회·시위의 자유를 보장할 수 있도록 해야 하며, 제한통고만으로는 군사시설 또는 군 작전 수행의 보호가 어렵다고 인정되는 때에만 금지통고하는 것이 바람직하다.

6. 교통 소통을 위한 금지·제한

집시법 제12조【교통 소통을 위한 제한】① 관할경찰관서장은 대통령령으로 정하는 주요 도시의 주요 도로에서의 집회 또는 시위에 대하여 교통 소통을 위하여 필요하다고 인정하면 이를 금지하거나 교통질서 유지를 위한 조건을 붙여 제한할 수 있다.
② 집회 또는 시위의 주최자가 질서유지인을 두고 도로를 행진하는 경우에는 제1항에 따른 금지를 할 수 없다. 다만, 해당 도로와 주변 도로의 교통 소통에 장애를 발생시켜 심각한 교통 불편을 줄 우려가 있으면 제1항에 따른 금지를 할 수 있다.

집시법에서는 주요 도시의 주요 도로에서 도로의 원활한 소통을 위하여 집회·시위를 제한하거나 금지할 수 있도록 규정하고, 집시법 시행령 [별표 1]에서 규정한 주요 도시의 일반도로와 고속도로 및 자동차 전용도로를 주요 도로로 지정하고 있다. 집회·시위에 대한 금지 및 제한은 공공의 안녕질서와 조화를 이루는 범위 안에서 최소한의 금지·제한에 그쳐야 하므로 집회의 참가 인원이나 방법을 제한하는 것만으로도 교통 소통의 장애를 줄여 공공의 안녕질서와 조화를 이룰 수 있음에도 교통 소통을 이유로 금지통고를 한다면 이는 재량권의 일탈에 해당한다고 할 수 있다. 특히 교통 소통에 장애를 일으켜 심각한 교통 불편을 줄 우려가 있다고 하더라도 먼저 제한통고 처분을 하고, 금지통고는 직접적이고 명백한 위험이 예견되는 때에만 최후적·보충적으로 적용해야 한다.

[서울고등법원 1998. 12. 29. 선고, 98누11290 판결] 원활한 교통 소통을 위해서는 시위 참가인원 및 행진노선과 행진방법의 제한 등 조건을 부과하는 것만으로도 그 목적을 달성할 수 있음에도 교통소통에 지장을 초래할 우려가 있다는 이유로 시위자체를 원천적으로 금지한 경찰서장의 처분은 재량권의 범위를 일탈하여 위법하다.

'도로를 행진'하는 경우란 "다수인이 공동 목적을 가지고 도로를 진행하면서 정지하거나 연좌하는 등 중간집회를 하지 않고 계속 진행하는 경우"를 말한다.[24] 집시법 시행령에 규정된 주요 도시의 주요 도로에서의 집회·시위에 대해 교통 소통을 위하여 필요하다고 인정되는 경우에는 일정한 조건을 붙여 제한할 수 있으며, 이때 해당 도로의 교통 여건 및 행진의 성격이나 규모 등을 종합적으로 판단하여 교통질서 유지를 위한 조건을 구체적으로 정하여 통고하여야 한다.

다만 '2004년 집시법'에서 행진으로 인하여 해당 도로와 주변 도로의 교통소통에 장애를 발생시켜 심각한 교통 불편을 줄 우려가 있을 때에는 예외적으로 금지할 수 있도록 개정하였다. 이 경우에도 해당 도로의 교통량, 도로의 폭, 행진 거리, 행진 인원 및 행진 시간대 등을 종합적으로 검토하여 행진으로 인해 해당 도로뿐만 아니라 주변 도로까지 차량 소통에 심각한 장애를 발생시킬 우려가 있는지를 신중하게 검토하는 것이 바람직하다.

[서울고등법원 1998. 12. 29. 선고, 98누11290 판결] 법 제12조제2항에 의하여 '금지 또는 제한할 수 없는 도로의 행진'이라 함은 도로·광장·공원 등 공중이 자유로이 통행할 수 있는 장소를 진행하면서 하는 시위로써 다른 사람의 이전의 자유와 공공의 안녕질서를 크게 침해하지 않는 시위를 의미한다. 따라서 단순히 도로를 진행하는 것이 아니라 3,000여명이 4열 종대로 정부종합청사를 에워싸고 연좌시위도 벌이는 것을 계획하고 있을 경우, 비록 질서유지인을 둔다 하더라도 이는 법 제12조제2항에 의하여 아무런 제한 없이 허용되는 행진이라고 볼 수 없다.

---

24) 서울고등법원 1998. 12. 29 선고, 98누11290 판결.

한편 집시법 시행령 제12조 제2항은 주요 도로에서의 집회 또는 시위에 대하여 교통질서를 유지하기 위한 조건을 붙여 제한하는 경우에는 제한의 구체적인 사유와 제한 조건을 명시하여 서면으로 주최자에게 통보하도록 하고 있다.

집시법 시행령 제12조【주요 도시의 주요 도로에서의 집회·시위】② 관할 경찰관서장은 법 제12조제1항에 따라 주요 도시의 주요 도로에서의 집회 또는 시위에 대하여 교통질서를 유지하기 위한 조건을 붙여 제한하는 경우에는 서면으로 그 조건을 구체적으로 밝혀 주최자에게 알려야 한다.

6.1. 고속도로 및 자동차 전용도로

고속도로 및 자동차 전용도로의 경우는 집시법 제12조의 주요 도로로 지정된 것과 함께 「도로교통법」 제2조에서 자동차만이 통행할 수 있는 도로로서 사람의 보행을 금지하고 있다.

도로교통법 제63조【통행 등의 금지】 자동차(이륜자동차는 긴급자동차만 해당한다) 외의 차마의 운전자 또는 보행자는 고속도로등을 통행하거나 횡단하여서는 아니 된다.

따라서 이들 도로에서는 보행을 전제로 하는 옥외집회나 도보시위는 물론 행진도 당연히 할 수 없다. 즉 보행을 전제로 하는 옥외집회·도보시위 및 행진을 금지·제한할 수 있는 주요 도로는 사람·행렬의 통행이 가능한 일반도로 중에서 주요 도로로 지정된 도로를 의미하고, 고속도로 및 자동차 전용도로는 주요도로로 지정되었음에도 「도로교통법」 제63조에 따라 당연히 옥외집회·도보시위 및 행진을 할 수 없는 것으로 해석된다.

다만 고속도로 휴게소나 톨게이트 인근 도로관리공사 건물 앞에서의 집회 등도 금지 대상인지가 문제가 될 수 있다. 「도로법」 제2조 제2호는 '도로의 부속물'에는 휴게시설이나 통행료 징수시설 등도 포함하는 것으로 정의하고 있다.

도로법 제2조【정의】이 법에서 사용하는 용어의 뜻은 다음과 같다.
1. "도로"란 차도, 보도(步道), 자전거도로, 측도(側道), 터널, 교량, 육교 등 대통령령으로 정하는 시설로 구성된 것으로서 제10조에 열거된 것을 말하며, 도로의 부속물을 포함한다.
2. "도로의 부속물"이란 도로관리청이 도로의 편리한 이용과 안전 및 원활한 도로교통의 확보, 그밖에 도로의 관리를 위하여 설치하는 다음 각 목의 어느 하나에 해당하는 시설 또는 공작물을 말한다.
    가. 주차장, 버스정류시설, 휴게시설 등 도로이용 지원시설
    나. 시선유도표지, 중앙분리대, 과속방지시설 등 도로안전시설
    다. 통행료 징수시설, 도로관제시설, 도로관리사업소 등 도로관리시설
    라. 도로표지 및 교통량 측정시설 등 교통관리시설
    마. 낙석방지시설, 제설시설, 식수대 등 도로에서의 재해 예방 및 구조 활동, 도로환경의 개선·유지 등을 위한 도로부대시설
    바. 그밖에 도로의 기능 유지 등을 위한 시설로서 대통령령으로 정하는 시설

즉 휴게소나 톨게이트 등도 주요 도로의 '도로 및 도로의 부속물'에 포함되는 것으로 해석할 수 있다. 그러나 휴게소 등에서는 도로의 교통 소통에 미치는 영향이 크지 않을 뿐만 아니라 실질적인 안전사고의 위험도 상대적으로 크지 않다는 점에서 해당 장소에서의 집회·시위를 일괄적으로 금지하는 것은 비례의 원칙에 위반될 소지가 있다. 따라서 고속도로 휴게소 또는 톨게이트 등에서 이루어지는 집회·시위를 신고하는 경우에는 금지통고하기보다는 교통질서 유지를 위한 조건을 통보하거나 질서유지선을 설정하는 등 교통 소통 장애 및 안전사고를 예방하는 데 필요한 조치를 전제로 집회·시위의 자유를 보장하는 것이 바람직하다.

6.2. 자동차 시위

'자동차 시위'는 고속도로 및 자동차 전용도로뿐만 아니라 주요 도로로 지정되지 아니한 일반도로 및 공원 등의 공공장소에서 개최될 때도, 최근 교통량 증가 추세에 비추어 일반 시민의 극심한 교통 불편과 공공의 안녕과 질서유지에 위해를 초래할 우려가 명백하다. 또한 「도로교통법」 제46조(공동위험 행위의 금

지), 제48조(안전운전의 의무), 제49조(모든 운전자의 준수사항 등) 등에 위반되는 불법행위에 해당될 수 있다.

> **도로교통법 제46조【공동 위험행위의 금지】** ① 자동차등의 운전자는 도로에서 2명 이상이 공동으로 2대 이상의 자동차등을 정당한 사유 없이 앞뒤로 또는 좌우로 줄지어 통행하면서 다른 사람에게 위해(危害)를 끼치거나 교통상의 위험을 발생하게 하여서는 아니 된다.

> **도로교통법 제48조【안전운전 및 친환경 경제운전의 의무】** ① 모든 차 또는 노면전차의 운전자는 차 또는 노면전차의 조향장치와 제동장치, 그 밖의 장치를 정확하게 조작하여야 하며, 도로의 교통상황과 차 또는 노면전차의 구조 및 성능에 따라 다른 사람에게 위험과 장해를 주는 속도나 방법으로 운전하여서는 아니 된다.

> **도로교통법 제49조【모든 운전자의 준수사항 등】** ① 모든 차 또는 노면전차의 운전자는 다음 각 호의 사항을 지켜야 한다.
> 5. 도로에서 자동차등 또는 노면전차를 세워둔 채 시비·다툼 등의 행위를 하여 다른 차마의 통행을 방해하지 아니할 것
> 8. 운전자는 정당한 사유 없이 다음 각 목의 어느 하나에 해당하는 행위를 하여 다른 사람에게 피해를 주는 소음을 발생시키지 아니할 것이다. 반복적이거나 연속적으로 경음기를 울리는 행위

따라서 자동차 시위도 '차량'이라는 도구를 이용하여 불특정 다수인의 의견에 영향을 주는 시위의 하나로 볼 수 있다. 따라서 「도로교통법」, 「형법」 제185조(일반교통방해) 등 개별법을 적용할 수 있다는 점은 별론으로 하더라도, 신고 없이 시위를 강행하거나 시위방법 등에 기재하지 않고 자동차 시위의 양태를 보이는 경우에는 집시법에 따른 금지·제한 및 처벌 규정이 적용될 수 있다.

7. 금지·제한통고의 대상

집시법 제8조【집회 및 시위의 금지 또는 제한통고】① 제6조제1항에 따른 신고서를 접수한 관할경찰관서장은 신고된 옥외집회 또는 시위가 다음 각 호의 어느 하나에 해당하는 때에는 신고서를 접수한 때부터 48시간 이내에 집회 또는 시위를 금지할 것을 주최자에게 통고할 수 있다. 다만, 집회 또는 시위가 집단적인 폭행, 협박, 손괴, 방화 등으로 공공의 안녕 질서에 직접적인 위험을 초래한 경우에는 남은 기간의 해당 집회 또는 시위에 대하여 신고서를 접수한 때부터 48시간이 지난 경우에도 금지통고를 할 수 있다.
1. 제5조제1항, 제10조 본문 또는 제11조에 위반된다고 인정될 때
2. 제7조제1항에 따른 신고서 기재 사항을 보완하지 아니한 때
3. 제12조에 따라 금지할 집회 또는 시위라고 인정될 때
⑥ 집회 또는 시위의 금지 또는 제한통고는 그 이유를 분명하게 밝혀 서면으로 주최자 또는 연락책임자에게 송달하여야 한다.

7.1. 금지 또는 제한할 수 있는 집회·시위

집회 및 시위의 금지(집시법 제5조), 옥외집회와 시위의 금지시간(집시법 제10조), 옥외집회와 시위의 금지장소(집시법 제11조)에 해당하는 경우에는 경찰의 재량권이 개입할 여지가 없으므로 해당 집회·시위에 대하여 금지통고를 하여야 한다. 또한 집시법 제7조 제1항의 규정에 의한 신고서의 기재사항에 대해 보완통고를 받고도 그 기재사항을 보완하지 않은 집회·시위, 집회·시위의 시간·장소가 중복되는 2개 이상의 신고가 있을 때 그 목적으로 보아 서로 상반되거나 방해가 된다고 인정되는 경우에 후순위로 접수된 집회·시위 등에 대해서는 금지통고 할 수 있다.

주요 도로에서의 집회·시위 가운데 관할 경찰관서장이 교통 소통을 위하여 필요하다고 인정되는 경우(집시법 제12조) 또는 주거지역, 학교·군사시설 주변에서의 집회·시위가 재산·시설·사생활의 평온에 심각한 피해를 주거나, 학습권의

현저한 침해가 있거나, 군 작전 수행에 심각한 피해가 발생할 우려가 있어 거주자 또는 관리자의 보호 요청이 있는 경우(집시법 제8조 제5항)에도 해당 집회·시위에 대해 금지 또는 제한통고가 가능하다.

7.2. 불법·폭력 시위의 잔여 집회 금지

집시법은 집회·시위의 금지통고를 신고서를 접수한 시각으로부터 48시간 이내에 할 수 있도록 규정하고 있다. 따라서 신고된 집회가 폭력·과격 시위로 변질하여 공공의 안녕과 질서를 침해하고, 이후 계속하여 개최되는 집회에서도 폭력시위로 변질할 개연성이 있음에도 이를 금지할 수 없어 반복적인 폭력시위를 사전에 제한할 수 없다는 문제점이 제기되었다. 이러한 문제점을 해소하기 위하여 금지통고 시한을 경과한 집회·시위라도 폭행 등으로 공공의 안녕 질서에 직접적인 위험을 초래한 경우에는 남은 집회·시위 신고를 금지할 수 있도록 하고 있다(집시법 제8조 제1항 단서). 이때 남은 기간의 해당 집회는 주최자가 동일 목적으로 동일한 장소에서 연속적으로 신고한 남은 기간의 집회를 말한다.

잔여집회를 금지하는 판단 기준은 '폭력시위의 개연성이 명백한 경우'이다. 그러나 집시법의 입법 취지를 고려할 때 집회 참가자 일부의 사소한 폭행이 발생한 것을 이유로 잔여 집회를 금지할 수는 없을 것이다. 집단적인 폭행이나 협박으로 공공의 안녕과 질서에 직접적인 위험을 초래하여 같은 성격의 나머지 집회도 폭력시위로 변질할 개연성이 명백할 때에만 제한적으로 적용되어야 한다.

잔여 집회를 금지할 경우 그 사실, 즉 금지통고를 하여야 하는데, 금지통고서는 금지통고의 사유가 발생한 날 이후에 개최될 집회·시위의 시작 시각 전까지 금지통고의 송달방법에 따라 주최자 또는 연락책임자에게 송달한다.

7.3. 일부 금지의 법리

금지통고는 헌법상 보장된 집회의 자유를 제한하는 침익적 행정행위이므로 필요한 최소한의 범위에서 행사하는 것이 바람직하다. 그러나 현행 집시법은 제8조 제5항 및 제12조 이외에는 제한통고 규정을 두고 있지 않으며, 원칙적으로는 집회 전체에 대한 금지를 전제로 금지통고제도를 규정하고 있다. 이에 대하여, 침익적 행정행위는 국민의 권리를 침해하기 때문에 엄격한 비례성이 요구되며 원칙적으로 자유롭게 취소·철회가 가능한 점, 집회의 자유는 헌법상 보장된 기본권인 점, 집시법 제10조와 제11조 이외의 금지통고는 경찰관서장에 재량이 부여된 점 등을 고려할 때, 금지통고 역시 민법 제137조에서 규정하고 있는 일부무효의 법리를 차용하여 '일부 금지통고'를 인정할 필요가 있다.

> [헌법재판소 2003. 10. 30. 선고, 2000헌바67 결정] 집회의 금지는 원칙적으로 공공의 안녕질서에 대한 직접적인 위협이 명백하게 존재하는 경우에 한하여 허용될 수 있고, 집회의 금지는 집회의 자유를 보다 적게 제한하는 수단, 즉 조건을 붙여 집회를 허용하는 가능성을 모두 소진한 후에 고려될 수 있는 최종적인 수단이다.

예를 들어, 집회·시위의 시간·장소 가운데 일부가 중복되고 경찰관서장의 중재도 실패한 집회·시위의 경우, 후순위 집회·시위의 전부를 금지하기보다는 중복되는 부분에 대해서만 금지하는 것이 바람직하다. 다만, 이 경우 주최자가 중복되는 부분을 제외한 나머지 집회·시위는 예정대로 개최하겠다는 의사가 있어야 하고, 중복되는 부분이 집회의 중요 부분에 해당하거나 나누기 어려운 경우가 아니어야 한다는 점을 전제로 한다.

7.4. 금지·제한통고의 방법 및 효과

금지·제한통고의 송달

집회·시위의 금지 또는 제한통고는 그 이유를 분명하게 밝혀 서면으로 하여야 한다. 금지통고는 신고서를 접수한 때로부터 48시간 이내에 송달하고, 일부 금지통고를 송달하는 때에도 금지통고 송달 양식과 시한을 적용하여 48시간 이내에 송달한다. 제한통고는 집시법상 송달 시한에 관한 규정이 없다. 그러나 집회의 자유를 보장하고 제한통고의 목적을 달성하기 위하여 제한통고의 사유가 있다면 집회·시위가 개최되기 전에 송달하는 것이 바람직하다. 이미 집회·시위가 시작된 이후에 제한통고의 사유가 발견되었더라도 기본권의 제한은 필요 최소한이어야 한다는 점에서 집회·시위가 평화적으로 개최되는 한 제한통고는 자제되어야 한다. 만약 집회·시위가 폭력 시위로 변질된 경우에는 제한통고가 아니라 해산 절차를 발동하는 것이 적절하다.

금지통고서·일부금지통고서·제한통고서는 직접 방문하여 전달하고 전달받은 사람으로부터 수령증을 교부받아 금지·제한통고의 효력이 상실되지 않도록 유의해야 한다. 금지 또는 제한통고는 주최자 또는 연락책임자에게 전달하되, 주최자 또는 연락책임자의 귀책 사유로 금지 또는 제한통고서를 송달할 수 없는 때에는 보완통고서의 송달방법을 준용한다.

집시법 시행령 제3조【보완통고서의 송달】법 제6조제1항의 규정에 따른 신고서를 접수한 관할경찰서장 또는 시·도경찰청장(이하 "관할 경찰관서장"이라 한다)은 법 제7조제2항에 따른 보완통고서를 주최자나 연락책임자의 책임 있는 사유로 주최자나 연락책임자에게 직접 송달할 수 없는 때에는 다음 각 호의 방법으로 송달할 수 있다.

1. 주최자가 단체인 경우: 주최자 또는 연락책임자의 대리인이나 단체의 사무소에서 근무하는 직원에게 전달하되, 대리인 또는 사무소에서 근무하는 직원에게 전달할 수 없는 때에는 단체의 사무소가 있는 건물의 관리인이나 건물 소재지의 통장 또는 반장에게 전달할 수 있다.
2. 주최자가 개인인 경우: 주최자 또는 연락책임자의 세대주나 가족 중 성년자에게 전달하되, 주최자 또는 연락책임자의 세대주나 가족 중 성년자에게 전달할 수 없는 때에는 주최자 또는 연락책임자가 거주하는 건물의 관리인이나 건물 소재지의 통장 또는 반장에게 전달할 수 있다.

집시법 시행령 제7조【금지·제한통고서의 송달】관할 경찰관서장은 법 제8조제6항에 따른 집회 또는 시위의 금지·제한통고서를 주최자나 연락책임자의 책임 있는 사유로 주최자나 연락책임자에게 직접 송달할 수 없는 때에는 제3조 각 호의 방법에 준하여 송달할 수 있다.

집회·시위 금지·제한통고의 효과[25]

관할 경찰관서장이 집시법 제8조에 의하여 그 금지를 통고하였음에도 주최자가 금지된 집회·시위를 개최한 경우에 관할 경찰관서장은 집시법 제20조 제1항 제2호에 의하여 그 집회·시위의 해산을 명할 수 있기 때문이다. 다만 금지통고된 집회라는 이유만으로 즉시 해산할 수 있는 것은 아니다. 판례는 공공의 안녕질서에 직접·명백한 위험을 초래할 것을 추가로 요구하고 있기 때문이다. 또한 관할 경찰관서장은 집시법 제8조 제5항의 규정에 따른 제한 위반 또는 제12조의 규정에 의한 조건에 위반하여 교통 소통 등 질서유지에 직접적인 위협을 명백하게 초래한 집회·시위에 대하여 해산을 명할 수 있다.

8. 금지·제한통고에 대한 이의신청

8.1. 이의신청

집시법 제9조【집회 및 시위의 금지통고에 대한 이의 신청 등】① 집회 또는 시위의 주최자는 제8조에 따른 금지통고를 받은 날부터 10일 이내에 해당 경찰서의 바로 위의 상급경찰관서의 장에게 이의를 신청할 수 있다.

② 제1항에 따른 이의 신청을 받은 경찰관서의 장은 접수 일시를 적은 접수증을 이의 신청인에게 즉시 내주고 접수한 때부터 24시간 이내에 재결(裁決)을 하여야 한다. 이 경우 접수한 때부터 24시간 이내에 재결서를 발송하지 아니하면 관할경찰관서장의 금지통고는 소급하여 그 효력을 잃는다.

③ 이의 신청인은 제2항에 따라 금지통고가 위법하거나 부당한 것으로 재결되거나 그 효력을 잃게 된 경우 처음 신고한 대로 집회 또는 시위를 개최할 수 있다. 다만, 금지통고 등으로 시기를 놓친 경우에는 일시를 새로 정하여 집회 또는 시위를 시작하기 24시간 전에 관할경찰관서장에게 신고함으로써 집회 또는 시위

---

25) 집회·시위의 해산에 관한 내용은 'Ⅵ. 집회·시위의 해산' 부분에서 구체적으로 살펴본다.

를 개최할 수 있다.

집시법은 집회·시위의 금지통고의 남용을 막고 집회·시위의 권리를 보장하기 위하여 주최자에게 금지통고에 대한 불복제도로서 이의신청 제도를 두고 있다. '1999년 집시법' 이전까지는 금지통고 후 72시간 전에 이의신청하고, 이의신청 24시간 이내에 재결하며, 이의신청 재결에 불복할 때 10일 이내에 관할 고등법원에 행정소송을 제기할 수 있는 것으로 규정하였다. 그렇지만 '1999년 집시법'에서 해당 규정을 삭제하여 지금은 이의신청을 거치지 않더라도 바로 행정소송을 제기할 수 있다.

이의 신청인·기간·접수·처리

집시법 제8조의 규정에 따른 금지통고를 받은 집회 또는 시위의 주최자로서 금지통고에 불복하는 자는 이의신청을 할 수 있다. 주최자는 금지통고를 받은 때로부터 10일 이내에 이의신청하여야 한다. 이의신청서는 금지통고를 한 경찰관서의 상급 경찰관서 민원실에 접수하되, 민원실에서는 재결시한이 24시간밖에 되지 않는 점을 고려하여 담당 부서에 즉시 통보하여야 한다.

이의신청의 통지 및 답변서 제출

이의신청의 재결청은 금지통고를 한 경찰관서의 상급 경찰관서의 장으로, 경찰서의 경우에는 시·도경찰청장이, 시·도경찰청의 경우에는 경찰청장이 재결청이 된다. 재결청은 금지통고를 한 경찰관서장에게 이의신청의 취지 및 이유를 알리고 답변서를 제출하도록 하고 있는데, 이는 금지통고를 한 경찰관서장이 재결의 일방 당사자로서 금지통고의 적법성·정당성에 대한 의견개진 및 증거물 등을 제출하도록 기회를 부여하기 위한 것이다. 따라서 금지통고를 한 경찰관서장은 24시간 이내에 재결서를 발송해야 함을 고려하여 최대한 이른 시일 안에 답변서를 제출하여야 한다.

집시법 시행령 제8조【이의 신청의 통지 및 답변서 제출】① 법 제9조제1항에 따른 이의 신청을 받은 경찰관서장은 즉시 집회 또는 시위의 금지를 통고한 경찰관서장에게 이의 신청의 취지와 이유(이의 신청시 증거서류나 증거물을 제출한 경우에는 그 요지를 포함한다)를 알리고, 답변서의 제출을 명하여야 한다.
② 제1항에 따른 답변서에는 금지통고의 근거와 이유를 구체적으로 밝히고 이의 신청에 대한 답변을 적되 필요한 증거서류나 증거물이 있으면 함께 제출하여야 한다.

재결의 효과

재결청은 행정심판법 제43조를 준용하여 주최자가 아닌 자가 이의신청한 경우, 10일을 지나 이의신청한 경우, 처분청에 이의신청하는 경우에는 각하재결을, 금지통고가 정당하다고 인정될 때에는 기각재결을, 금지통고가 위법 또는 부당하다고 인정될 때에는 인용재결을 결정한다. 각하·기각재결의 경우에는 금지통고는 유효한 것으로, 이에 불복하는 이의신청인은 행정심판 또는 행정소송을 제기할 수 있다. 인용재결의 경우, 이의신청인은 최초 신고한 대로 집회·시위를 개최할 수 있으며, 금지통고 등으로 인하여 시기를 놓쳤으면 일시를 새로이 정하여 집회·시위 개최 24시간 전에 관할 경찰관서장에게 재결서의 사본을 첨부하여 신고하고 집회·시위를 개최할 수 있다. 다만 재신고서에 일시 이외의 내용 변경이 있고, 변경된 내용이 다시 금지 또는 제한 대상에 해당되는 경우에는 종전의 재결과 무관하게 새롭게 금지 또는 제한이 통고될 수 있다.

재결서의 발송 및 통지

재결청이 이의신청에 대해 재결을 하면 그 결과를 금지통고한 경찰관서장에게 재결 내용을 즉시 알려야 한다. 재결 내용을 통지받은 경찰관서장은 이의신청인에게 재결서를 발송한다. 재결서의 발송 방법에는 제한이 없으므로 직접 또는 우편법에 따른 특별발송 등으로 이의신청을 접수한 때부터 24시간 이내에 재결서를 이의신청인에게 통지한다. 24시간 이내에 재결서를 발송하지 않으면 금지통고는 소급하여 그 효력을 잃게 된다. 재결서는 24시간 이내에 발송하면

되는 것이지 24시간 이내에 이의신청인에게 도달해야 하는 것은 아니다.

> 집시법 시행령 제9조【재결의 통지】 이의 신청을 받은 경찰관서장은 법 제9조제2항에
> 따라 재결을 한 때에는 집회 또는 시위의 금지를 통고한 경찰관서장에게 재결
> 내용을 즉시 알려야 한다.

8.2. 금지통고에 대한 행정소송

이의신청인은 금지통고를 받은 때에는 해당 경찰관서의 직근 상급 경찰관서의 장에게 이의신청을 제기하거나 행정심판 절차를 거치지 않고 곧바로 법원에 행정소송을 제기할 수 있다(행정소송법 제18조). 그 밖의 행정소송의 절차 등에 관하여는 행정소송법 등이 정하는 바에 의한다(행정소송법 제8조).

이의신청인이 행정소송에 승소하면 집시법 제9조 제3항의 금지통고가 효력을 잃게 된 경우에 해당하여 처음 신고한 대로 집회 또는 시위를 개최할 수 있다. 금지통고 등으로 시기를 놓친 경우에는 일시를 새로 정하여 집회 또는 시위를 시작하기 24시간 전에 관할 경찰관서장에게 신고할 수 있다. 다만 이 경우에 신고서에 판결문의 사본을 첨부하여야 한다.

> 집시법 시행령 제10조【재결서 또는 판결문 사본의 첨부】 법 제9조제3항 단서에 따르
> 거나 행정소송을 거쳐 새로 집회 또는 시위의 일시를 정하여 신고를 할 때에는
> 신고서에 재결서 또는 판결문의 사본을 첨부하여야 한다.

V

집회 · 시위의 질서유지

The Theory and Practice of Assembly and Demonstration

V 집회 · 시위의 질서유지

The Theory and Practice of Assembly and Demonstration

1. 질서유지선의 설정

집시법 제13조【질서유지선의 설정】① 제6조제1항에 따른 신고를 받은 관할경찰관서장은 집회 및 시위의 보호와 공공의 질서 유지를 위하여 필요하다고 인정하면 최소한의 범위를 정하여 질서유지선을 설정할 수 있다.
② 제1항에 따라 경찰관서장이 질서유지선을 설정할 때에는 주최자 또는 연락책임자에게 이를 알려야 한다.

1.1. 질서유지선의 개념

질서유지선 제도 도입 배경

질서유지선의 개념은 집시법 제정 당시부터 존재하였던 개념은 아니다. 민주주의의 발전과 함께 집회 · 시위의 자유를 보호해야 한다는 사회적 인식이 성장했다. 집회의 자유와 다른 일반인의 법익을 조화시킬 수 있는 제도적 장치가 필요하다는 인식은 있었으나, 일반 시민의 수인 한도를 넘을 정도는 아니었다. 그런데 산업과 기술의 발달 · 경제 성장에 따른 국민소득의 증대로 차량이 일반생활의 필수요소가 되었다. 옥외집회나 시위는 일정한 옥외장소나 도로의 사용을 전제한다. 이미 늘어난 교통량으로 발생하는 불편에 더하여 집회·시위의 증가는 교통소통의 장애나 공공질서에 혼란을 초래할 가능성이 더욱 커졌다. 이러한 배경 아래 차도를 장시간에 걸쳐 점거하는 집회를 이유로 집회에 참여하지 않는 일반 시민에게 그 수인의 한도를 넘는 교통 불편까지 수인하여야 하는지에 대한 사회적 문제 제기와 함께 이에 대한 적절한 규제도 필요하다는 사회적 공감대가 형성되었다. 그러나 차도를 점거할 우려가 있다고 하여 집회·시위를 원천적으로 금지하는 것은 헌법에서 보장하는 집회·시위의 자유를 과도하게 제한하는 것이 될 수 있다. 이러한 이유로 집회의 자유를 보장하면서도 일반 시만의 불편을 최소화하고, 평화적인 집회·시위 문화를 유도하기 위하여 질서유지선 제도를 도입하였다.[1] 시위대의 마지노선이자 '나의 자유는 다른 사람의 자유가 시작되는 곳에서 멈춘다'는 점을 상징하는 공익의 방어선이라 할 수 있는 질서유지선 제도는 1997년 최초로 시행되었으며, 절차적인 부분을 보완하여 '1999년 집시법'에 반영되었다. 이후 평화적인 집회·시위 현장을 중심으로 질서유지선을 활용함과 동시에 적극적인 홍보로 국민적 공감대를 형성하고자 하였다. 2006년부터는 모든 집회·시위 현장에서 질서유지선 제도를 적극 활용하고 있다.

질서유지선의 개념

집시법 제2조 제5호는 '질서유지선'을 "관할 경찰서장이나 시·도경찰청장이 적법한 집회 및 시위를 보호하고 질서유지나 원활한 교통 소통을 위하여 집회 또는 시위의 장소나 행진 구간을 일정하게 구획하여 설정한 띠, 방책, 차선 등의 경계 표지"로 정의한다. 질서유지선은 띠·줄·방책 등 유형적인 물건을 사전에 준비하여 지상에 고착시키는 것에 한정되지 않고 상황에 따라 휴대·이동시킬 수 있는 것을 포함한다. 또한 집회·시위 개최 지역에 별도의 목적이나 용도로 사용하기 위하여 이미 설치된 인도 경계석이나 차선 등을 질서유지선으로 설정하여 활용할 수도 있다.

---

1) 윤성철, "집회·시위에 대한 형사법적 연구", 박사학위 논문, 고려대학교 (2012), pp.132 - 133.

질서유지선은 관할 경찰관서장이 집회·시위의 보호 및 공공의 질서 유지를 위하여 필요하다고 인정하면 설정할 수 있으며, 이에 대해서는 집시법 시행령 제13조에서 구체적으로 규정하고 있다.

집시법 시행령 제13조【질서유지선의 설정·고지 등】 ① 관할 경찰관서장은 집회 및 시위의 보호와 공공의 질서 유지를 위하여 다음 각 호의 어느 하나에 해당하는 경우에는 법 제13조제1항에 따라 질서유지선을 설정할 수 있다.

1. 집회·시위의 장소를 한정하거나 집회·시위의 참가자와 일반인을 구분할 필요가 있을 경우
2. 집회·시위의 참가자를 일반인이나 차량으로부터 보호할 필요가 있을 경우
3. 일반인의 통행 또는 교통 소통 등을 위하여 필요할 경우
4. 다음 각 목의 어느 하나의 시설 등에 접근하거나 행진하는 것을 금지하거나 제한할 필요가 있을 경우
   가. 법 제11조에 따른 집회 또는 시위가 금지되는 장소
   나. 통신시설 등 중요시설
   다. 위험물시설
   라. 그밖에 안전 유지 또는 보호가 필요한 재산·시설 등
5. 집회·시위의 행진로를 확보하거나 이를 위한 임시횡단보도를 설치할 필요가 있을 경우
6. 그밖에 집회·시위의 보호와 공공의 질서 유지를 위하여 필요할 경우

② 법 제13조제2항에 따른 질서유지선의 설정 고지는 서면으로 하여야 한다. 다만, 집회 또는 시위 장소의 상황에 따라 질서유지선을 새로 설정하거나 변경하는 경우에는 집회 또는 시위의 장소에 있는 경찰공무원이 구두로 알릴 수 있다.

미신고 집회·시위의 경우

집시법 제13조는 신고된 집회·시위에 대해 관할 경찰관서장이 질서유지선을 설정할 수 있도록 규정하고 있다. 이러한 이유로 미신고 집회·시위의 경우에는 질서유지선의 설정 대상이 아니며, 집시법 제20조 제2호에 따라 해산명령을 해야 한다는 견해가 있다. 그러나 마라톤 등의 운동경기에서도 질서유지선을 설치하여 질서를 유지하는 것과 같이, 미신고 집회·시위 현장에서 발생할

수 있는 공공의 안녕질서 침해행위를 예방하기 위하여 집시법상 질서유지선의 개념이 아닌 「경찰관 직무집행법」에 근거하여 질서유지선을 설치할 수 있다고 보아야 한다. 다만 미신고 집회·시위 현장에 설치한 질서유지선을 침범하거나 훼손하는 행위에 대해서는 집시법 제13조 및 제23조에 따른 처벌은 할 수 없을 것이다.

1.2. 질서유지선의 설정

질서유지선의 설정 범위

질서유지선은 신고된 집회·시위가 이루어지는 장소의 외곽에서 그 경계를 명확하게 하여 해당 집회를 보호하고 질서를 유지하는 기능을 한다. 그런데 집시법 제13조는 질서유지선의 범위에 대해 "최소한의 범위"로만 규정하고, 그 기준이 될 만한 것을 규정하고 있지 않기에 질서유지선의 설정 범위를 어느 정도로 해야 할 것인지 모호하다는 문제가 제기된 바 있다. 질서유지선을 침범하는 경우 벌칙규정에 따라 처벌을 받게 되지만 집회참가자가 질서유지선의 설정 범위를 예측하기 어렵고, 범죄의 성립 여부를 경찰관서장의 자의적인 처분에 위임하는 상황이 발생할 수 있다는 것이다.

질서유지선을 설정할 때에는 집회신고 접수 당시에 주최자의 신고 내용에 따라 사전에 질서유지선을 설정하고, 이를 주최자에게 통지하고 있다. 그러나 주최자로서는 사전에 집회·시위의 세부적인 사항까지 빠짐없이 신고하기 어려운 측면이 있으며, 실제 집회·시위 진행 과정에서 사전에 신고한 내용을 불가피하게 변경해야 하는 때도 있다. 구체적으로 옥외집회의 신고범위나 내용 자체가 명확하지 않거나 사전에 예측할 수 없는 사정이 발생할 수 있으며, 예정된 참가인원과 실제 참가인원이 다르거나, 집회 당시의 교통상황이나 일반인의 통행량 이외에도 사전에 예측하지 못한 물리적 충돌이 발생하는 경우와 같이 집회·시위의 실제 현장에서만 판단될 수 있는 내용이 존재한다.

따라서 관할 경찰관서장이 구체적인 상황에 따라 질서유지선의 범위를 탄력적으로 설정해야 할 필요성이 있다. 질서유지선의 범위를 지나치게 구체적으로 정형화할 때는 오히려 필요한 조치를 취하지 못하는 상황도 배제할 수 없다. 한편 질서유지선의 설정 범위인 '최소한의 범위'에 대해 헌법재판소는 다음과 같이 판시하고 있다.

[헌법재판소 2016. 11. 24. 선고, 2015헌바218 결정] 집회의 자유가 갖는 헌법적 의의, 집시법과 심판대상조항의 입법목적, 옥외집회 및 시위의 특성 및 집회참가자에 대한 고지의무 등을 종합하면, 질서유지선의 설정 범위인 "최소한의 범위"란 '옥외집회 및 시위가 본래 신고한 범위에서 적법하게 진행되도록 하여 집회나 시위 참가자들의 집회의 자유 및 참가자들의 안전을 보호함과 동시에 일반인의 통행이나 원활한 교통소통, 또는 물리적 충돌 방지 등 공공의 질서유지를 달성하기 위하여 필요한 한도에서 가능한 적은 범위'로 충분히 해석할 수 있다. 나아가 구체적인 사안에서 집회의 목적, 주체, 집회장소의 위치 및 면적과 질서유지선 설정의 방법 등 제반사정을 종합하여 질서유지선의 적법한 설정 범위를 판단할 수 있다 할 것이므로, 비록 질서유지선의 설정 범위와 관련하여 법관의 보충적 해석을 필요로 하는 개념을 사용하였다 하더라도, 그것만으로는 헌법상 요구되는 죄형법정주의의 명확성원칙에 위배된다고 볼 수 없다.

질서유지선의 설정 통지

질서유지선을 설정한 경우에 경찰관서장은 집회·시위의 주최자 또는 연락책임자에게 질서유지선을 설정하였다는 사실을 서면으로 알려야 한다. 다만, 예외적으로 집회·시위 장소의 상황에 따라 질서유지선을 새로이 설정하거나 변경하여야 할 필요가 있는 경우에는 집회·시위의 장소에 있는 국가경찰공무원이 주최자 또는 연락책임자에게 이 사실을 구두로 알릴 수 있다.

집시법 시행령 제13조【질서유지선의 설정·고지 등】② 법 제13조제2항에 따른 질서유지선의 설정 고지는 서면으로 하여야 한다. 다만, 집회 또는 시위 장소의 상황에 따라 질서유지선을 새로 설정하거나 변경하는 경우에는 집회 또는 시위의 장소에 있는 경찰공무원이 구두로 알릴 수 있다.

집시법 제24조【벌칙】 다음 각 호의 어느 하나에 해당하는 자는 6개월 이하의 징역 또는 50만원 이하의 벌금·구류 또는 과료에 처한다.

3. 제13조에 따라 설정한 질서유지선을 경찰관의 경고에도 불구하고 정당한 사유 없이 상당 시간 침범하거나 손괴·은닉·이동 또는 제거하거나 그 밖의 방법으로 그 효용을 해친 자

그런데 집회참가자들이 신고된 내용을 벗어나 행진하면서 질서유지선을 침범하여 기소된 사안에서, 법원은 경찰관서장이 질서유지선을 설정하고 이를 침범하면 처벌받게 된다고 알렸더라도 적법하게 질서유지선이 설정되어 고지되었다는 사실을 증명할 증거가 없다는 이유로 무죄를 선고한 바 있다.[2] 즉 질서유지선 위반행위에 대하여 처벌하기 위해서는 그 전제가 되는 질서유지선의 설정이 적법하여야 하며, 그 조건으로 질서유지선을 설정한 사실을 집회주최자에게 명시적으로 알려야 하고, 동시에 그 사실을 증명할 증거를 요구하고 있다. 따라서 집시법 시행령 제13조에 따라 질서유지선을 새롭게 설정하였음을 구두로 알릴 수 있다고 하더라도 그에 대한 서면 고지도 가급적 함께 행할 필요가 있다.

2. 확성기 등 소음 유발 도구의 사용 제한

2.1. 집회·시위로 인한 소음의 제한

처음 집시법을 제정할 때는 확성기 등의 장치 사용을 제한하는 규정이 없었다. 이는 당시 기술 수준으로 옥외집회에서 확성기 등의 음향 장치를 일반적으로 사용하기 쉽지 않았기에 이를 별도로 규정할 필요가 없었기 때문이라고 추정된다. 그러나 과학기술의 발달로 음향 장치의 성능이 향상되면서 '1989년 집시법'에서 처음으로 주최자의 준수사항으로 '확성기 등을 설치하여 주변에서의 옥외 참가를 유발하는 행위'를 금지하는 규정을 마련하였다.

---

2) 대전지방법원 2015. 8. 27. 선고, 2015고정246 판결.

이후 주로 건물 내부에 설치되던 확성기 등의 음향 장치가 차량에 부착되거나 휴대할 수 있을 정도로 고성능 소형화하면서 무분별한 음향 장치의 사용이 일반 국민의 수면권·학습권 등을 침해할 정도에 이르렀다. 이에 따라 '2004년 집시법'에서 확성기 등 사용의 제한(제12조의3) 규정을 신설하고, 집회 소음의 측정 방법과 기준, 기준치를 초과하는 소음을 유발할 때 어떻게 제재할 수 있는지에 관한 내용을 규정하였으며, 2007년 제13차 전부개정에서 현행 집시법과 같이 내용을 정비하였다.

> **집시법 제14조【확성기등 사용의 제한】** ① 집회 또는 시위의 주최자는 확성기, 북, 징, 꽹과리 등의 기계·기구(이하 이 조에서 "확성기 등"이라 한다)를 사용하여 타인에게 심각한 피해를 주는 소음으로서 대통령령으로 정하는 기준을 위반하는 소음을 발생시켜서는 아니 된다.
> ② 관할 경찰관서장은 집회 또는 시위의 주최자가 제1항에 따른 기준을 초과하는 소음을 발생시켜 타인에게 피해를 주는 경우에는 그 기준 이하의 소음 유지 또는 확성기 등의 사용 중지를 명하거나 확성기 등의 일시보관 등 필요한 조치를 할 수 있다.

집시법에서 집회와 시위에 대한 규제는 기본적으로 신고주의를 채택하고 있고, 일정한 경우 관할 경찰관서장이 금지 또는 제한통고를 할 수 있도록 규정하고 있다. 그러나 소음에 관해서는 집회신고 단계에서 별도의 규정을 두고 있지 않으며, 소음 발생을 이유로 경찰관서장이 집회·시위를 금지 또는 제한통고할 수 있는 것도 아니다. 다만 신고서에 기재된 장소가 주거지역, 학교 주변 지역, 군사시설 주변 지역이고 집시법이 정한 내용의 피해 발생 우려가 있는 경우로서 그 거주자나 관리자가 시설이나 장소의 보호를 요청하는 때에만 경찰관서장이 집회의 금지 또는 제한을 통고할 수 있을 뿐이다.

종합하면, 확성기 등을 사용하여 기준을 초과하는 소음을 발생시키는 행위 자체는 처벌의 대상이 아니라 경찰관서장이 확성기 사용 중지 명령 등의 조치를 할 수 있는 요건에 불과하며, 이는 집회의 자유를 최대한 보장하면서도 사생활의 평온 등 다른 법익과 조화를 이루기 위한 최소한의 제한이라 할 수 있다.

[전주지방법원 2018. 3. 8. 선고, 2014고단770 판결] 집시법의 집회와 시위에 대한 규제 체계와 확성기 등의 사용에 관한 규정 내용 등에 의하면, ① 확성기 등을 사용하여 소음기준을 초과하는 소음을 발생시키는 행위 자체는 처벌의 대상이 아니고, 관할 경찰서장이 확성기 사용 중지 명령 등 조치권한을 발동할 수 있는 요건에 불과한 점, ② 확성기 등 사용의 제한에 관한 집시법의 규정은 집회의 자유를 최대한 보장하면서도 사생활의 평온 등 다른 법익 간의 조화시키기 위한 최소한의 제한인 점, ③ 집회의 내용과 방법은 집회 주최자나 참가자의 자율적 결정에 맡겨져 있는 점, ④ 집시법상 소음기준 위반은 오로지 관할 경찰서장(현장 경찰공무원)에 의한 소음 측정 결과로만 인정될 수 있을 뿐이어서 관할 경찰서장이 소음을 측정하지 아니하는 때에는 소음기준을 초과한 소음을 발생시키더라도 규제 대상이 되지 아니하는 점 등의 사정을 알 수 있다. 위와 같은 사정을 종합하면, 집시법상 소음기준을 준수하였다고 하여 일체의 민형사상 책임으로부터 자유로울 수는 없는 것이고, 공무집행방해죄의 성립 여부는 집시법의 규제와 별도로 판단하여야 한다.

일반적인 생활소음과 집회·시위 소음의 구분

확성기 등에 의한 일반적인 생활소음에 관한 사항은 「소음·진동관리법」에서 규율하지만, 이 법은 '공장, 건설공사장, 도로, 철도 등으로부터 발생하는 소음·진동으로 인한 피해'를 방지하기 위하여 마련된 법률이다. 따라서 일반 집회·시위나 1인 시위 등에 「소음·진동관리법」을 적용하는 것은 입법취지에 어긋난다고 할 수 있다. 또한 「소음·진동관리법 시행규칙」(환경부령) 제20조 제2항 제1호에서 집시법에 의한 소음은 생활소음으로 보지 않는다고 명시하였다.

소음·진동관리법 시행규칙 제20조【생활소음·진동의 규제】② 법 제21조제2항에 따른 생활소음·진동의 규제 대상은 다음 각 호와 같다.
1. 확성기에 의한 소음(「집회 및 시위에 관한 법률」에 따른 소음과 국가비상훈련 및 공공기관의 대국민 홍보를 목적으로 하는 확성기 사용에 따른 소음의 경우는 제외한다)

집시법의 규율 대상인 집회·시위에서 발생하는 소음은 집시법 제14조에 따라 제한할 수 있지만, '1인 시위'의 경우와 같이 집시법의 규율 대상이 아닌 경우에는 집시법에 따른 소음 기준을 적용하여 제한할 수 없다. 다만 집시법에 따른 소음 기준을 적용받지 않는 경우라고 하더라도 확성기 소리를 지나치게 크게 내어 주변 사업장이나 일반 주민들에게 소음을 유발하였다면[3] 「경범죄처벌법」 제3조 제1항 제21호(인근소란 등)를 적용하여 처벌할 수 있다.[4]

> 경범죄처벌법 제3조【경범죄의 종류】 ① 다음 각 호의 어느 하나에 해당하는 사람은 10만원 이하의 벌금, 구류 또는 과료(科料)의 형으로 처벌한다.
> 21. (인근소란 등) 악기·라디오·텔레비전·전축·종·확성기·전동기(電動機) 등의 소리를 지나치게 크게 내거나 큰소리로 떠들거나 노래를 불러 이웃을 시끄럽게 한 사람

2.2. 소음측정의 대상·기준·범위

소음측정의 대상인 집회·시위

집시법 제14조는 집회 또는 시위의 주최자에 대해 확성기 등을 사용하여 타인에게 심각한 피해를 주는 소음을 발생시켜서는 안 된다고 규정하고 있을 뿐, 해당 집회의 신고 또는 금지 여부 등에 관해서는 별도로 규정하고 있지 않다. 따라서 미신고 집회나 금지통고된 집회·시위라도 집시법의 규율 대상인 집회·시위에 해당한다면 확성기 등의 사용으로 발생하는 소음을 측정할 수 있으며,[5]

---

[3] 경범죄 처벌법 제3조 제1항 제21호에서 '시끄럽게 하는 것'은 다른 사람이 불쾌감을 느낄 수 있을 정도의 소리를 내는 것으로, 행위자가 자신이 지나치게 큰 소리를 낸다는 인식이 있으면 충분하고, 이웃을 시끄럽게 한다는 것을 인식하고 있을 필요는 없다. 따라서 별도의 소음 기준과 관계없이 일반인의 상식으로 소음이라고 충분히 느낄 수 있는 정도라면 적용할 수 있다. 경찰청, 2013 개정 경범죄 처벌법 해설서, 경찰청 생활안전국 생활질서과 (2013. 7.), pp.69 - 70.

[4] 집회인 경우에는 현저히 부당한 목적을 달성하기 위하여 사회통념상 용인될 수 없을 정도의 피해를 야기하였다는 특별한 사정이 없는 한 경범죄처벌법 상 인근소란죄를 적용할 수는 없다. 수원지방법원안산지원 2020. 7. 23. 선고, 2019고단4541 판결.

[5] 집회·시위의 음향 장비 사용에 따른 소음의 측정은 집시법 시행령 제14조에 따른 [별표 2]의 규정에 따라 관할 경찰서장(현장 경찰공무원)이 측정한 소음측정 결과를 기준으로 한다.

같은 이유로 집시법상의 소음 기준을 초과하는 소음에 대해서는 유지명령·중지명령·일시보관 등의 필요한 조치를 할 수 있다.

한편, 집시법 제15조는 학문·예술·종교 등에 관한 집회는 제6조부터 제12조까지 규정된 내용의 적용을 배제하도록 규정하고 있다. 따라서 제14조에 규정된 소음 관련 규정은 법문상으로 학문·예술·종교 등에 관한 집회에도 적용할 수 있다. 다만 이 경우에도 '집회' 또는 '시위'에 한하여 적용 가능하므로, 1인 시위와 같이 집시법상 집회 또는 시위로 볼 수 없는 경우에는 집시법의 규정에 따른 소음 관련 조치를 할 수 없으며, 업무방해(형법) 또는 인근소란(경범죄처벌법) 등의 개별법령 적용을 검토할 수 있을 뿐이다.

형식상 신고한 집회이나 실제로는 1인 시위를 한 경우

집시법 제14조의 적용과 관련하여, 2인 이상이 모여 집회를 개최하겠다고 신고한 후 실제로는 1명만이 집회 신고 현장에서 확성기 등을 사용하여 과도한 소음을 발생시키는 경우에 어떠한 조치가 이루어질 수 있는지가 문제될 수 있다. 사전에 집회 신고를 하였다는 점에서 이를 신고한 집회로 보아 집시법 제14조에 따른 소음 규정을 적용할 수 있겠지만, 실제로 이루어지는 행위를 기준으로 한다면 집시법의 적용대상이 아닌 1인 시위에 해당하기 때문이다.

현재까지 이와 관련한 직접적인 법원의 판단은 없으나 대법원은 2인 이상이 모인 경우를 집시법의 규율 대상인 '집회'로 판단하고 있다.[6] 또한 집회에 참가하는 것이 집회의 자유라면 사전에 신고한 내용과 달리 실제로는 참가하지 않는 것도 집회의 자유에 해당한다고 할 수 있다. 따라서 이미 신고하였다는 이유로 집시법을 적용하여 제한할 수는 없다. 집회의 자유와 인권을 보장하는 관점에서, 신고한 집회라고 하더라도 실질적으로 1인 시위로 진행하는 경우라면 실제 행위를 기준으로 '1인 시위'로 보아 필요한 조치를 할 수 있다고 보는 것이 타당하다.[7]

---

6) 대법원 2012. 5. 24. 선고, 2010도11381 판결.
7) 이 경우 신고한 집회는 '미개최'한 것이며, 신고한 내용에 따라 2인 이상이 모여 집회를 할 때부터 신고한 집회를 개최하는 것으로 해석된다. 이와 같은 해석은 집시법 제8조 제4항에

소음측정 결과에 따른 제한 기준

소음측정 결과에 따른 제한을 위한 구체적인 기준은 집시법 시행령에 규정하고 있다. 경찰청은 심야 및 주거지역의 소음 기준을 강화하고, 기존 등가소음도(L_{eq})와 함께 최고소음도 기준(L_{max})을 추가하였으며, 국경일과 호국·보훈 관련 기념일 행사 진행의 정숙성·엄숙성을 유지하기 위한 소음 제한 기준을 신설하는 것을 주요 내용으로 집시법 시행령을 개정하였다.[8]

등가소음도에 따른 소음 제한 기준　　소음측정 결과에 따른 제한을 위한 소음기준치는 피해자가 위치한 지역을 기준으로 적용한다. 피해자가 위치한 건물 등이 주거지역·학교일 경우와 기타지역일 경우로 구분하여 〈표 5.1〉과 같이 집시법 시행령 제14조 [별표 2]의 규정에 따른 소음 기준을 적용한다. 등가소음도는 10분간(소음 발생 시간이 10분 이내라면 그 발생 시간 동안) 측정한 평균 소음을 측정한 것이다.[9]

표 5.1 집시법상 확성기 등의 등가소음도(L_{eq}) 제한 기준

대상지역	주간 (07:00~일몰 전)	야간 (일몰 후~24:00)	심야 (00:00~07:00)
주거지역, 학교, 종합병원	65 dB 이하	60 dB 이하	55 dB 이하
공공도서관	65 dB 이하	60 dB 이하	
기타 지역	75 dB 이하	65 dB 이하	

기존의 집시법 시행령(2020. 9. 1. 대통령령 제30983호로 일부개정되기 이전의 것)

따라 과태료를 부과하는 경우에 의미가 있다.

8) 집회 및 시위에 관한 법률 시행령(2020. 9. 1. 대통령령 제30983호로 일부개정된 것) 개정 이유 및 주요내용 중; 경찰청, "집회는 자유롭게, 국민 일상은 소음으로부터 보다 평온하게", 보도자료 (2020. 9. 1.).

9) 등가소음도 및 최고소음도는 10분간 측정하는 것이 원칙이지만, 주거지역, 학교, 공공도서관 등의 경우에는 5분간 측정한 결과를 적용할 수 있다.

에는 야간 집회소음 기준만 규정하였다. 그런데 장기간 발생하는 소음으로 인해 수면을 방해받거나 일상생활의 평온이 침해된다는 민원이 다수 제기되었으며,[10] 자치단체에서 심야 소음과 관련한 소음 제한을 요구하기도 하였다.[11] 이에 따라, 자정(오전 0시)부터 7시까지 심야 시간대의 주거지역·학교·종합병원 인근 집회소음 제한 기준을 60dB에서 55dB로 강화하였다.[12] 이는 세계보건기구(WHO)·유럽연합(EU)·유럽환경청(EEA)도 야간에 50~55dB 이상 소음에 장기간 노출되면 심혈관 질환이나 수면 방해가 유발되므로 그 이하의 소음을 유지할 것을 권고하고 있다는 점을 반영한 것이다.[13]

최고소음도에 따른 소음 제한 기준 종전의 등가소음도를 측정한 결과로 적용하는 집회소음 기준이 '10분간 발생한 소음의 평균값'이다 보니, 높은 소음을 반복하면서도 평균값은 기준을 초과하지 않게 소음 세기를 조절하는 사례가 많아, '최고소음도 기준'을 새로 도입하였다.[14]

표 5.2 집시법상 확성기 등의 최고소음도(L_{max}) 제한 기준

대상지역	주간 (07:00~일몰 전)	야간 (일몰 후~24:00)	심야 (00:00~07:00)
주거지역, 학교, 종합병원	85 dB 이하	80 dB 이하	75 dB 이하
공공도서관	85 dB 이하	80 dB 이하	
기타 지역	95 dB 이하		

---

10) 이효석, "청와대 이웃주민들의 '조용한' 집회… 집회 시위 제발 그만해요", 연합뉴스 (2017. 8. 17.), https://www.yna.co.kr/view/AKR20170817088800004?input=1195m (검색일: 2022. 2. 10.).

11) 안하늘, "서울시, '심야집회 전면금지' 정부에 건의… 소음문제 때문", 한국일보 (2020. 6. 9.), https://www.hankookilbo.com/News/Read/202006092396797868 (검색일: 2022. 2. 10.).

12) 60dB은 승용차 소음 정도로, 불쾌한 자극을 주고 스트레스 호르몬이 증가하며 수면장애가 시작되는 수준이며, 55dB은 사무실 소음 수준으로 세계보건기구(WHO), 유럽환경청(EEA) 등이 권고하는 심야 주거지역 소음 기준이다. 경찰청, "집회는 자유롭게, 국민 일상은 소음으로부터 보다 평온하게", 보도자료 (2020. 9. 1.).

13) 민경복, "소음 수준별 인체에 미치는 영향", 집회시위 자유와 시민 평온권과의 합리적 조화를 외한 집회소음 규제개선 토론회, 강창일 국회의원실·경찰청 (2019. 10. 22.), pp.43-49.

14) 경찰청, "집회는 자유롭게, 국민 일상은 소음으로부터 보다 평온하게", 보도자료 (2020. 9. 1.).

최고소음도는 확성기등의 대상소음[15])에 대해 매 측정 시 발생된 소음도 중 가장 높은 소음도를 측정하며, 동일한 집회·시위에서 측정된 최고소음도가 1시간 내에 3회 이상 〈표 5.2〉의 최고소음도 기준을 초과하면 소음 제한 기준을 위반한 것으로 본다.

국경일·기념일 행사를 위한 소음 제한 기준　　국경일과 국가보훈처 주관 기념일 행사의 정숙하고 엄숙한 진행을 위해 종전 '그 밖의 지역'에 적용되었던 소음 기준을 중앙행정기관이 개최하는 행사를 개최시간에 한정하여 일시적으로 '주거지역'의 집회소음 제한 기준을 적용하도록 집시법 시행령 [별표 2]를 개정하였다. 구체적으로, 「국경일에 관한 법률」 제2조에 따른 3·1절, 제헌절, 광복절, 개천절, 한글날 행사, 「각종 기념일 등에 관한 규정」(행정안전부령) [별표 1]에 따른 기념일 중 주관 부처가 국가보훈부인 기념일의 행사인 경우에 적용된다.

소음제한 기준 적용 대상 지역의 범위

주거지역　　집회 장소가 상가 등이 혼재된 지역이라 하더라도 주거지역에서 신고가 있었다면 주거지역의 소음 기준을 적용하는 것이 타당하다. 이때 주거지역은 집시법 제8조 제5항에 규정한 '시설보호요청에 의한 금지·제한'의 경우와 같이 사실상 주거의 용도로 사용되고 있는 건축물이 있는 지역으로 해석된다.

학교　　학교의 경우에는 집시법 제8조 제5항과 달리 「초·중등교육법」에 의한 학교라고 명시하지 않고 있다. 다만 같은 소음 기준을 적용받는 '공공도서관'의 경우 「도서관법」에 따라 '대학 도서관'은 포함되지 않는다는 점을 고려할 때 집시법 제8조 제5항에 규정한 '시설보호요청에 의한 금지·제한'의 경우와 같이 「초·중등교육법」에서 정하는 '학교'로 해석하는 것이 타당하다.

공공도서관　　공공도서관은 「도서관법」 제2조 제4호에서 정의하는 '공공도서관'을 말한다.

---

15) 확성기등을 사용하지 않을 때의 일상적인 소음 수치인 배경소음과 확성기등 사용으로 발생하는 소음수치인 측정소음을 비교하여 보정치를 적용 것으로, 집회소음 기준을 위반하였는지를 판단하는 소음 수치를 말한다.

도서관법 제2조【정의】이 법에서 사용하는 용어의 정의는 다음과 같다.

4. "공공도서관"이라 함은 공중의 정보이용·독서활동·문화활동 및 평생교육을 위하여 국가 또는 지방자치단체 및 「지방교육자치에 관한 법률」제32조에 따라 교육감이 설립·운영하는 도서관(이하 "공립 공공도서관"이라 한다) 또는 법인(「민법」이나 그 밖의 법률에 따라 설립된 법인을 말한다. 이와 같다), 단체 및 개인이 설립·운영하는 도서관(이하 "사립 공공도서관"이라 한다)을 말한다. 다음 각 목의 시설은 공공도서관의 범주 안에 포함된다.

가. 공중의 생활권역에서 지식정보 및 독서문화 서비스의 제공을 주된 목적으로 하는 도서관으로서 제5조에 따른 공립 공공도서관의 시설 및 도서관자료기준에 미달하는 작은도서관

나. 장애인에게 도서관서비스를 제공하는 것을 주된 목적으로 하는 장애인도서관

다. 의료기관에 입원 중인 사람이나 보호자 등에게 도서관서비스를 제공하는 것을 주된 목적으로 하는 병원도서관

라. 육군, 해군, 공군 등 각급 부대의 병영 내 장병들에게 도서관서비스를 제공하는 것을 주된 목적으로 하는 병영도서관

마. 교도소에 수용 중인 사람에게 도서관서비스를 제공하는 것을 주된 목적으로 하는 교도소도서관

바. 어린이에게 도서관서비스를 제공하는 것을 주된 목적으로 하는 어린이도서관

종합병원　　종합병원은 「의료법」제3조의3에서 규정하는 종합병원의 요건을 충족하는 병원을 말하며, 의원이나 요양병원 등은 제외된다.

의료법 제3조의3【종합병원】① 종합병원은 다음 각 호의 요건을 갖추어야 한다.

1. 100개 이상의 병상을 갖출 것

2. 100병상 이상 300병상 이하인 경우에는 내과·외과·소아청소년과·산부인과 중 3개 진료과목, 영상의학과, 마취통증의학과와 진단검사의학과 또는 병리과를 포함한 7개 이상의 진료과목을 갖추고 각 진료과목마다 전속하는 전문의를 둘 것

3. 300병상을 초과하는 경우에는 내과, 외과, 소아청소년과, 산부인과, 영상의

학과, 마취통증의학과, 진단검사의학과 또는 병리과, 정신건강의학과 및 치과를 포함한 9개 이상의 진료과목을 갖추고 각 진료과목마다 전속하는 전문의를 둘 것

2.3. 소음측정의 시기 및 장소

소음측정의 시기는 원칙적으로 피해자의 신고가 있을 때이다. 그러나 신고가 없더라도 경찰관이 소음으로 피해를 받을 우려가 있는 지역을 선정하여 측정할 수 있다. 소음은 피해자가 위치한 건물의 외벽에서 소음원 방향으로 1~3.5m 떨어진 지점으로 하되, 소음도가 높을 것으로 예상되는 지점의 지면 위 1.2~1.5m 높이에서 측정한다.[16] 이때 '피해자'는 집시법 제14조의 입법 취지를 고려할 때 '소음으로 인한 피해에 일정 기간 또는 횟수 이상 노출되는 것'을 전제로 한다고 할 수 있으므로 '해당 건물에 거주하거나, 해당 건물에서 일정 시간 이상 업무를 처리하는 사람'으로 한정하여 해석하는 것이 바람직하다. 일시적으로 지나가는 통행인이 해당 건물에 아무런 이유 없이 들어가 피해 신고를 하는 경우까지 '피해자'로 볼 수는 없기 때문이다.

'건물'은 주로 집·상가·사무실 등을 일컫지만 가건물도 건물에 해당할 수 있다. 그러나 집시법 제14조의 규율 대상이 타인에게 심각한 피해를 주는 소음이라는 점을 고려할 때, 사람이 거주하지 않는 주택이나 모두 퇴근한 사무실 등과 같이 피해자가 존재하지 않는 것이 명백한 경우라면 집시법 제14조에 따른 소음측정 대상 및 장소가 될 수 없다고 보아야 한다. 다만 집시법 시행령 [별표 2]에서는 주된 건물의 경비 등을 위하여 사용되는 부속 건물, 광장·공원이나 도로상의 영업시설물, 공원의 관리사무소 등은 소음측정 장소에서 제외하고 있다. 이들 장소는 항상 거리의 소음에 노출되어 있으며, 상대적으로 소수의 피해자를 보호하는 것보다는 다수의 집회권을 보장하는 것이 비례의 원칙에 부합하기 때문이다. 다만 경비 등의 목적으로 사용되는 부속 건물이 아닌 식당이나 작업장 등은 소음측정 장소에 해당할 수 있을 것이다.

---

16) 집시법 시행령 [별표 2] 中 비고 2.

한편, 피해자 신고가 접수된 경우에는 피해자 위치를 기준으로, 경찰관이 자율적으로 측정하는 경우에는 피해가 우려되는 지역에서 소음을 측정한다. 예를 들어, 주상복합 아파트처럼 1층에는 상가가 있고 2층 이상은 주거지역에 해당한다면, 신고자의 위치가 어떤 장소에 해당하는지에 따라 주거지역 또는 기타 지역의 기준을 적용하는 것이 타당하다. 다만 경찰관이 자율적으로 측정하는 경우라면 원칙적으로 피해가 우려되는 지역에서 측정해야 하겠지만 그 구분이 어려울 때는 집회 주최 측에게 유리한 기타지역의 기준을 적용하는 것이 바람직하다.

2.4. 소음 기준을 초과하는 확성기 등의 사용에 대한 조치

기준을 초과하는 확성기 등 소음에 대해서는 ① 기준 이하의 소음을 유지하거나 ② 확성기 등의 사용을 중지할 것을 명령할 수 있고, ③ 일시보관 등 필요한 조치를 할 수 있다. 각각의 조치를 반드시 순서대로 해야 하는 것은 아니지만, 비례의 원칙을 준수하고 절차적 정당성을 확보하기 위하여 가능하면 차례로 진행하는 것이 바람직하다.

야간·주거지역 등 특수한 경우로서 소음피해가 극심한 경우라면 유지명령을 생략하고 즉시 중지명령이나 일시보관 조치 등을 이행하여 국민의 불편을 최소화하는 방법을 검토할 수 있을 것이다. 유지·중지명령은 주최자 또는 주관자에게 하여야 하며, 이러한 명령에 따르지 않거나 일시보관 등 필요한 조치를 거부·방해하는 자에 대해서는 사법처리도 가능하다. 다만 폭력을 수반하지 않는 단순 명령 위반·거부·방해 등은 현행범 체포를 지양하는 것이 바람직하다.

과도한 집회·시위 소음으로 업무를 방해한 경우

집회·시위로 어느 정도의 소음이 발생하는 것은 부득이하므로 합리적인 범위에서 확성기 등을 사용한 행위 자체를 위법하다고 할 수는 없다.[17] 그러나 사

---

17) 대법원 2004. 10. 15. 선고, 2004도4467 판결.

회 통념상 용인될 수 없는 정도로 타인에게 심각한 피해를 주는 소음을 유발하여 인근 관공서·사무실 근로자 등의 업무를 방해하였다면 업무방해죄에 해당될 가능성이 높다.[18]

[대법원 2004. 10. 15. 선고, 2004도4467 판결] 약 두 달 반 동안 10여회에 걸쳐 매회 평균 15명 정도를 동원하여 옥외집회를 개최하였는데, 당시 구청 종합민원실 앞 인도 점거 후 확성기 소음(82.9~100.1dB)으로 청사 내에서는 전화통화나 대화 등이 어려웠으며, 밖에서는 부근을 통행하기조차 곤란하였고, 인근 상인들도 소음으로 인한 고통을 호소한 사실을 인정하여 위력으로 인근 상인 및 사무실 종사자들의 업무를 방해한 업무방해죄를 구성한다.

[대법원 2009. 10. 29. 선고, 2007도3584 판결] 민주사회에서 공무원의 직무수행에 대한 시민들의 건전한 비판과 감시는 가능한 한 널리 허용되어야 한다는 점에서 볼 때, 공무원의 직무수행에 대한 비판이나 시정 등을 요구하는 집회·시위 과정에서 일시적으로 상당한 소음이 발생하였다는 사정만으로는 이를 공무집행방해죄에서의 음향으로 인한 폭행이 있었다고 할 수는 없다. 그러나 의사전달수단으로서 합리적 범위를 넘어서 상대방에게 고통을 줄 의도로 음향을 이용하였다면 이를 폭행으로 인정할 수 있을 것인바, 구체적인 상황에서 공무집행방해죄에서의 음향으로 인한 폭행에 해당하는지 여부는 음량의 크기나 음의 높이, 음향의 지속시간, 종류, 음향발생 행위자의 의도, 음향발생원과 직무를 집행 중인 공무원과의 거리, 음향발생 당시의 주변 상황을 종합적으로 고려하여 판단하여야 한다.

이러한 관점에서 대법원은 '합리적인 범위에서 확성기 등을 사용한 행위 자체를 위법하다고 할 수는 없으나, 그 집회의 장소, 소음 발생의 수단, 방법, 그 결과 등에 비추어 집회 목적달성의 범위를 넘어 사회통념상 용인될 수 없는 정도로 타인에게 심각한 피해를 주는 소음을 발생시키는 경우에는 위법한 위력의 행사로서 정당행위라고 할 수 없다'고 판단하고 있다.[19]

---

18) 대법원 2008. 9. 11. 선고, 2004도746 판결.
19) 대법원 2019. 5. 16. 선고, 2019도485 판결; 김덕성, "삼성전자 서초사옥 앞 '장송곡 집회' … 업무방해 유죄", 리걸타임스, http://www.legaltimes.co.kr/news/articleView.html?

또한 집시법 시행령상 기준치 이하의 소음일지라도 사회통념상 용인 가능한 수준을 넘어 장기간 '괴롭히기 식'으로 송출함으로써, 집회·시위에서 자신의 주장을 전달하기 위한 목적으로서 합리적 범위를 넘어서 상대방에게 고통을 줄 의도로 음향을 이용하였다면 이를 폭행으로 인정할 수 있다고 보고 있다.

[전주지방법원 2018. 3. 8. 선고, 2014고단770 판결] 집회 및 시위에 관한 법률(이하 '집시법'이라 한다)상 소음기준을 준수하였다고 하여 일체의 민형사상 책임으로부터 자유로울 수는 없고, 공무집행방해죄의 성립 여부는 집시법의 규제와 별도로 판단하여야 하는데, 제반 사정을 종합하면 피고인들의 행위는 공무집행방해죄의 행위 태양인 폭행에 해당하고, 위 공무원들의 직무는 공무집행방해죄의 보호 대상이며, 피고인들에게 공무집행을 방해할 의도가 없었더라도 적어도 공무집행방해의 미필적 고의는 있었다고 충분히 인정되고, 피고인들이 의사전달수단으로서 합리적 범위를 넘어서 상대방에게 고통을 줄 의도로 음향을 이용하였고 장기간에 걸쳐 공무집행을 방해한 점 등의 사정에 비추어 피고인들의 행위가 수단과 방법이 상당한 행위라거나 긴급하고 불가피한 수단이라고 볼 수 없어 사회상규에 위배되지 아니하는 행위에 해당하지 아니한다.[20]

3. 집회·시위 참가자가 지켜야 할 사항

집회·시위의 자유는 최대한 보장되어야 하지만, 그로 인해 공공의 안녕질서를 위태롭게 하거나 다른 사람에게 지나친 피해를 주어서는 안 된다. 현행 집시법은 주최자·질서유지인·참가자의 준수사항을 규정하여 집회·시위에 참여하

---

idxno=46833 (2019. 06. 06.) 참조.

20) 이 사건의 피고인들은 2011. 3. 28.부터 2013. 12. 12.까지 매일 07:00경부터 18:00경까지 임실군청사 출입문으로부터 30m 떨어진 곳에 고성능 확성기가 설치되어 있는 차량을 주차시켜 놓고 '장송곡', '애국가', '회심곡' 등을 72.1dB 내지 81.2dB의 음량으로 반복적으로 재생 방송한 것에 대하여 공무집행방해로, 이후 육군 35사단 후문 울타리로부터 10m 떨어진 곳에 이동식 컨테이너를 설치하고 지붕에는 확성기를 설치한 다음 2013. 12. 19.경부터 2014. 1. 6.경까지는 08:30부터 18:30까지 미리 준비한 '장송곡' 등을 44.6dB 내지 74.3dB의 음량으로 반복적으로 재생 방송하고, 군부대 측이 방음벽을 설치한 2014. 1. 7.경부터 2014. 1. 17.경까지는 방음벽 위로 확성기를 높여 설치한 후 매일 24시간 내내 같은 방법으로 '장송곡' 등을 재생 방송하여 공무집행방해 및 상해 혐의로 기소되었다.

는 사람들이 스스로 질서를 유지하도록 하고 있다.

집시법을 제정할 당시에는 집회·시위 주최자의 준수사항 및 참가자의 준수사항으로 질서유지 의무, 종결선언 의무, 위험물건 소지 및 폭행 등 행위의 금지의무 정도를 규정하였다. 이후 '1973년 집시법'에서 관공서 소란행위, 군부대소란행위, 공공시설의 업무방해, 경찰관 지시 위반 및 교통 소통을 저해해서는안 되는 것으로 규제가 확대되었다.

그러나 '1989년 집시법'에서 주최자·질서유지인·참가자로 구분하고 현행집시법의 규정과 같은 형태를 갖추었다. 이때 주최자 등의 의무를 '제정 집시법'당시 규정과 유사한 수준으로 완화하였으며, 신고 범위 일탈 행위 및 옥내집회시 옥외 참가 유발 행위 금지만을 추가하였다.

3.1. 주최자·주관자·질서유지인

주최자·주관자

'주최자'란 "자기 이름으로 자기 책임 아래 집회나 시위를 여는 사람이나 단체"를 말한다. 주최자는 주관자를 따로 두어 집회 또는 시위의 실행을 맡아 관리하도록 위임할 수 있으며, 이 경우 주관자는 그 위임범위 내에서 주최자로 본다(집시법 제2조 제3호). 단체가 집회 또는 시위를 주최하는 경우도 다수 있어 주최자의 개념에 사람과 단체를 포괄적으로 규정하였으며, 주최자와 주관자가 각각 정의됨에 따라 권한과 책임이 불분명하였던 것을 명료하게 구분하였다. 따라서 주관자는 주최자의 위임범위 내에서 집시법상 주최자에 관한 규정의 적용을 받게된다.

한편, 집회신고서에 기재된 주최자가 위계상 상·하급으로 구분된 단체일 때에는 실질적으로 집회를 주도한 단체를 주최자로 본다. 따라서 상급단체 명의로집회를 신고했지만 실제로는 하급 단체의 주도로 집회가 이루어졌다면, 해당 집회에 관한 집시법상의 책임은 집회를 주도한 하급 단체에 있다.

[대법원 2008. 3. 14. 선고, 2006도6049 판결] 관련 집회들이 상급단체(전교조 서울시지부) 명의로 집회신고 된 경우라도, 해당 미신고 집회를 실제 주도한 자(○○여고 분회장)가 주최자로서 미신고 집회를 주최한 책임을 진다.

질서유지인

'질서유지인'이란 "주최자가 자신을 보좌하여 집회 또는 시위의 질서를 유지하게 할 목적으로 임명한 자"를 말한다(집시법 제2조 제4호). 이는 집회·시위를 개최할 때 자율적으로 질서를 유지하고 평화적인 집회·시위 문화를 정착하기 위하여 독일 집시법상의 질서유지인제도를 '1989년 집시법'에 도입한 것이다.

질서유지인 제도는 집회 주최자와 참가자가 자율적으로 집회·시위의 질서를 유지하기 위해 노력한다는 것을 전제로, 일몰 시간 후부터 일출 시간 전까지 절대적으로 금지되었던 옥외집회가 가능하도록 규정을 정비하는 과정에서 도입되어 집회의 자유에 대한 제한을 축소하였다는 점에서 의미가 있다.

3.2. 주최자의 준수사항

집시법 제16조【주최자의 준수 사항】① 집회 또는 시위의 주최자는 집회 또는 시위에 있어서의 질서를 유지하여야 한다.
② 집회 또는 시위의 주최자는 집회 또는 시위의 질서 유지에 관하여 자신을 보좌하도록 18세 이상의 사람을 질서유지인으로 임명할 수 있다.
③ 집회 또는 시위의 주최자는 제1항에 따른 질서를 유지할 수 없으면 그 집회 또는 시위의 종결(終結)을 선언하여야 한다.
④ 집회 또는 시위의 주최자는 다음 각 호의 어느 하나에 해당하는 행위를 하여서는 아니 된다.
1. 총포, 폭발물, 도검(刀劍), 철봉, 곤봉, 돌덩이 등 다른 사람의 생명을 위협하거나 신체에 해를 끼칠 수 있는 기구(器具)를 휴대하거나 사용하는 행위 또는 다른 사람에게 이를 휴대하게 하거나 사용하게 하는 행위
2. 폭행, 협박, 손괴, 방화 등으로 질서를 문란하게 하는 행위

집회·시위의 주최자는 집회·시위에 있어 질서를 유지하여야 할 의무가 있다. 이를 위하여 자신을 보좌하여 집회·시위의 질서를 유지할 수 있도록 18세 이상의 사람으로 질서유지인을 둘 수 있다. 또한 집회·시위의 주최자는 스스로 질서를 유지할 수 없으면 집회·시위의 종결을 선언해야 하는 의무가 있다. 주최자가 종결선언을 한 집회·시위가 종료하지 않고 계속 진행될 때는 경찰은 해산 절차를 진행할 수 있다.

집회·시위의 주최자는 해를 끼칠 수 있는 기구를 사용하는 행위, 질서를 문란하게 하는 행위, 신고한 범위를 뚜렷하게 일탈하는 행위 등을 할 수 없다. '해를 끼칠 수 있는 기구를 사용하는 행위'는 철봉 등 조문에서 열거한 기구뿐 아니라 '타인의 생명을 위협하거나, 신체에 해를 끼칠 수 있는 기구'로서 '죽창'이나 '화염병' 등을 휴대·사용하는 경우뿐 아니라, 피켓·깃발 자루 등을 휘두르거나 구타의 도구로 사용하는 경우가 해당한다. 다만 철봉·도검 등은 휴대 및 소지 자체가 금지되지만, 피켓이나 깃발 자루 등은 그 용법을 고려할 때 생명을 위협하거나 신체에 해를 끼치는 방법으로 사용하는 행위만이 금지된다고 해석하는 것이 적절하다.

[질서를 문란하게 하는 행위의 예시]
• (광주지방법원 2008. 4. 8. 선고, 2008고합33 판결) 경찰버스를 파손하는 것을 제지하는 경찰관들에게 쇠파이프, 각목, 죽봉 등을 휘두르며 돌을 던지는 행위
• (부산지방법원 2007. 10. 30. 선고, 2007고단4733 판결) 정당 당사 진입을 시도하며 이를 제지하는 경찰관의 옷을 잡고 밀어 붙이고, 다른 경찰관의 목을 양손으로 잡아당기고 경찰봉을 빼앗고, 또다른 경찰관의 목부분을 팔로 감고 손으로 머리채를 잡아당기는 행위
• (전주지방법원 2008. 3. 21. 선고, 2007고단1588 판결) 정문 출입문을 손괴하고 진입을 시도하며 이를 저지하는 경찰관들과 몸싸움을 하는 행위

'신고한 범위를 뚜렷하게 일탈하는 행위'에 대해 법원은 집회·시위 신고제도가 그 성격·규모 등을 사전에 파악하여 적법한 옥외집회·시위를 보호하는 한편, 위험을 사전에 방지하여 공공의 안녕질서를 유지하기 위한 적절한 조치를 마련하는 데 그 취지가 있다는 전제에서 접근한다.

[대법원 2008. 10. 23. 선고, 2008도3974 판결] 현실로 개최된 옥외집회 또는 시위가 위 법 제14조 제4항 제3호에서 정한 "신고한 목적·일시·장소·방법 등 그 범위를 현저히 일탈하는 행위"에 해당하는지 여부는 그 집회 또는 시위가 신고에 의해 예상되는 범위를 현저히 일탈하여 신고제도의 목적 달성을 심히 곤란하게 하였는지 여부에 의하여 가려야 한다. 또한, 이를 판단할 때에는 집회·시위의 자유가 헌법상 보장된 국민의 기본권이라는 점, 집회 등의 주최자로서는 사전에 그 진행방법의 세부적인 사항까지 모두 예상하여 빠짐없이 신고하기 어려운 면이 있을 뿐아니라 그 진행과정에서 방법의 변경이 불가피한 경우 등도 있을 수 있는 점 등을 염두에 두고, 신고내용과 실제 상황을 구체적·개별적으로 비교하여 살펴본 다음이를 전체적·종합적으로 평가하여 판단하여야 한다.[21]

즉 '신뢰에 기초한 협력관계'를 벗어나 폭력 등 불법집회·시위로 나아가거나, 집회·시위 현장의 실제상황이 신고한 내용과 달라 사전에 위험 방지를 위하여 필요한 조치를 할 수 없었다고 볼 수 있는 경우를 '신고한 범위를 뚜렷하게 일탈하는 행위'에 해당한다고 할 수 있다.

[신고한 범위를 뚜렷하게 일탈하는 행위의 예시]
• (인천지방법원 2004. 6. 16. 선고, 2004고단950 판결) 08:00~19:40간 집회를 하겠다고 신고하고, 집회 장소 옆 빈터에 천막을 설치하여 밤샘농성을 개최하는 경우
• (광주지방법원 순천지원 2007. 12. 14. 선고, 2007고단2192 판결 등) 당초 신고한 장소로부터 300미터 떨어진 장소나, 집회신고 장소로부터 약 100미터

---

21) 납골당 설치 반대를 목적으로 한 옥외집회와 시위를 주최하면서 신고하지 아니한 상여·만장 등을 사용한 사안에서 집시법 제14조 제4항 제3호에서 정한 "신고한 범위를 현저히 일탈한 행위"에 해당하지 않는다고 한 사례이다.

떨어진 장소에서 집회를 개최한 경우
- (인천지방법원 2004. 5. 28. 선고, 2003고단6289 판결) 집회 개최장소를 회사 앞 좌우측 인도(50미터)로 신고하고 회사 정문 안쪽에서 집회를 개최한 경우
- (창원지방법원 2008. 3. 21. 선고, 2008고정235 판결) 시위방법을 구호제창, 피켓팅 등으로 신고한 후 공사현장에서 집회를 개최하면서 공사현장을 무단점거하고 포크레인을 가로막고 돌을 던지는 경우

한편, 신고의 범위를 넘어 전혀 다른 집회를 개최하는 경우, 예를 들어 주최자가 아예 다른 집회를 개최하거나 당초 신고한 장소와 전혀 다른 지역에서 별도 신고 없이 집회를 개최한 경우 등은 신고범위를 뚜렷이 벗어나는 정도가 아니라 별도의 미신고집회를 개최한 것으로 보아 미신고집회에 해당하는 조치를 검토할 수 있을 것이다.

[대법원 2008. 7. 10. 선고, 2006도9471 판결] 옥외집회 또는 시위를 신고한 주최자가 그 주도 아래 행사를 진행하는 과정에서 신고한 목적·일시·장소·방법 등의 범위를 현저히 일탈하는 행위에 이르렀다고 하더라도, 이를 신고 없이 옥외집회 또는 시위를 주최한 행위로 볼 수는 없고, 처음부터 옥외집회 또는 시위가 신고된 것과 다른 주최자나 참가단체 등의 주도 아래 신고된 것과는 다른 내용으로 진행되거나, 또는 처음에는 신고한 주최자가 주도하여 옥외집회 또는 시위를 진행하였지만 중간에 주최자나 참가단체 등이 교체되고 이들의 주도 아래 신고된 것과는 다른 내용의 옥외집회 또는 시위로 변경되었음에도 불구하고, 이미 이루어진 옥외집회 또는 시위의 신고를 명목상의 구실로 내세워 옥외집회 또는 시위를 계속하는 등의 경우에는 그 주최 행위를 '신고 없이 옥외집회 또는 시위를 주최한 행위'로 보아 처벌할 수 있다.

3.3. 질서유지인의 준수사항

집시법 제17조【질서유지인의 준수 사항 등】① 질서유지인은 주최자의 지시에 따라 집회 또는 시위 질서가 유지되도록 하여야 한다.

② 질서유지인은 제16조제4항 각 호의 어느 하나에 해당하는 행위를 하여서는 아니 된다.
③ 질서유지인은 참가자 등이 질서유지인임을 쉽게 알아볼 수 있도록 완장, 모자, 어깨띠, 상의 등을 착용하여야 한다.
④ 관할경찰관서장은 집회 또는 시위의 주최자와 협의하여 질서유지인의 수(數)를 적절하게 조정할 수 있다.
⑤ 집회나 시위의 주최자는 제4항에 따라 질서유지인의 수를 조정한 경우 집회 또는 시위를 개최하기 전에 조정된 질서유지인의 명단을 관할경찰관서장에게 알려야 한다.

질서유지인은 집회·시위의 종결선언 의무를 제외하고 주최자와 동일한 수준의 질서 유지 등의 의무를 부담한다. 집시법 시행령 제15조는 누구나 질서유지인임을 쉽게 알아볼 수 있도록 종류·모양·색상이 통일된 완장·모자·어깨띠·상의 등으로 복장을 통일하여야 한다고 규정하고 있다.

한편, 질서유지인은 집회·시위를 신고할 때 그 명단을 제출하게 되는데, 관할 경찰관서장이 집시법 제17조 제4항에 따라 질서유지인의 수를 조정한 경우에는 변경된 질서유지인의 명단을 집회·시위 개최 전에 관할 경찰관서장에게 서면으로 통보하여야 한다.

3.4. 참가자의 준수사항

집시법 제18조【참가자의 준수 사항】① 집회나 시위에 참가하는 자는 주최자 및 질서유지인의 질서 유지를 위한 지시에 따라야 한다.
② 집회나 시위에 참가하는 자는 제16조 제4항 제1호 및 제2호에 해당하는 행위를 하여서는 아니 된다.

집시법 제18조 제1항은 집회·시위의 참가자는 주최자(주관자) 및 질서유지인의 질서유지를 위한 지시를 따르도록 명시하고 있다. 이 조항은 제정 집시법 이후 현재까지 자구 수정 이외에는 변경이 없다.

주최자나 질서유지인에 대한 규제와 비교하면 상대적으로 참가자에 대한 규제는 최소한에 그친다고 할 수 있다. 다만 참가자라 할지라도 총·폭발물·돌·화염병 등을 사용하여 타인의 생명·신체에 위해를 가하거나, 폭행·협박·손괴·방화 행위를 한 경우에는 집시법의 벌칙 규정 외에도 「폭력행위 등 처벌에 관한 법률」제3조(집단적 폭행 등), 「화염병 사용 등의 처벌에 관한 법률」제3조(화염병 사용)·제4조(제조, 소지 등), 「형법」제115조(소요)·제116조(다중불해산)·제136조(공무집행방해)·제144조(특수공무집행방해) 등의 적용을 받을 수 있다.

폭력행위 등 처벌에 관한 법률 제3조【집단적 폭행 등】④ 이 법(「형법」 각 해당 조항 및 각 해당 조항의 상습범, 특수범, 상습특수범, 각 해당 조항의 상습범의 미수범, 특수범의 미수범, 상습특수범의 미수범을 포함한다)을 위반하여 2회 이상 징역형을 받은 사람이 다시 다음 각 호의 죄를 범하여 누범으로 처벌할 경우에는 다음 각 호의 구분에 따라 가중처벌한다.
1. 「형법」제261조(특수폭행)(제260조제1항의 죄를 범한 경우에 한정한다), 제284조(특수협박)(제283조제1항의 죄를 범한 경우에 한정한다), 제320조(특수주거침입) 또는 제369조제1항(특수손괴)의 죄: 1년 이상 12년 이하의 징역
2. 「형법」제261조(특수폭행)(제260조제2항의 죄를 범한 경우에 한정한다), 제278조(특수체포, 특수감금)(제276조제1항의 죄를 범한 경우에 한정한다), 제284조(특수협박)(제283조제2항의 죄를 범한 경우에 한정한다) 또는 제324조제2항(강요)의 죄: 2년 이상 20년 이하의 징역
3. 「형법」제258조의2제1항(특수상해), 제278조(특수체포, 특수감금)(제276조제2항의 죄를 범한 경우에 한정한다) 또는 제350조의2(특수공갈)의 죄: 3년 이상 25년 이하의 징역

화염병 사용 등의 처벌에 관한 법률 제3조【화염병의 사용】① 화염병을 사용하여 사람의 생명·신체 또는 재산을 위험에 빠트린 사람은 5년 이하의 징역 또는 500만원 이하의 벌금에 처한다.
② 제1항의 미수범은 처벌한다.

화염병 사용 등의 처벌에 관한 법률 제4조【화염병의 제조·소지 등】① 화염병을 제조

하거나 보관·운반·소지한 사람은 3년 이하의 징역 또는 300만원 이하의 벌금에 처한다.

② 화염병의 제조에 쓸 목적으로 유리병이나 그 밖의 용기에 휘발유나 등유, 그 밖에 불붙기 쉬운 물질을 넣은 물건으로서 이에 발화장치나 점화장치를 하면 화염병이 되는 것을 보관·운반·소지한 사람도 제1항과 같이 처벌한다.

③ 화염병의 제조에 쓸 목적으로 화염병을 사용할 위험이 있는 장소에서 그 제조에 사용되는 물건 또는 물질을 보관·운반·소지한 사람은 1년 이하의 징역 또는 100만원 이하의 벌금에 처한다.

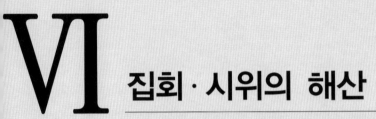

VI

집회 · 시위의 해산

The Theory and Practice of Assembly and Demonstration

VI 집회 · 시위의 해산

The Theory and Practice of Assembly and Demonstration

집시법은 그 목적을 집회·시위의 권리 보장과 공공의 안녕질서가 적절히 조화를 이루는 것이라고 밝히고 있다(제1조). 이 목적에 따라 공공의 안녕질서를 확보하고, 그 침해를 예방하기 위해서 옥외집회 또는 시위를 개최하고자 하는 경우 사전에 이를 신고하도록 규정하였으며, 일정한 요건에 해당하는 경우에는 집회·시위를 금지·제한하는 규정도 마련하였다. 그러나 사전신고 제도, 금지·제한통고 제도 등과 같은 사전 조치만으로는 집회·시위가 개최된 이후 공공의 안녕질서가 침해되었을 때 실효적인 대응을 할 수 없는 경우도 있다. 그러한 경우를 고려하여 집시법은 '공공의 안녕질서 확보'를 위해 불가피하게 집회·시위 해산 제도를 두고 있으며, 집시법 제20조에서 해산(자진해산 요청 및 자신해산 명령)과 그 대상 및 요건, 해산명령을 받은 자의 의무 등에 관하여 규정하고 있다.

경찰이 집회·시위를 해산한다는 것은 곧 헌법상 국민의 기본권인 집회의 자유를 크게 제한함을 의미한다. 또한 해산과정에서 경찰과 참가자 사이에 충돌이 발생할 가능성도 매우 크다. 따라서 집회·시위의 해산은 법률에 따라 매우 엄격한 요건 아래에서 예외적·최후적으로 이루어져야 한다. 하지만 집시법 제20조에서 규정하고 있는 '해산 대상이 되는 집회·시위'는 집회·시위의 해산요건이 구체적으로 명시되어 있는 것과 그렇지 않은 것이 혼재되어 있다. 이 때문에 어떠한 경우에 집회·시위를 해산할 수 있는지에 관한 해석과 적용에 있어서 판례의 입장이 큰 비중을 차지하게 된다. 물론 판례의 해석을 바탕으로 비례의 원칙을 지키며 해산절차를 진행할 수 있지만, 국민의 기본권을 보장한다는 측면에서 집시법에 해산의 요건을 명확하게 규정할 필요가 있다.

집시법 제20조와 관련하여, '별도의 해산요건'을 인정한 대법원 전원합의체 판결[1] 이후, 해산명령을 실질적·형식적 요건으로 나누고 공공질서에 대한 직접적 위험의 명백한 초래라는 실질적 요건을 명문화하자는 의견,[2] 구체적 위험 발생에 대한 개연성이나 예견 가능성이 있을 때에는 추상적 위험 단계에서도 적법하게 해산명령을 할 수 있다는 의견,[3] 해산 절차에서 시민이 참여하는 위원회를 통해 위험 여부를 판단하자는 의견[4] 등 다양한 견해가 제시되었다.

여기에서는 국제인권기준과 경찰개혁위원회[5] 권고안을 반영하여 집회·시위의 해산과 관련한 헌법상 근거와 한계, 현행 집시법의 규율체계와 판례의 입장을 살펴보고, 국제인권기준과 경찰개혁위원회 권고안 등을 통해 도출된 기준을 바탕으로 집시법 제20조 개정 방안을 제시한다.

---

1) 대법원 2012. 4. 19. 선고, 2010도6388 판결(전원합의체).
2) 이에 관한 자세한 내용은 김택수, "집시법상 해산명령의 적법요건에 관한 연구", 경찰학연구 제3권 제2호, 경찰대학 (2013), pp.245 - 272 참조.
3) 이에 관한 자세한 내용은 백창현·문경환, "집시법상 해산명령에 관한 연구", 경찰법연구 제11권 제1호, 경찰대학 (2013), pp.103 - 126 참조.
4) 이에 관한 자세한 내용은 황규진, "집회·시위 해산 절차의 개선방안 연구", 경찰학논총 제11권 제3호, 원광대학교 경찰학연구소 (2016), pp.261 - 286 참조.
5) 2017년 6월 경찰청에 설치된 경찰개혁위원회는 인권보호, 수사개혁, 자치경찰의 3개 분과를 2018년 6월까지 1년간 운영하면서 치안활동 전반에 대한 개혁 권고안 30건을 의결·발표하였다. 특히, 인권보호분과에서는 2017년 9월 1일 평화적 집회·시위를 최대한 보장하기 위하여 경찰의 집회·시위 대응방식의 근본적인 변화와 구체적인 인권보호방안을 내용으로 하는 '집회·시위 자유 보장방안'을 권고하였다. 이에 맞추어 경찰청은 기존의 '준법보호·불법예방' 집회·시위 관리 기조에서 '자율과 책임에 기반한 집회·시위 보장' 기조로 패러다임을 전환하였다. 경찰개혁위원회 인권보호분과에서는 집회·시위와 관련하여 ① 집회·시위 패러다임 변화, ② 신고절차 개선, ③ 금지·조건통보 기준 명확화, ④ 대응절차 개선, ⑤ 해산절차 개선, ⑥ 기타 권고 등 크게 6개 항목의 개선을 권고하였다.

1. 집회·시위 해산의 헌법적 근거와 한계[6]

1.1. 집회·시위 해산의 헌법적 근거

평화적 집회·시위의 보장

집시법 제1조에서는 '적법한' 집회·시위를 보장하겠다고 하였지만, 헌법재판소는 헌법상 보호되는 집회는 '평화적' 집회라고 해석하고 있다.

> [헌법재판소 2003. 10. 30. 선고, 2000헌바67 결정] 비록 헌법이 명시적으로 밝히고 있지는 않으나, 집회의 자유에 의하여 보호되는 것은 단지 '평화적' 또는 '비폭력적' 집회이다. 집회의 자유는 민주국가에서 정신적 대립과 논의의 수단으로서, 평화적 수단을 이용한 의견의 표명은 헌법적으로 보호되지만, 폭력을 사용한 의견의 강요는 헌법적으로 보호되지 않는다.

예를 들어, 집시법 제6조에 따라 사전에 신고하지 않은 미신고 집회는 적법한 집회는 아니지만, 이 집회가 평화적으로 개최된 경우라면 이는 집시법상 규제와는 별개로 헌법상 보호되는 집회에 해당하는 것이다. 이때 경찰은 미신고 집회가 '적법한' 집회가 아님을 근거로 집시법에 따라 사후에 주최자를 처벌할 수 있다. 그러나 현재 진행 중인 '평화적' 집회는 최대한 보장해야 한다. 왜냐하면, 집시법 제3조에서는 '평화적인' 집회 또는 시위를 방해해서는 안 된다고 규정하고 있고, 방해자에 대해서는 집시법 제22조에 따라 형사 처벌하며, 특히 방해자가 군인·검사·경찰관이면 가중 처벌하도록 규정하고 있기 때문이다.

> 집시법 제3조【집회 및 시위에 대한 방해 금지】 ① 누구든지 폭행, 협박, 그 밖의 방법으

---

6) 이하 내용은 '김기영·박주형·김선일, "집회 및 시위에 관한 법률 제20조의 개정 방안", 한국경찰학회보 제21권 제3호, 한국경찰학회 (2019), pp.29 - 52'에 서술된 내용 중에서 저자들의 동의를 받아 관련 부분을 중심으로 수정·보완한 것이다.

로 평화적인 집회 또는 시위를 방해하거나 질서를 문란하게 하여서는 아니 된다.

이와 같은 '평화적' 집회·시위 보장에 관한 사항은 국제규약에서도 찾을 수 있으며, 참가자 소수의 폭력행위가 예상된다고 하더라도 전반적으로 평화적이라면 평화적 집회·시위로 보아야 한다.

시민적 및 정치적 권리에 관한 국제규약 제21조 평화적인 집회의 권리가 인정된다. 이 권리를 행사하는 것에 관해 법률에 따라 부과되고, 또한 국가안보 또는 공공의 안전, 공공질서, 공중보건 또는 도덕의 보호 또는 타인의 권리 및 자유의 보호를 위하여 민주사회에서 필요한 것 이외의 어떠한 제한도 과하여져서는 아니 된다.

헌법재판소는 평화적 집회·시위에 관하여, 평화적 집회 그 자체는 공공의 안녕질서에 대한 위험이나 침해에 따라 평가되어서는 안 되며, 집회의 자유를 집단으로 행사하는 과정에서 불가피하게 발생하는 일반 대중의 불편함이나 법익에 대한 위험은 집회의 자유라는 보호법익과 조화를 이루는 범위 내에서 국가와 제3자가 수인해야 한다는 견해를 보인다.[7]

다만 헌법재판소는 평화적이지 않은 집회·시위는 헌법이 보호하지 않는다는 견해도 함께 밝히면서, 공공의 안녕질서에 대한 직접적인 위협이 명백하게 존재하는 경우 보충성이 충족된다면 집회·시위를 금지하거나 해산을 명할 수 있다고 판시하였다.

[헌법재판소 2003. 10. 30. 선고, 2000헌바67 결정] 특히 집회의 금지와 해산은 원칙적으로 공공의 안녕질서에 대한 직접적인 위협이 명백하게 존재하는 경우에 한하여 허용될 수 있다. 집회의 금지와 해산은 집회의 자유를 보다 적게 제한하는 다른 수단, 즉 조건을 붙여 집회를 허용하는 가능성을 모두 소진한 후에 비로소 고려될 수 있는 최종적인 수단이다.

---

7) 헌법재판소 2003. 10. 30. 선고, 2000헌바67 결정.

즉 집회·시위가 폭력적으로 격화되면서 통상의 수인한도를 초과하여 공공의 안녕질서에 대한 구체적 위험이 발생하였다면, 이는 이미 헌법이 보장하는 평화적 집회·시위의 범위를 벗어난 경우로서 규제할 수 있다. 해산 외에는 달리 장해를 제거할 방법이 없는 상황이라면 해산을 명할 수 있다.

법률유보의 원칙

헌법 제37조 제2항은 "국민의 모든 자유와 권리는 국가안전보장·질서유지 또는 공공복리를 위하여 필요한 경우에 한하여 법률로써 제한할 수 있으며, 제한하는 경우에도 자유와 권리의 본질적인 내용을 침해할 수 없다"고 규정하며, 여기서 법률은 국회에서 제정한 형식적 의미의 법률을 의미한다. 따라서 집회·시위의 자유에 대한 권리도 질서유지를 위해 필요한 경우 법률로써 제한될 수 있다. 이에 따라 집시법 제20조에서는 해산을 명할 수 있는 집회·시위의 유형들을 한정적으로 열거하고 있다.

1.2. 집회·시위 해산의 헌법상 한계

주관적 공권

집회의 자유는 공동으로 인격을 발현하기 위하여 타인과 함께 하고자 하는 자유, 즉 타인과의 의견교환을 통하여 공동으로 인격을 발현하는 자유를 보장하는 기본권이자 동시에 국가권력에 의하여 개인이 타인과 사회공동체로부터 고립되는 것으로부터 보호하는 기본권이다. 따라서 집회·시위가 타인과 공동으로 행사하는 기본권의 형태로 실현되지만, 집회·시위를 주최하는 단체에 귀속되는 자유가 아니라 참가자 개인에게 부여된 자유이다. 이와 같은 관점에서 원칙적으로 다른 사람의 평화적이지 않은 행위가 있다는 이유로 평화적으로 집회·시위에 참여하는 사람의 기본권이 침해받아서는 안 된다.[8]

집회·시위의 해산은 집회 참가자 개개인의 기본권 행사를 전부 제한한다는

---

[8] 헌법재판소 2003. 10. 30. 선고, 2000헌바67 결정; 한수웅, 앞의 책 (2018), pp.799-800.

점에서, 집회가 이루어지고 있는 상황에서 참가자 일부에게 제재를 가하는 것보다 훨씬 강력하고 광범위한 규제이다. 따라서 일부의 일탈을 이유로 해산을 강행함으로써 전체 참가자 개개인의 권리를 박탈해서는 안 되며, 평화적이지 않은 소수를 분리하여 제재함으로써 다수의 기본권 행사를 최대한 보장할 필요가 있다.

과잉금지의 원칙

헌법 제37조 제2항의 내용 중 "필요한 경우에 한하여"라는 표현은 법치국가 원리에서 파생한 과잉금지의 원칙을 의미한다. 이 원칙에 부합하려면 목적의 정당성과 수단의 적합성, 침해의 최소성, 법익의 균형성을 모두 충족해야 한다.[9] 목적의 정당성은 '기본권을 제한하는 법률이 정당한 목적을 추구하는지', 즉 입법자가 추구하는 목적이 헌법적으로 허용되는지의 문제이다. 수단의 적합성은 '선택한 수단이 목적 달성에 적합한 것인지'의 문제이고, 침해의 최소성은 '선택 가능한 여러 수단 중에서 개인의 기본권 침해를 최소화하는 수단을 택한 것인지'의 문제이며, 법익의 균형성은 '달성하려는 공익과 침해되는 사익을 비교형량하여 이들 간 균형이 맞는지'의 문제를 의미한다.

집회·시위의 해산을 통해 달성하려는 목적은 '공공의 안녕과 질서유지'이므로 목적의 정당성이 인정되며, 해산은 목적 달성에 적합한 수단 가운데 하나이다. 상대적으로 집회의 자유를 침해하지 않는 다른 수단이 있음에도 집회·시위를 해산시키는 경우라면 이는 최소침해의 원칙에 반하지만, '공공의 안녕과 질서유지'라는 목적을 달성하기 위하여 해산보다 집회의 자유를 보다 적게 제한하는 다른 수단을 모두 소진한 다음에 최종적으로 집회·시위의 해산을 고려한 것이라면 침해의 최소성도 충족한다. 또한 공공의 안녕이라는 공익이 중요하고 집회의 자유라는 사익 침해를 최소화하는 방법을 선택한 것이라면 법익의 균형성도 충족한다. 헌법재판소 역시 이와 같은 엄격한 요건을 갖추어 이루어진 집회의 금지와 해산이라면 허용된다고 보았다.[10] 이러한 관점에서 헌법재판소는 신

---

9) 한수웅, 앞의 책 (2018), pp.237 - 238.
10) 헌법재판소 2003. 10. 30. 선고, 2000헌바67 결정.

고범위를 뚜렷이 벗어난 집회·시위로서 질서를 유지할 수 없는 집회·시위에 대한 해산명령에 불응하는 자를 처벌하도록 규정한 것이 과잉금지의 원칙에 반하지 않는다고 결정하였다.[11]

2. 해산명령

집시법 제20조【집회 또는 시위의 해산】① 관할경찰관서장은 다음 각 호의 어느 하나에 해당하는 집회 또는 시위에 대하여는 상당한 시간 이내에 자진(自進) 해산할 것을 요청하고 이에 따르지 아니하면 해산(解散)을 명할 수 있다.
1. 제5조제1항, 제10조 본문 또는 제11조를 위반한 집회 또는 시위
2. 제6조제1항에 따른 신고를 하지 아니하거나 제8조 또는 제12조에 따라 금지된 집회 또는 시위
3. 제8조제5항에 따른 제한, 제10조 단서 또는 제12조에 따른 조건을 위반하여 교통 소통 등 질서 유지에 직접적인 위험을 명백하게 초래한 집회 또는 시위
4. 제16조제3항에 따른 종결 선언을 한 집회 또는 시위
5. 제16조제4항 각 호의 어느 하나에 해당하는 행위로 질서를 유지할 수 없는 집회 또는 시위
② 집회 또는 시위가 제1항에 따른 해산 명령을 받았을 때에는 모든 참가자는 지체 없이 해산하여야 한다.
③ 제1항에 따른 자진 해산의 요청과 해산 명령의 고지(告知) 등에 필요한 사항은 대통령령으로 정한다.

집시법에서 금지하고 있는 집회, 금지통고된 집회, 제한통고 및 조건통고를 위반한 집회, 종결선언을 선언한 집회, 준수사항을 위반하여 질서를 유지할 수 없는 집회에 대하여 관할 경찰관서장은 자진해산을 요청하고, 이에 불응할 경우 해산을 명령할 수 있다.

해산명령은 집회·시위의 관할 경찰관서장 또는 그로부터 권한을 부여받은

11) 헌법재판소 2016. 9. 29. 선고, 2015헌바309·332(병합) 결정.

경찰공무원이 할 수 있다.[12] 해산을 명령할 때에는 제반 여건을 참작하여 변수가 발생치 않도록 해야 하며, 이는 참가인원 등 집회·시위의 규모, 질서침해의 정도 등 현장 상황에 따라 구체적인 사항들을 종합적으로 고려해야 한다.

> **[대법원 2001. 10. 9. 선고, 98다20929 판결]** 경찰이 차단과정에서 차도뿐 아니라 인도까지 차단하는 것은 시위의 자유를 과도하게 제한한 조치에 해당한다.

2.1. 집회·시위의 해산 요건

집회·시위 해산에 관한 집시법의 규율체계

집시법 제20조는 집시법의 전체 구조상 가장 강력한 사후적 규제, 즉 집회 또는 시위의 해산에 관한 내용을 담고 있다. 집시법 제20조는 3개 항으로 나누어 '자진해산 요청'과 '자진해산 명령'에 대해 규율한다. 제1항은 자진해산 '요청'이나 '명령'의 대상이 될 수 있는 집회 또는 시위의 대상을 각 호에서 규정하고, 제2항은 자진해산 '명령'에 대해 '모든' 참가자가 지체 없이 해산해야 함을 규정하며,[13] 제3항은 제1항의 자진해산 요청과 명령에 대해 필요한 사항을 시행령에 위임하는 내용을 언급하고 있다.

집회·시위 해산에 관한 판례의 입장

집시법 제20조 제1항은 각 호에서 해산명령의 대상이 되는 집회·시위와 함께 개별적인 해산요건을 함께 기술하고 있다. 그러나 같은 조 제1항 모두(chapeau)에 판례가 '별도의 해산요건'으로 요구하는 '타인의 법익이나 공공의 안녕질서에 직접적인 위험을 명백하게 초래한 경우'를 구체적으로 규정하지 않고 있어 이에 대한 논쟁이 있었다.

---

12) 법원은 경찰관서장으로부터 권한을 부여받은 정보과장(2004고정850), 경비교통과장(2007고정1218), 기동대 경비계 소속 경찰관(2006고약1391)이 발한 해산명령을 적법한 것으로 판시한 바 있다.
13) 이러한 자진해산 명령에 대해 불응한 자는 집시법 제24조에 따라 '6개월 이하의 징역 또는 50만원 이하의 벌금·구류 또는 과료'에 처해질 수 있다.

집시법 제20조 제1항 각 호에서 규정된 조항들 자체에서 '별도의 해산요건'과 같은 수준의 불법성을 내포하고 있다거나, 또는 각 호의 내용에서 개별적으로 해산 요건, 즉 '질서를 유지할 수 없는'이라는 문구 등을 사용하고 있는 경우에는 별다른 해석상의 논란이 발생하지 않는다.

그러나 '별도의 해산 요건'에 대한 고려 없이 단지 '미신고'라거나 '금지'된 경우, 시간이나 장소의 위반 자체만으로 해산명령의 사유가 될 것인지에 관한 해석이 문제된다. 과거에는 제1항 각 호의 집회·시위에 해당하기만 하면 경찰이 자진해산 '명령'까지 발할 수 있었지만, 판례가 이 조항에 일부 해석적 변경을 가하여 '타인의 법익 또는 공공의 안녕질서에 직접적이고 명백한 위험 초래' 등의 요건을 추가로 요구하고 있다. 즉 '제10조 본문을 위반한 집회 또는 시위'(제20조 제1항 1호), '제6조 제1항에 따른 신고를 하지 아니하거나 제8조에 따라 금지된 집회 또는 시위'(제20조 제1항 2호)에 대해서 이른바 '별도의 해산요건'이라는 추가적인 요건을 설정함으로써 자진해산 '명령'을 발할 수 있는 요건을 판례를 통해 강화하였다. 따라서 위의 세 가지 유형의 집회·시위, 즉 미신고, 금지통고, 금지시간 위반 집회 또는 시위의 경우 그 자체로 자진해산 '명령'의 대상이 되지 않고, 그 집회 또는 시위로 인하여 '타인의 법익이나 공공의 안녕질서에 대한 직접적인 위험이 명백하게 초래된 경우에 한하여' 해산을 명할 수 있다.

[대법원 2015. 6. 11. 선고, 2015도4273 판결][14]제20조 제1항 제1호, 제2호가 '제10조 본문을 위반한 집회 또는 시위'와 '제6조 제1항에 따른 신고를 하지 아니한 집회 또는 시위'를 해산명령 대상으로 하면서 별도의 해산 요건을 정하고 있지 않더라도, 그 옥외집회 또는 시위로 인하여 타인의 법익이나 공공의 안녕질서에 대한 직접적인 위험이 명백하게 초래된 경우에 한하여 위 조항에 기하여 해산을 명할 수 있고, 이러한 요건을 갖춘 해산명령에 불응하는 경우에만 집시법 제24조 제5호에 의하여 처벌할 수 있다고 보아야 한다.

---

[14] 같은 취지에서 대법원 2011. 10. 13. 선고, 2009도13846 판결; 대법원 2012. 4. 19. 선고, 2010도6388(전원합의체) 판결.

[대법원 2012. 4. 26. 선고, 2011도6294 판결] 집시법 제20조 제1항 제2호가 미신고 옥외집회 또는 시위를 해산명령의 대상으로 하면서 별도의 해산 요건을 정하고 있지 않더라도, 그 옥외집회 또는 시위로 인하여 타인의 법익이나 공공의 안녕질서에 대한 직접적인 위험이 명백하게 초래된 경우에 한하여 위 조항에 기하여 해산을 명할 수 있고, 이러한 요건을 갖춘 해산명령에 불응하는 경우에만 집시법 제24조제5호에 의하여 처벌할 수 있다고 보아야 한다. 이와 달리 미신고라는 사유만으로 그 옥외집회 또는 시위를 해산할 수 있는 것으로 해석한다면, 이는 사실상 집회의 사전신고제를 허가제처럼 운용하는 것이나 다름없어 집회의 자유를 침해하게 되므로 부당하다.

[대법원 2011. 10. 13. 선고, 2009도13846 판결] 집시법 상 일정한 경우 집회의 자유가 사전 금지 또는 제한된다 하더라도 이는 다른 중요한 법익의 보호를 위하여 반드시 필요한 경우에 한하여 정당화되는 것이며, 특히 집회의 금지와 해산은 원칙적으로 공공의 안녕질서에 대한 직접적인 위협이 명백하게 존재하는 경우에 한하여 허용될 수 있고, 집회의 자유를 보다 적게 제한하는 다른 수단, 예컨대 시위 참가자수의 제한, 시위 대상과의 거리 제한, 시위 방법, 시기, 소요시간의 제한 등 조건을 붙여 집회를 허용하는 가능성을 모두 소진한 후에 비로소 고려될 수 있는 최종적인 수단이다. 따라서 사전 금지 또는 제한된 집회라 하더라도 실제 이루어진 집회가 당초 신고 내용과 달리 평화롭게 개최되거나 집회 규모를 축소하여 이루어지는 등 타인의 법익 침해나 기타 공공의 안녕질서에 대하여 직접적이고 명백한 위험을 초래하지 않은 경우에는 이에 대하여 사전 금지 또는 제한을 위반하여 집회를 한 점을 들어 처벌하는 것 이외에 더 나아가 이에 대한 해산을 명하고 이에 불응하였다 하여 처벌할 수는 없다.

다만 대법원은 제11조(금지장소)를 위반한 집회·시위, 즉 금지장소에서의 옥외집회 및 시위에 대해서는 그 입법목적 및 법령상 '별도의 해산 요건'이 필요하지 않음을 명확히 하고 있다. 다시 말해서, 금지장소에서의 집회·시위는 별도의 해산 요건이 필요하지 않다.

[대법원 2017. 5. 31. 선고, 2016도21077 판결] 국회의사당 인근의 옥외집회 또는 시위를 절대적으로 금지한 집시법 제11조제1호의 입법목적과 집시법 제20조 제1항제1호가 제11조를 위반한 집회 또는 시위를 해산명령의 대상으로 하면서 별도의 해산 요건을 정하고 있지 아니한 점 등을 종합하여 보면, 집시법 제11조 제1호를 위반하여 국회의사당 인근에서 개최된 옥외집회 또는 시위에 대하여는 이를 이유로 집시법 제20조제1항제1호에 기하여 해산을 명할 수 있고, 이 해산명 령에 불응하는 경우 집시법 제24조제5호에 의하여 처벌할 수 있다고 보아야 한다.

집시법 제11조를 위반한 금지장소 집회의 해산과 관련한 사례 중 '금지장소 인 청와대로 접근하다가 이를 제지당하자 인도를 점거한 사안'에서도 '공공의 안녕질서의 위험에 대한 직접성·명백성'이 존재할 때만 해산명령이 적법하다는 취지로 판시한 다음의 판례도 있다.

[대법원 2012. 4. 19. 선고, 2010도6388 전원합의체 판결] 서울 종로구 청운효자동 주민센터 앞에서 신고 없이 이 사건 집회를 개최한 사실, 집시법 제11조 제2호 에 의하면 청와대의 경계지점으로부터 100m 이내에서는 예외 없이 옥외집회 및 시위가 금지되는데 이 사건 집회장소인 청운효자동 주민센터는 청와대로부터 얼마 떨어져 있지 아니한 사실, 이 사건 집회 참가자들은 피켓을 들고 마이크와 스피커 등을 동원하여 구호를 제창한 다음 항의서한문을 전달한다는 명목으로 당시 집회 장소에 배치되어 있던 경찰들을 뚫고 절대적 집회금지장소인 청와대 쪽으로 진행하려 한 사실, 이에 종로경찰서장의 권한을 위임받은 종로경찰서 경 비계장이 행진을 저지하자 집회 참가자들은 인도를 점거·연좌하여 농성을 벌인 사실, 위 경비계장은 집시법에 정한 절차를 거쳐 해산을 명령한 사실을 알 수 있 다. 위와 같은 이 사건 집회의 개최 경위와 장소, 집회의 실제 진행 경과, 특히 집회 참가자들이 옥외집회 또는 시위가 금지된 장소로 집회 장소를 확장하려고 하다가 여의치 않자 인도를 점거한 사정 등에 비추어 보면, 이 사건 집회로 인하 여 공공의 안녕질서에 대한 직접적인 위험이 명백하게 초래되었다고 볼 수 있으 므로, 그 해산명령에 불응한 피고인 1의 행위는 집시법 제24조 제5호 위반죄를 구성한다 할 것이다.

한편 집시법 제20조 제1항 제3호의 '교통 소통 등 질서유지에 직접적인 위험을 명백하게 초래한 집회 또는 시위'의 구체적 판단은, 관할 경찰관서장이 행진의 성격·규모와 집회장소 또는 도로의 교통 여건 및 제한 조건의 내용 등을 종합하여 합리적으로 판단하여야 할 것이다. 다만 강제해산 조치가 필요하다고 하더라도 현재의 불법상태보다 더 큰 위험이나 질서파괴, 과격 폭력시위 등 사회적 혼란이 초래되지 않는 범위 내에서 강제력을 행사하는 것이 경찰 목적에 합치된다고 할 수 있다.

2.2. 참가자의 해산 의무

집회·시위의 참가자는 해산명령을 받았을 때 지체 없이 해산하여야 한다. 여기에서의 '지체 없이'가 구체적으로 어느 정도의 시간인지는 집회·시위에 참여한 인원, 출입구·주변도로의 교통 여건 등을 종합하여 판단해야 한다.

2.3. 집회·시위 해산절차

집시법 시행령 제17조(집회 또는 시위의 자진해산의 요청 등)는 집회 또는 시위의 해산절차를 규정하고 있다.

> **집시법 시행령 제17조【집회 또는 시위의 자진 해산의 요청 등】** 법 제20조에 따라 집회 또는 시위를 해산시키려는 때에는 관할 경찰관서장 또는 관할 경찰관서장으로부터 권한을 부여받은 경찰공무원은 다음 각 호의 순서에 따라야 한다. 다만, 법 제20조제1항제1호·제2호 또는 제4호에 해당하는 집회·시위의 경우와 주최자·주관자·연락책임자 및 질서유지인이 집회 또는 시위 장소에 없는 경우에는 종결 선언의 요청을 생략할 수 있다.
>
> 1. 종결 선언의 요청: 주최자에게 집회 또는 시위의 종결 선언을 요청하되, 주최자의 소재를 알 수 없는 경우에는 주관자·연락책임자 또는 질서유지인을 통하여 종결 선언을 요청할 수 있다.
> 2. 자진 해산의 요청: 제1호의 종결 선언 요청에 따르지 아니하거나 종결 선언에도 불구하고 집회 또는 시위의 참가자들이 집회 또는 시위를 계속하는 경

우에는 직접 참가자들에 대하여 자진 해산할 것을 요청한다.
3. 해산명령 및 직접 해산: 제2호에 따른 자진 해산 요청에 따르지 아니하는 경우에는 세 번 이상 자진 해산할 것을 명령하고, 참가자들이 해산명령에도 불구하고 해산하지 아니하면 직접 해산시킬 수 있다.

종결선언의 요청

집시법 제20조의 규정에 따라 집회 또는 시위를 해산시키려는 때에는 관할 경찰관서장 또는 관할 경찰관서장으로부터 권한을 부여받은 국가경찰공무원은 먼저 주최자에게 집회 또는 시위의 종결선언을 요청하되, 주최자의 소재를 알 수 없는 경우에는 주관자·연락책임자 또는 질서유지인을 통하여 종결선언을 요청할 수 있다. 다만 집시법에서 금지하고 있는 집회 또는 금지통고된 집회, 종결선언이 이루어진 집회·시위, 주최자·주관자·연락책임자 또는 질서유지인이 집회·시위의 장소에 없는 경우에는 종결선언의 요청을 생략할 수 있다.

자진해산의 요청

종결선언요청에 따르지 아니하거나 종결선언에도 불구하고 집회 또는 시위의 참가자들이 집회 또는 시위를 계속하는 경우에는 직접 참가자들에 대하여 자진 해산할 것을 요청한다. 반드시 '자진해산'이라는 단어를 사용할 필요는 없고 스스로 해산할 것을 설득하거나 요구했다면 충분하다.

[대법원 2000. 11. 24. 선고, 2000도2172 판결] 관할경찰관서장으로부터 권한을 부여받은 경찰관이 비록 '자진해산'을 요청한다는 용어를 사용하지 않았다고 하더라도 스스로 해산할 것을 설득하거나 요구하였고 그로부터 상당한 시간이 흐른 후 해산명령을 하였으므로 집회및시위에관한법률 및 같은 법 시행령에 따라 해산명령 이전에 자진해산할 것을 요청한 경우에 해당한다.

그러나 직접 해산에 나아가기 전까지는 참가자들이 스스로 해산하기에 충분한 시간을 부여해야 하며, 판례도 자진해산을 요청할 때 상당한 시간을 두었는지에 따라 해산절차의 적법성 여부를 판단하고 있다.

해산명령의 고지 및 직접해산

자진 해산요청에 따르지 아니할 때는 세 번 이상 자진 해산할 것을 명령하고, 참가자들이 해산명령에도 불구하고 해산하지 않으면 직접 해산시킬 수 있다. 해산명령은 집회 참가자들이 충분히 인식할 수 있도록 적당한 방법으로 적절한 간격을 두고 반드시 3회 이상 알려야 하며, 이때 '적절한 간격'은 참가 인원, 집회·시위의 진행 양상 등을 종합적으로 고려하여야 한다. 자진해산 요청에서의 '상당한 시간'은 집회 참가자들이 해산을 결심하고 자진 해산을 시작하는 데 필요한 시간을 참작해야 한다면, 해산명령에서의 '적절한 간격'은 해산을 시작하고 완료하는 데 필요한 시간과 공공질서의 위협을 해소해야 할 급박성을 고려해야 한다는 점에서 차이가 있다.

또한 해산명령을 할 때는 해산을 명하는 법률적 근거, 즉 해산 사유를 구체적으로 제시하여야 하며, 이를 빠뜨리거나 정당하지 않은 사유를 알렸으면 설령 참가자 등이 해산명령에 따르지 않더라도 집시법 위반으로 처벌할 수 없다.

한편 직접 해산하는 경우에도 참가자들을 이른바 'ㅁ'자 형식으로 고착하거나 방패로 에워싸는 등의 방법으로 참가자들의 이동 자체가 불가능해진 경우라면 사실상 '체포'에 해당할 수 있음에 유의해야 한다.

[대법원 2017. 3. 9. 선고, 2013도16162 판결] 피고인이 쌍용자동차 주식회사 평택 공장 앞에서 전국금속노동조합 쌍용자동차지부 소속 ○○○ 등 조합원 6명을 전투경찰대원들을 동원하여 방패로 에워싸고 30분 내지 40분 동안 이동하지 못하게 하다가 연행한 것과 잠시 후 같은 방법으로 ○○○을 10분 동안 이동하지 못하게 한 것은, 위 조합원들이 이동하지 못하게 된 경위와 모습, 동원된 전투경찰대원의 수와 태도, 그와 같은 상태가 지속된 시간 등을 고려할 때, 경찰관 직무집행법 제6조제1항에 근거한 행정상 즉시강제가 아니라 사실상 체포에 해당한다.

VII 기타 집회·시위 관련 규정

The Theory and Practice of Assembly and Demonstration

VII 기타 집회·시위 관련 규정

The Theory and Practice of Assembly and Demonstration

1. 경찰관의 출입 제한

> 집시법 제19조【경찰관의 출입】① 경찰관은 집회 또는 시위의 주최자에게 알리고 그 집회 또는 시위의 장소에 정복(正服)을 입고 출입할 수 있다. 다만, 옥내집회 장소에 출입하는 것은 직무 집행을 위하여 긴급한 경우에만 할 수 있다.
> ② 집회나 시위의 주최자, 질서유지인 또는 장소관리자는 질서를 유지하기 위한 경찰관의 직무집행에 협조하여야 한다.

현행 집시법은 신고된 집회·시위가 원활하게 개최될 수 있도록 보호하고 그 집회·시위로부터 공공의 안녕질서를 유지하기 위해 집회·시위 현장에 경찰관이 출입할 수 있도록 규정하고 있다.

제정 집시법 이후 '1989년 집시법' 이전까지는 "집회·시위 주최자가 정당한 이유 없이 질서유지를 위한 경찰관의 지시를 위반하거나 경찰관의 출입을 거절할 수 없다"고 규정하고 있었다. 그러나 '1989년 집시법'을 개정하는 과정에서 이 규정에 대해 여당은 옥외집회·시위 장소에 경찰관이 출입하는 것 자체는 인정하되 옥내집회에 대한 출입은 긴급성이 있는 경우로 제한할 것을 주장했으나,

야당에서는 경찰관의 출입 자체가 평화적이고 자유로운 집회 분위기를 저해한다며 해당 규정의 삭제를 요구하였다. 이후 '민주발전을 위한 법률 개폐 특별 위원회'에서는 경찰관의 출입 자체는 허용하되, '사전통보'와 '정복착용'이라는 절차적 통제 장치를 마련하고, 옥내집회 출입은 긴급한 경우로 제한하는 것으로 합의한 결과에 따라 '1989년 집시법'에서 현행 집시법과 같은 규정을 갖추게 되었다.

집회·시위와 관련한 경찰관의 직무집행에 있어서 옥외집회 및 시위의 장소에는 원칙적으로 출입을 인정하고 있으나, 이 경우 정복을 착용하고 주최자에게 알릴 것을 요구하고 있다. 그러나 경찰관이 사복을 착용하고 집회·시위의 장소에 출입하더라도 이에 기반한 직무집행이 즉시 위법하게 되거나 무효로는 볼 수 없다. 경찰관이 사전통보가 없거나 사복으로 집회·시위 현장에 출입한다고 하더라도 집시법에서 특별한 제재 규정을 두고 있지 않는 점, 정복 착용이 모든 집회·시위 현장(상황)에서의 적정한 공무수행을 담보하는 수단으로 볼 수는 없다는 점을 감안할 때, 동 규정은 훈시규정[1]으로 봄이 타당하다. 법원에서도 사복경찰관에 의한 소음 측정 자료와 채증 자료 등을 적법한 증거로 채택하고 있다.

따라서 집시법의 규정이 아니라고 하더라도 경찰관은 「경찰관 직무집행법」 제2조 및 「국가경찰과 자치경찰의 조직 및 운영에 관한 법률」 제3조 등에서 질서유지 및 공공안녕정보 수집 활동 등을 임무로 하고 있으므로 집회·시위와 관련한 공공안녕정보 수집을 위한 목적으로 정보활동을 하거나, 범인 검거 활동

---

1) '효력규정'과 대비되는 용어로, 법률의 규정 중 오로지 법원이나 행정부에 대한 명령의 성질을 가진 규정을 말하며 이를 위반하더라도 행위의 효력에는 아무런 영향이 없다는 것이 통설이다. 훈시규정의 판단 기준과 관련하여, 헌법재판소는 헌법재판 사건의 심판기간을 180일로 정한 헌법재판소법 제38조의 위헌확인 심판에서 "헌법재판이 국가작용 및 사회 전반에 미치는 파급효과 등의 중대성에 비추어 볼 때, 180일의 심판기간은 개별사건의 특수성 및 현실적인 제반여건을 불문하고 모든 사건에 있어서 공정하고 적정한 헌법재판을 하는 데 충분한 기간이라고는 볼 수 없고, 심판기간 경과 시의 제재 등 특별한 법률효과의 부여를 통하여 심판기간의 준수를 강제하는 규정을 두지 아니하므로, 심판대상조항은 헌법재판의 심판기간에 관하여 지침을 제시하는 훈시적 규정이라 할 것이다"라고 판시한 바 있다. 헌법재판소 2009. 7. 30. 선고, 2007헌마732 결정.

등의 질서유지를 위한 경찰활동을 위하여 집회 현장에 출입하는 것이 가능하며, 이를 위해 사복을 착용하고 출입하는 것도 불가능한 것은 아니다. 그러나 경찰관임을 밝히지 않은 상태에서 사복을 착용하고 집회 현장에 출입하는 것이 참가자를 위축시킬 수 있으며, 이는 표현의 자유에 기반하고 있는 집회·시위의 자유를 침해할 우려가 있는 것도 사실이다. 이러한 이유로 집시법은 경찰관이 집회·시위 현장에서 질서유지를 위한 주최 측과의 협의 및 폭력 등 범죄 예방 활동을 위해 경찰활동의 특성상 필요 시 주최 측에 통보한 후 출입하겠다는 것으로 해석할 수 있다.

다만 경찰관의 잦은 출입이 평화적이고 자유로운 집회 분위기를 저해할 수 있다는 점을 고려할 때, 불법행위를 제지하는 등 특별한 필요성이 없는 한 될 수 있으면 정복을 착용함이 적절할 것이다. 주최자에게 통보하는 방법에 대해서는 별다른 규정이 없으므로 사전 통보는 물론 집회·시위 장소에 들어가면서 통보하더라도 무방하다고 본다. 정복은 「경찰복제에 관한 규칙」 제5조의 '경찰제복'을 착용하면 될 것이므로 근무복·기동복 등을 착용하고도 출입할 수 있으나, 단순한 조끼·완장 등은 이에 포함되지 않는다고 보아야 한다.

옥내집회에도 경찰관의 출입이 가능하나 '직무집행에 있어서의 긴급성 유무'로 제한하고 있다. 긴급성에 관한 판단은 집회의 성격 및 현장 상황 등을 종합적으로 고려하여 합리적으로 판단하여야 할 것이다. 다만 옥내집회 장소에의 출입은 「경찰관 직무집행법」 제7조(위험방지를 위한 출입)에 의하여도 가능하다고 본다.

한편, 집시법 제19조 제2항에서 "집회나 시위의 주최자·질서유지인 또는 장소관리자는 질서를 유지하기 위한 경찰관의 직무집행에 협조하여야 한다"고 규정하고 있다. 그러나 협조하지 않는 주최자·질서유지인 또는 장소관리자에 대한 집시법상의 구체적인 처벌조항은 없다. 다만 폭행·협박 등을 사용하여 경찰관의 질서유지 업무를 방해하였을 때는 「형법」 제136조(공무집행방해죄)에 해당할 수 있을 것이다.

2. 집회·시위 자문위원회

경찰은 집회·시위의 자유와 공공의 안녕 및 질서유지가 조화를 이룰 수 있게 하고자 집시법 제21조에 근거하여 '2004년 집시법'의 시행과 함께 집회·시위 자문위원회(이하 '자문위원회'라 한다)를 각급 경찰관서에 설치·운영하고 있다.

자문위원회는 집회·시위의 각 단계에서 객관적 자료를 토대로 집회주최자와 경찰 사이에 자문·조정 등의 가교 역할을 수행하면서, 경찰의 집회·시위 관리의 전체 과정에 대한 객관성·신뢰성·공정성을 확보하기 위한 활동을 수행한다. 이는 과거에 집회·시위에 대한 금지통고 여부를 경찰이 자체적으로 판단하고 있다는 점, 금지통고의 이의신청에 대한 재결을 해당 경찰관서의 바로 위의 상급 경찰관서에서 수행하고 있다는 점 등에서 공권력 행사에 대한 신뢰를 확보하는 데 논란의 여지가 있었기 때문이다.[2]

자문위원회는 경찰청, 시·도경찰청, 1급지 경찰서에는 특별한 사유가 없는 한 설치하도록 하고 있으며, 2·3급지 경찰서에는 집회신고 건수 및 규모 등을 고려하여 시·도경찰청장이 설치 여부를 결정한다. 자문위원회는 특별한 사유가 없는 한 변호사, 교수, 시민단체에서 추천한 사람, 관할 지역의 주민대표 중에서 경찰관서장이 전문성 및 공정성을 고려하여 위원장을 포함한 5인 이상 7인 이하의 위원을 2년을 임기로 위촉한다. 다만, 위원장 또는 위원에 국회의원, 지방자치단체의 장, 지방의회 의원, 유흥업소 등 경찰 업무 관련 업소 운영자, 종사자 또는 관계자, 정당에 가입하였거나 선거운동에 종사하는 사람은 위촉할 수 없다. 또한 집회·시위 주최자의 개인정보 등 업무상 알게 된 사항을 누설하는 행위를 할 수 없다. 이와 같은 자격 제한 및 비밀 준수 의무를 다하지 않으면 경찰관서장의 직권 또는 위원회의 의결을 거쳐 해촉할 수 있다. 그 밖에 경찰관서의 정보과장 또는 정보계장을 간사로 하여 위원회 운영 사무를 처리하며, 예산 범위 내에서 수당·여비 및 기타 필요한 경비를 지급할 수 있다.

---

[2] 윤성철, 앞의 글 (2012), p.140.

한편 현행 자문위원회는 제도가 갖는 의의에도 불구하고 자문기구라는 점에서 한계가 있다는 지적도 있다. 자문위원회는 집회·시위와 관련하여 경찰관서장에게 자문할 수 있을 뿐 결정이나 법 집행에 구속력을 미치지 못하므로 경찰권을 실질적으로 견제할 수 있을 것인지에 대한 문제가 제기될 수 있기 때문이다.[3] 또한 '자문위원회가 적절한 기능을 수행하고 있는가'도 의문이라는 비판에서 자유롭지 못하다. 자문위원을 위촉하는 것이 관할 경찰관서장이고, 자격 요건도 변호사·교수·시민단체·주민대표 등으로 제한이 되어 있기에 경찰의 입장만을 반영하기 위한 자문위원회가 될 수 있다는 지적도 가능하다.[4]

그러나 자문위원회는 집회·시위의 금지 또는 제한통고 및 이의신청에 대한 재결에 관한 자문, 지역 내 갈등으로 인해 집단행동으로 변질될 사안에 대한 사전 조정 역할을 수행할 수 있다. 또한 자문위원회는 대규모 집회현장에 참가하여 불법시위를 감시하거나, 경찰의 집회·시위 관리 방법에 대해 제안할 수 있다. 이를 통해 경찰의 집회·시위 관리에 대한 제3의 감시자로서의 임무를 수행하면서 적절한 경찰 조치가 이루어지도록 살펴보는 역할을 담당하고 있다. 결국, 자문위원회 구성의 다양화와 함께 제도를 '어떻게 운용하는가'의 문제가 중요하다고 할 것이다.

---

3) 이희훈, 앞의 책 (2009), p.221.
4) 윤성철, 앞의 글 (2012), pp.141 - 142.

VIII

집회·시위의 자유와 인권

The Theory and Practice of Assembly and Demonstration

집회·시위의 자유와 인권

The Theory and Practice of Assembly and Demonstration

1. 경찰개혁위원회의 '집회·시위 자유 보장방안' 권고

1.1. 권고 취지

2017년 9월 1일, 경찰개혁위원회(인권보호분과)[1]는 평화적·비폭력 집회·시위를 최대한 보장하기 위해서는 경찰의 집회·시위 대응방식이 근본적으로 변화하여

---

[1] 참여·소통·공감을 통한 국민과 함께하는 경찰개혁을 추진하기 위하여 2017. 6. 16. 발족한 경찰개혁위원회(위원장 박재승)는 인권보호, 수사개혁, 자치경찰 등 3개 분과를 중심으로 운영하면서 집중 논의가 필요한 사안의 경우에는 특별 소위원회를 구성하여 심도있고 효과적인 논의가 이루어질 수 있도록 하였다. 2018. 6. 15.까지 1년간 활동하면서 전체회의 28회, 분과·소위 회의 119회 등 147회의 회의를 거쳤으며, 간담회 28회, 현장방문 12회, 중간보고회 및 국회 공동세미나 등을 개최하고, 그 결과로 '인권침해사건 진상조사위원회 구성', '수사구조개혁', '자치경찰제', '경찰위원회 실질화', '집회·시위 자유 보장', '경찰의 정보활동 개혁' 등 치안활동 전반에 관한 개혁 권고안 30건을 의결·발표하였다. 특히, 인권보호분과에서는 2017년 9월 1일 평화적 집회·시위를 최대한 보장하기 위하여 경찰의 집회·시위 대응방식의 근본적인 변화와 구체적인 인권보호방안을 내용으로 하는 '집회·시위 자유 보장방안'을 권고하였다. 이에 맞추어 경찰청은 기존의 '준법보호·불법예방' 집회·시위 관리 기조에서 '자율과 책임에 기반한 집회·시위 보장' 기조로 패러다임을 전환하였다. 경찰개혁위원회 인권보호분과에서는 집회·시위와 관련하여 ① 집회·시위 패러다임 변화, ② 신고절차 개선, ③ 금지·조건통보 기준 명확화, ④ 대응절차 개선, ⑤ 해산절차 개선, ⑥ 기타 권고 등 크게 6개 항목의 개선을 권고하였다.

야 한다는 전제 아래 구체적인 인권보호 방안을 주요 내용으로 하는 '집회·시위 자유 보장방안'을 권고하였다. 이 권고안은 경찰의 집회·시위에 대한 패러다임을 '관리·대응'에서 '보장'으로 전환하고, 집회·시위 보장을 위한 신고절차를 개선하며, 금지통고·제한통고를 최소화할 수 있는 기준을 마련하는 한편, 경찰의 집회·시위 대응방식과 강제해산 절차를 개선하는 방안을 담고 있다.

경찰개혁위원회는 집시법이 우리 헌법 제21조에서 규정하고 있는 집회·시위의 자유를 최대한 보장하기 위하여 존재한다는 전제 아래, 집회·시위 현장에서 경찰의 인력 운용, 살수차 사용, 차벽 설치 등이 집회·시위 참가자들의 기본권을 제약하고 인권을 침해하고 있다는 문제를 제기하였다. 이에 따라 경찰이 집회·시위를 통제의 대상이 아니라 헌법에 기초한 기본적인 인권의 보장과 실현이라는 관점에서 접근할 필요가 있다는 인식을 공유하고, 평화적·비폭력적 집회·시위를 최대한 보장하기 위하여 집회·시위 대응 방식의 근본적인 변화와 함께 구체적인 인권 보호 방안을 마련할 필요가 있다고 판단하였다. 집회·시위 현장에서 공공의 안녕질서와 집회·시위의 자유라는 상호 충돌할 수 있는 가치를 조화시켜야 하는 현장 경찰관들의 어려움은 충분히 이해하지만, 대립과 갈등이 아닌 대화와 소통의 집회·시위 문화가 정착되게 하려면 경찰이 평화적 집회·시위를 폭넓게 보장하여야 하며, 보다 인권 친화적 자세로 전환할 것을 권고한 것이다.

1.2. 권고 내용[2]

평화적 집회·시위 보장을 위한 패러다임 변화

> ① 경찰은 개인이나 단체가 의사를 충분히 표현할 수 있도록 평화적인 집회·시위를 보장하고 옹호할 책임이 있다.
> ② 경찰은 평화적인 집회·시위의 경우에 신고 및 진행 과정에서의 사소한 절차적 하자나 일탈에 대해서는 내사하거나 입건하지 않는 등 경찰권 행사를 절제한다.

---

2) 다음 내용은 '경찰개혁위원회, "집회·시위 자유 보장방안", 인권보호분과 (2017. 9. 1.)'의 권고안 및 부속 의견을 바탕으로 권고 내용을 설명한 것이다.

경찰개혁위원회는 평화적인 집회·시위의 존중과 보장을 경찰의 책무로 보고 있다. 경찰은 집회·시위의 자유를 보장해야 할 책임이 있으며, 이를 집회·시위와 관련한 정책·지침·매뉴얼에 반영해야 한다는 것이다. '평화적 집회·시위'에서 집회·시위의 주최자가 평화적으로 집회·시위를 주최하려는 의도를 밝히고 집회·시위의 행위가 비폭력적인 경우를 '평화적'이라고 간주해야 하며, 일시적인 생활의 불편이나 업무상의 지장을 초래하는 경우를 포함하는 개념으로 이해하고 있다. 이러한 관점에서 일부 참가자의 산발적인 폭력이나 가벼운 범법이 있다고 하더라도 그 책임을 평화적인 의도와 태도를 견지하는 다른 참가자들에게 전가할 수 없다고 보았다.

또한 평화적인 집회·시위를 보장한다는 관점에서 사소한 절차적 하자나 일탈에 대해서는 내사 또는 입건하지 않는 방향으로 경찰권의 행사를 절제하는 한편, 평화적 집회·시위를 보장하기 위하여 집회·시위의 인원이나 방법을 고려하여 신고의무의 예외를 두는 방향으로 집시법 개정을 추진할 것을 권고하였다.

집회·시위의 보장을 위한 신고절차 개선

집회·시위의 자유를 폭넓게 보장하기 위하여 신고절차를 간소화한다. 이를 위해 '온라인 집회·시위 신고시스템'을 도입하고 변경 신고 절차를 마련한다.

현행 집시법에는 옥외집회·시위를 신고한 이후 그 내용을 수정할 수 있는 절차가 마련되어 있지 않다. 이에 경찰개혁위원회는 집회·시위신고의 변경신고 절차를 마련하는 한편, 옥외집회·시위의 신고를 온라인으로 간편하게 하는 방법을 제안하였다. 또한 현재 두 곳 이상의 경찰서 관할에 속한 집회·시위의 경우 시·도경찰청에 신고하도록 하는 것을 어느 하나의 관할 경찰서에서 집회·시위의 신고 또는 철회할 수 있도록 하는 절차를 마련하도록 권고하였다.

한편 경찰개혁위원회는 집회·시위 신고 내용과 실제 집회·시위의 내용 사이에 다소간 차이가 있다고 하더라도 평화적인 집회인 이상 원칙적으로 집회·시위의 개최를 보장하고, 신고 내용과 실제 집회·시위의 내용이 현저히 다른 경우에 신고자 또는 주최자 측과 협의하여 시위방법 및 진로 등을 적절하게 변경할 수 있는 절차를 마련하며, 신고 내용이 보완되지 않았다는 이유로 집회·시위를 금지통고하는 관행도 개선할 것을 주문하였다. 또한 신고시간 제한으로 발생할 수 있는 우발적 또는 긴급 집회의 경우에도 평화적으로 진행된다면 그 개최 및 진행을 최대한 보장할 것을 권고하였다.

금지·제한통고 및 조건통보 기준 명확화

> 옥외집회·시위에 대한 금지(제한) 통고, 조건통보를 최소화할 수 있는 구체적인 기준을 마련해 시행하고, 이를 공개한다.

경찰개혁위원회는 집시법 제8조에서 규정한 금지통고가 집회·시위에 대한 허가제를 금지하고 있는 우리 헌법의 취지에 어긋날 수 있다고 보았다. 이러한 관점에서 금지통고를 최소화할 수 있도록 금지통고 및 제한통고, 조건통보에 대한 구체적인 기준을 마련할 것을 권고하였다. 구체적으로 집시법 제12조에서 규정한 '교통 소통을 위한 금지·제한'과 관련하여, 주요 도시의 주요 도로에서의 집회·시위에 대한 제한 필요성은 인정하되 전면적인 금지통고 또는 신고한 집회·시위를 사실상 금지하는 제한통고 및 조건통보는 원칙적으로 하지 않을 것을 권고하였다. 또한 주요 도로의 경우에도 교통 소통과 집회·시위가 양립할 수 있도록 참가인원, 시위경로, 행진시간 등을 고려하여 집회·시위 가능 구간을 설정하도록 하고, 교통수요가 집중되는 시간대나 다른 행사와 집회·시위가 동시에 진행되는 경우에도 조건통보를 탄력적으로 활용할 수 있는 기준을 마련하여 도로 등을 이용한 집회·시위를 전면적으로 금지하지 않도록 해야 한다고 권고하였다.

이외에도 금지통고·제한통고·조건통보를 하기 전에 집회·시위 주최 측과 사전 협의 절차 마련, 이의신청 절차의 실질적 운영, 집회·시위 개최 24시간 전까지 금지·제한통고 등이 제시되었다.

집회·시위 대응방식 개선

① 살수차는 집회·시위 현장에서 사용하지 않는다.
② 차벽은 집회·시위 현장에서 원칙적으로 사용하지 않는다.
③ 집회·시위 현장에서 집회·시위 참가자들의 이동을 부당하게 제한하거나 외부로부터 고립시키는 방식으로 차벽 설치 및 경찰 인력을 배치해서는 안 된다.
④ 질서유지선을 설정하기 전에 집회·시위 주최 측과 사전에 협의하는 등의 절차를 마련한다.
⑤ 집회·시위 현장에서의 채증은 긴급한 경우 수사목적으로만 제한적으로 진행한다.

경찰개혁위원회는 집회·시위 현장에서 살수차는 소요사태로 인하여 사람의 생명·신체·재산에 대한 직접적인 위험이 명백하게 발생하였거나, 핵심 국가중요시설에 대한 직접적인 물리적 공격 행위로 인해 파괴·기능정지 등 급박한 위험이 발생한 경우에 일반적인 경찰력이나 장비로는 그 위험을 제거하거나 완화하는 것이 곤란한 경우에 한하여 사용토록 권고하였다. 이와 함께 살수차의 배치·사용 명령권자, 구체적 주의사항 및 살수차 사용 방법, 경고 방법 및 사용 절차 등 구체적인 내용을 부속문서에 적시하고, 이를 반영한 '살수차 운용지침' 등의 개정을 권고하였다.

경찰개혁위원회는 차벽의 경우 경찰의 질서유지선이나 경찰력만으로 집회·시위 참가자들의 안전을 보장할 수 없거나, 집회·시위자들이 집단으로 화염병·죽창·쇠파이프 등을 이용한 과격 폭력행위를 저지할 수 없는 때에만 설치·사용하도록 권고하였다. 이와 함께 차벽 설치 방법, 결정권자 등에 대한 구체적 기준을 마련하는 한편, 차벽을 대체할 수 있는 새로운 이격형 경찰장구를 개발·배치할 것을 권고하였다.

또한 경찰개혁위원회는 채증의 경우 집회·시위 현장에서 과격한 폭력행위 등이 임박하였거나, 폭력 등의 불법행위가 행하여지거나 행하여진 직후, 범죄수사를 목적으로 한 증거보전의 필요성 및 긴급성이 있는 경우, 즉 불법행위에 대한 범죄수사 목적일 때에만 제한적으로 시행하고, 채증자료가 범죄수사 목적과 관련이 없거나 해당 자료를 보관할 필요성이 없는 경우에는 즉시 파기할 것을 권고하였다. 또한 집회·시위 현장을 촬영한 자료는 집회·시위 대응절차 기록 및 적절한 집회·시위 대응절차 마련을 위한 연구 목적으로 활용할 수 있으나, 집회·시위 참가자를 특정하기 위한 목적으로 활용하지 말 것을 권고하였다.

집회·시위에 대한 경찰의 대응과 관련하여, 경찰개혁위원회는 집회·시위 참가자들의 이동을 제한하거나, 일반 시민으로부터 고립시키거나, 집회·시위 참가자의 주장을 알리기 위한 플래카드, 입간판, 손 팻말 등을 일반인의 시선에서 차단하는 경찰력이나 차벽으로 둘러싸는 방법은 원칙적으로 사용하지 않으며, 폭력행위로 인한 중대하고 현존하는 명백한 위험이 확인되지 않은 상황에서 집회·시위에 참여하고자 하는 사람이 집회·시위 장소에 접근하는 것을 막지 않을 것을 권고하였다. 이와 함께 질서유지선을 설정할 때에도 집회·시위 장소를 전면적으로 봉쇄해서는 안 되며, 질서유지선 설정 단계부터 주최 측과 협의하고, 최초 설정된 질서유지선을 변경하는 때에도 주최 측과 협의하여 재설정할 것을 권고하였다.

집회·시위를 최대한 보장하는 방향으로 해산절차 개선

해산명령에 앞서 종결선언 요청과 자진해산 요청을 하도록 하고 강제해산 요건 및 방식을 인권친화적으로 개선한다.

경찰개혁위원회는 집회·시위에 대한 경찰의 해산절차에 있어서도 종결선언 요청, 자진해산 요청, 해산명령 및 강제해산의 순서로 주최 측과 충분한 협의와 절차를 거쳐 진행하도록 권고하였다. 이와 함께 해산절차 진행 과정에서 집회·시위 참가자들에 대해 적대적인 태도를 보이지 않을 것을 권고하면서 집회·시위 참가자 중에 소수의 참가자가 폭력행위를 할 때에는 해당 위법행위자에 대한 경고·채증 등을 통하여 개별적으로 대응하고, 집회·시위 전체를 폭력집회로 간주하지 말아야 한다는 견해를 밝혔다. 또한 일부 집회·시위 참가자들의 폭력행위에 대한 경찰의 조치로 인해 구체적인 위험이 해소되었다면 평화적인 집회·시위로 진행될 수 있도록 유도하라는 권고도 제시되었다.

기타 권고 내용

① 경찰관의 보호복 등에 소속과 신분을 식별할 수 있는 표지를 부착한다.

② 1인 시위, 기자회견은 집시법상 집회·시위에 해당하지 않으므로 경찰은 부당하게 관여하지 않는다.

③ 집회·시위에 대하여는 일반교통방해죄 위반으로 내사하거나 입건하지 않음을 원칙으로 한다.

④ 평화적 집회·시위의 최대한 보장원칙에 어긋나는 각종 평가기준은 삭제하거나 반영비율을 재조정한다.

⑤ 집회·시위 현장에서 경찰권 행사의 투명성을 확보하기 위하여 집회·시위 현장에서의 무전 통신내용을 보관한다.

⑥ 집회·시위 참가자를 입건해 수사하는 경우 DNA를 채취하지 않는다.

⑦ 교통CCTV는 집회·시위 현장 주변의 교통 관리용으로만 활용하고, 집회·시위 참가자 감시 또는 개인 식별용으로 사용하지 않는다.

⑧ 소음발생은 집회·시위의 특성상 어느 정도 불가피한 측면이 있으므로 집회·시위시 소음에 관한 규제기준과 방식을 집회·시위를 최대한 보장하는 방향으로 재검토한다.

⑨ 경찰청 차원에서 시민사회 활동가, 인권전문가 등이 참여하는 집회·시위자문위원회를 실질적으로 운용함으로써 인권 친화적 집회·시위보장 방안을 구체화해서 실행한다.

앞서 언급한 권고 내용 이외에도 책임 있는 경찰권 행사를 위한 개인 식별 표지 부착, 1인시위 및 기자회견의 최대한 보장, 집회·시위 참가자들에 대한 신중한 법집행, 집회·시위 관련 성과 평가에 있어 집회·시위를 최대한 보장한다는 원칙에 어긋난 평가 기준의 재조정, 집회·시위 관련 무전 내용의 녹음 및 보관, 집회·시위 참가자에 대한 입건 및 수사시 DNA 채취 금지, 교통 CCTV의 목적외 사용 금지, 소음 관련 규제기준과 방식의 집회·시위 친화적 변경, 집회·시위 자문위원회의 실질적 운영 및 활동 내용 공개 등도 권고되었다.

1.3. 권고안에 대한 평가

경찰청은 경찰개혁위원회의 권고안을 수용하여 2018년 상반기까지 집시법 개정안을 국회에 제출하고, 2019년 온라인신고 시스템을 구축하여 시행하는 한편, 집회·시위 대응 기준 수립·시행, 살수차와 차벽 관련 법령이나 지침 개정, 경찰 지휘 무전녹음 관리규칙을 제정 및 시행 등 이행 계획을 권고안과 함께 발표하였다. '집회·시위 자유 보장방안'은 인권분과의 인식대로 '집회·시위 패러다임의 전환'이자 집회·시위 신고단계에서 종료시까지 전 과정을 '헌법상 기본적 인권의 보장과 실현'이라는 관점, 즉 인권 친화적 관점에서 접근한 권고안으로 평가할 수 있다. 그런데도 경찰개혁위원회의 권고안은 집회·시위에 관한 국제인권기준을 어느 정도 반영하고 있는지, 더욱 근본적으로 위 권고안 이전의 집회·시위 관련 법령과 판례 및 실무상 적용은 위 기준에 비추어 볼 때 어느 정도 부합하는지의 문제가 제기될 수 있다. 다음에서는 이러한 문제의식을 바탕으로 한국의 집회·시위 대응에 대한 국내·외 인권기구 및 단체의 주요 입장을 살펴보고, 평화적 집회의 권리에 관한 국제인권기준의 주요 내용을 한국의 집회·시위 관련 법령 및 판례 등과 인권분과에서 제시한 권고안과 비교·분석함으로써 삼자간의 정합성(conformity) 여부를 검토하고자 한다. 그리고 이를 바탕으로 향후 집시법 개정 과정에서 반영하거나 참고해야 할 사항이 무엇인지에 대해서 결론을 내리고자 한다.[3]

---

3) 이하 내용은 '김선일, "국제인권기준에 비춰본 한국의 집회·시위 대응", 치안정책연구 제32권 제1호, 치안정책연구소 (2018), pp.145 - 175' 및 '김기영·김선일·박주형, 앞의 글, pp.191 - 193'에 서술된 내용 중에서 관련 부분을 중심으로 수정·보완한 것이다.

2. 집회·시위의 자유에 대한 국·내외 기관·단체의 입장

2.1. 유엔인권기구

유엔인권위원회(UN Human Rights Committee)는 「시민적 및 정치적 권리에 관한 국제규약」(이하 '자유권규약'이라고 한다) 제40조에 따라 대한민국의 인권상황을 평가하고 있다. 1992년 제1차 정부보고서에 대한 최종견해를 시작으로 1999년 제2차 및 2015년 제4차 최종견해까지 집회·시위에 대한 비판적 견해를 다양하게 표명해 왔다. 제1차 최종견해에서는 집회·시위가 '사실상 사전허가제'로 운영되는 것에 우려를 표명하면서, 당국이 평화적 집회의 권리 행사를 제한하지 않아야 한다고 강조했다.[4] 제2차 최종견해에서는 주요 도로에서의 집회 개최를 금지하는 것은 지나치게 광범위한 제한이며, 이는 자유권규약 제21조의 기준을 충족하지 않는다고 하였다.[5] 2015년 발표된 제4차 최종견해는 '평화적 집회에 대한 경찰의 실질적 허가제', '과도한 강제력 행사', '차벽 설치', '자정 이후 시위의 제한', '시위 주최자에 대한 형사처벌' 등 평화적 집회의 자유가 심각히 제한되고 있음을 우려하면서 '이 권리에 대한 제한은 자유권규약 제21조의 기준에 합치되어야 한다'는 의견을 제시하였다.[6]

한편 지난 2006년 도입된 '국가별 인권상황 정기검토'(Universal Periodic Review, UPR)[7]에서 유엔인권이사회(UN Human Rights Council)는 총 3회에 걸쳐 한국의 집회·시위 현실에 대해서 권고하였다. 먼저 2008년 제1차 UPR에서 알제리 대표는 '집회의 자유를 위한 보장내용이 법률에 반영되어야 한다'는 일반

---

4) United Nations, "Report of the Human Rights Committee", UN Doc. A/47/40 (1994), paras.485, 517 - 519.
5) United Nations, "Concluding Observations of the Human Rights Committee on Republic of Korea", UN Doc. CCPR/C/79/Add.114 (1999), para.18.
6) United Nations, "Concluding Observations on the Fourth Periodic Report of the Republic of Korea", UN Doc. CCPR/C/KOR/CO/4, Human Rights Committee (2015), paras.52 - 53.
7) 인권이사회 결의 제5/1호 (2006).

적인 권고를 하였다.[8] 2012년에 이루어진 제2차 UPR에서 프랑스 대표는 '평화적 집회의 자유 증진을 위한 노력들을 환영한다'는 견해를 밝히기도 하였으나, 폴란드 대표는 '특히 평화적 시위자들에 대한 과도하거나 정당하지 못한 방식의 무력사용을 방지하는 체계를 마련할 것'을 주문하였다.[9] 2018년 제3차 UPR에서는 집회·시위 분야에서 한국에 대한 권고는 없었다.[10] 지난 2023년 1월 제4차 UPR에서는 '모든 사람이 평화적 집회를 할 권리를 향유하도록 하고, 해당 권리에 대한 제한과 물리력 사용에 대한 규정이 국제법에 부합할 것' 등이 권고되었다.[11]

2.2. 국가인권위원회

국가인권위원회는 2004년 자유권규약 제3차 정부보고서에 대한 의견에서 '당시 집시법(2004. 1. 29. 법률 제7123호로 일부개정되기 이전의 것)이 주요 도로에서의 집회를 전면 금지하고 확성기 사용을 금지하는 등 집회의 자유를 제한하는 방향으로 개악되었다'는 내용을 정부보고서에 포함하라고 요구하였다.[12]

또한 2011년 제4차 국가보고서에 대한 의견에서는 '평화적인 집회의 권리' 신장을 위한 정부의 노력과 그 한계를 기술할 것과 야간옥외집회 관련 헌법재판소의 결정에 따른 후속 입법이 지체되고 있는 점, 시위 부분에 대한 헌법재판소

---

8) United Nations, "Report of the Working Group on the Universal Periodic Review on Republic of Korea", UN Doc. A/HRC/8/40, Human Rights Council (2008), para.64.
9) United Nations, "Report of the Working Group on the Universal Periodic Review on Republic of Korea", UN Doc. A/HRC/22/10, Human Rights Council (2012), paras.41·124-136.
10) United Nations, "Report of the Working Group on the Universal Periodic Review on Republic of Korea", UN Doc. A/HRC/37/11/Add.1, Human Rights Council (2018).
11) United Nations, "Report of the Working Group on the Universal Periodic Review on Republic of Korea", UN Doc. A/HRC/WG.6/42/KOR/2, Human Rights Council (2023), para.25.
12) 국가인권위원회, "시민적·정치적 권리에 관한 국제규약 제3차 정부보고서에 대한 의견" (2004. 2. 23.), p.22.

의 심리가 진행 중인 점, '방어 위주의 경비원칙', 그리고 2009년 1월 용산 화재 사건에서 경찰의 주의의무 위반 등에 관한 사항을 정부보고서에 포함시킬 것을 요구하였다.[13]

2012년 UPR 제2차 국가보고서에 대한 의견에서는 야간옥외집회 금지 규정에 대한 헌법불합치 결정에 따른 관련법의 조속한 개정과 시위 진압장비 사용 시 인권 보호 기준을 지킬 것 등을 제시한 바 있다.[14]

그런데 지난 2017년 3월에 표명한 UPR 제3차 의견에서는 '최근 평화적 집회 보장을 위한 대한민국 정부의 노력을 높게 평가하고 앞으로도 이런 노력이 계속되기를 기대하며, 사실상 허가제로 운영될 수 있는 집회 신고제도 개선 등의 노력도 지속하기를 당부'한다는 내용의 권고를 하는 등 정부의 집회 · 시위 개선 노력을 수긍하는 견해를 밝힌 점이 눈에 띈다.[15]

한편 지난 2020년 7월 자유권규약 제5차 국가보고서에 대한 의견에서 국가인권위원회는 경찰의 살수차 운용 개선 대책 및 인권옹호자가 집회의 자유행사로 처벌받지 않기 위한 제도 관련 실적을 정부보고서에 포함시키라고 요구하였다.[16] 2022년 7월에 표명한 UPR 제4차 의견에서는 집회와 관련한 별다른 입장은 보이지 않는다.[17]

2.3. 국내 · 외 인권단체

우리나라 민주사회를 위한 변호사 모임(이하 민변이라고 한다)과 한국기독교교회협의회가 1992년 7월 자유권규약위원회에 제출한 우리나라 정부보고서에 대

---

13) 국가인권위원회, "「시민적 및 정치적 권리에 관한 국제규약」 이행에 관한 제4차 국가보고서 초안에 대한 의견표명" (2011. 1. 24.), pp.19 - 20.
14) 국가인권위원회, "유엔 인권이사회 국가별 인권상황 정기검토 제2차 국가보고서에 대한 의견표명" (2012. 10. 8.), p.11.
15) 국가인권위원회, "유엔 인권이사회 국가별 인권상황 정기검토(UPR) 실무그룹의 제3기 대한민국 UPR 심의를 위한 국가인권위원회 의견서", Written Contribution (2017. 3.), p.2.
16) 국가인권위원회, "「시민적 및 정치적 권리에 관한 국제규약」 제5차 국가보고서(안)에 대한 의견표명" (2020. 7. 6.), pp.59 - 60.
17) 국가인권위원회, "제4차 국가별 인권상황 정기검토(UPR) 관련 대한민국 국가인권위원회 독립보고서" (2022. 7.).

한 최초 반박보고서를 작성한 이래, 국내·외 인권단체에서는 우리나라 UPR 정부보고서에 대한 각종 입장을 지속해서 개진해 왔다.

먼저, 민변 등의 최초 반박보고서에서는 ① 집시법의 과도한 규제조항과 경찰서장의 차별적인 금지에 대한 개선, ② 사실상 허가제 개선, ③ 집회·시위 원천봉쇄 금지, ④ 위법한 집회·시위 사후 해산 또는 형사처벌, ⑤ 불가피하게 해산할 경우 인명을 살상하는 일이 없도록 필요최소한의 범위 내에서 강제력을 사용할 것 등 제도와 관행이 개선되어야 한다는 입장을 밝혔다.[18]

UPR 1차 정부보고서에 대해서는 총 8개의 국내·외 인권단체와 기관이 자신들의 견해를 밝혔다. 이 중 집회·시위와 관련하여서는 ① 사실상 사전허가제 운영, ② 차벽 설치를 통한 집회·시위 장소에 대한 접근권 제한과 참가자들간의 커뮤니케이션 제한, ③ 교통 소통상 장애 우려와 폭력적 집회 등의 가능성을 근거로 정치적 성격의 집회를 사전에 금지하는 관행 등을 비판하였다.[19]

UPR 제2차 의견에서는 총 18개 이해관계집단이 입장을 표명했다. 이 중 집회·시위에 대해서는, 매년 4천여 명이 집시법 위반으로 처벌받는 데 주목하면서 제주 강정마을 해군기지 건설 반대 시위를 억압한 것과 2011년 8월 검찰당국이 이들 시위자들의 행위를 '국가권력에 대한 도전'으로 간주한 것에 대해서 심각한 우려를 표명하였다. 또한 시위대에 폭력을 행사한 경찰관들이 처벌받지 않는 관행을 비판하고, 국제인권기준에 따라 경찰력이 행사될 것을 권고하기도 하였다.[20]

UPR 제3차에서는 총 16개 이해관계집단에서 의견을 개진하였는데, 이전에 비해 더 많은 내용의 비판과 권고가 쏟아졌다. 집회·시위 분야를 요약하면, ① 집시법상 복잡한 통보 절차, 동시집회와 긴급집회에 관한 법조항 미비, 정부당국

---

18) 민주사회를 위한 변호사 모임·한국기독교교회협의회, "한국 인권의 실상 – UN 인권이사회에 제출한 정부 보고서에 대한 반박", 역사비평사 (1992. 7.), pp.70 - 74.
19) United Nations, "Report of the Working Group on the Universal Periodic Review on Republic of Korea", UN Doc. A/HRC/8/40, Human Rights Council (2008), para.24.
20) United Nations, "Report of the Working Group on the Universal Periodic Review on Republic of Korea", UN Doc. A/HRC/22/10, Human Rights Council (2012), para.62.

의 광범위한 집회 금지 또는 제한, ② 정부 당국의 시위에 대한 적대적 태도와 관련 인권·시민단체의 시위 참가나 주최 방해, 그리고 시위 해산 시 공권력의 지나친 물리력의 행사(물대포 사용으로 인한 백남기 농민 사망)에 대한 우려가 표명되었다. 그러면서 평화적 집회의 자유에 대한 권리의 완전한 향유의 보장, 국제인권법과 기준에 맞도록 집시법과 물대포 사용에 관한 관련 규칙들의 전면적인 재검토, 그리고 시민사회단체의 합법적인 활동 보장 및 이들 단체에 대한 공격·방해·협박행위에 대한 철저한 조사와 관련자 처벌 등을 우리 정부에 요구했다.[21]

UPR 제4차 의견에서는 총 27개 이해관계집단의 입장 표명이 있었다. 그 중 집회·시위 분야를 요약하면 다음과 같다. ① 집시법이 자유권규약 제21조에 부합되지 아니하므로 해당 법률을 국제인권법에 부합하도록 개정할 것, ② 코로나 19 상황이 발생한 이후 정부가 평화적 집회에 관한 권리를 과도하게 제한했고, 대중의 집회를 광범위하게 금지하는 권한을 행정당국에게 부여하는 감염병의 예방 및 관리에 관한 법률이 도입되었으며, 코로나 발생 후 감염병 방지 목적으로 집회를 금지하는 것이 자의적이고 불평등했다는 점에 대해 우려를 표명하며 감염병 예방 등의 사유로 평화적 집회의 자유를 제한하는 조치가 국제 인권법 및 기준에 부합되도록 조치할 것 등을 권고했다.[22]

2.4. 소결

이상을 종합하면, 국내·외 인권기구나 단체에서는 평화적 집회의 권리 보장 미흡, 사실상 사전 허가제, 집회 등 주최자에 대한 형사처벌, 동시집회와 긴급집회에 대한 법조항 미비, 집회 등 절대적 금지시간·장소와 주요 도로에서의 집회

---

21) United Nations, "Summary of stakeholders' submissions on the Republic of Korea: Report of the Office of the United Nations High Commissioner for Human Rights", UN Doc. A/HRC/WG.6/28/KOR/3, Human Rights Council (2017), paras. 52-55.

22) United Nations, "Summary of stakeholders' submissions on the Republic of Korea: Report of the Office of the United Nations High Commissioner for Human Rights", UN Doc. A/HRC/WG.6/42/KOR/3, Human Rights Council (2022), paras. 41-43.

금지 등 광범위한 금지 또는 제한, 과도한 해산 관행(물대포 사용 등 과도한 강제력의 행사 등), 차벽 설치 등을 통한 장소 접근권 제한, 정부당국의 시위에 대한 적대적 태도 등을 비판해 왔다. 그러면서 국제인권기준에 따라 집시법 규정을 전면적으로 재검토할 것을 지속해서 요구하고 있음을 알 수 있다.

　이를 크게 4가지 쟁점, 즉 평화적 집회의 자유에 대한 권리 보장, 집회·시위 신고제도, 집회·시위 금지 또한 제한, 그리고 집회·시위의 해산에 관한 사항으로 분류해 볼 수 있다.

3. 집회·시위 관련 주요 쟁점 비교·분석

3.1. 평화적 집회의 자유에 대한 권리 보장

국제인권기준

　자유권규약 제21조는 '평화적 집회의 권리가 인정된다'고 명시하고 있다. 여기서 '평화적'이라는 용어에 대하여 노박(Nowak)은 집회가 평화적인 성격을 상실하는 경우의 예로 사람이 신체적으로 공격을 당하거나 위협을 받는 경우, 시설물 파괴, 차량 방화, 돌이나 화염병 투척 등을 제시하고 있다. 또한 집회 참가자가 돌이나 각목 등 무기로서 간주될 수 있는 것으로 무장한 경우에는 비록 그것이 실제 사용되지 않았더라도 그러한 집회는 평화적이지 않다. '평화적'이라는 것은 '다양한 형태의 폭력의 부재'를 의미하며, 이는 폭넓게 해석되어야 한다.[23] 즉 집회의 주최자가 평화적 의도를 밝히고 집회의 행위가 비폭력적이라면 그러한 집회는 평화적인 것으로 간주되어야 한다.[24]

　그런데 지난 2016년 마이나 키아이 집회·결사의 자유 특별보고관은 한국의 경우 집시법을 근거로 '합법성' 여부를 판단하고 있는데, 이는 평화적 집회의 권

---

23) William A. Schabas, U.N. Covenant on Civil and Political Rights: Nowak's CCPR Commentary(3rd revised ed.)(N.P. Engel, 2019), p.600, para.13.
24) Venice Commission & OSCE/ODIHR, Guidelines on Freedom of Peaceful Assembly(3rd ed.)(Strasbourg/Warsaw, 2020), para.46.

리가 국내법에 의해 부여되는 것임을 내포하고 있으므로 문제라는 견해를 밝힌 바 있다.[25] 이에 대해, 국제앰네스티는 '평화적 집회의 자유에 대한 권리가 완전히 향유되도록 보장하고, 특히 법에 집회 개최에 유리한 추정을 명문화할 것'을 촉구하고 있다.[26]

관련 법령과 판례 및 실무상 적용

2003년 헌법재판소는 '헌법이 명시적으로 밝히고 있지는 않으나 집회의 자유에 의하여 보호되는 것은 평화적 또는 비폭력적 집회'라고 함으로써 평화적 집회의 자유가 헌법적으로 보호되는 것임을 명확히 하고 있다.[27] 즉 집회를 바라보는 근본적인 시각을 '평화적 - 폭력적' 개념에 두고 있다. 그런데 집시법 제1조는 "적법한 집회 및 시위를 최대한 보장하고 위법한 시위로부터 국민을 보호함으로써"라고 규정함으로써 집시법을 '적법 - 위법'이라는 구조적 틀에서 접근하고 있다. 이러한 접근방식은 그간 경찰의 집회·시위 대응기조에서도 여과 없이 드러난다. 즉 과거 '합법보장 불법필벌', '합법촉진 불법필벌', '준법보호 불법예방'이라는 집회·시위 대응기조는 그 용어와 의미에 약간의 변화를 주었을 뿐, '적법 - 위법' 패러다임을 통한 관리방식의 틀을 벗어나지 못했다.[28]

이러한 접근방식은 헌법재판소의 입장과 분명히 다른 것이며, 실제 적용에 있어서도 마찬가지이다. 즉 미신고 집회이지만 평화적으로 개최된 경우, 헌법재판소의 입장에서 볼 때 이는 평화적 집회이므로 보호할 대상이 되지만, 집시법의 관점에서 볼 때는 위법한 집회에 해당하여 현행법상 집회주최자가 형사처벌을 받게 되는 모순이 발생하게 된다. 따라서 집시법상 '적법 - 위법' 패러다임은 국제인권기준뿐 아니라 헌법재판소의 해석과도 조화되지 못한다.

---

25) United Nations, "Report of the Special Rapporteur on the rights to freedom of peaceful assembly and of association on his mission to the Republic of Korea", UN Doc. A/HRC/32/36/Add.2, Human Rights Council (2016), para.21.
26) 국제앰네스티, 국제인권기준에서 본 한국의 평화적 집회의 자유 (2016), p.6.
27) 헌법재판소 2003. 10. 30. 선고, 2000헌바67 결정.
28) 황규진, "한국 경찰의 집회·시위 관리정책", 경찰의 새로운 집회·시위 관리 방식 모색을 위한 국제 콘퍼런스: 평화적 집회 촉진을 위한 국가적 역할의 관점에서, 국제앰네스티 한국지부 외 (2017. 3. 24. 발표), pp.16 - 21.

경찰개혁위원회 권고안

경찰개혁위원회의 권고안은 집회·시위를 통제의 대상으로 보지 않고 '평화적(비폭력적)' 집회·시위를 최대한 보장한다는 접근방식을 채택하고 있다. 이는 국제인권기준과 헌법적 해석에 부합하는 것으로, 과거 '경찰이 집회·시위의 관리자이자 통제자로서 그리고 국민은 기본권 제한의 대상'에 지나지 않았다면, 이제부터 '경찰은 집회·시위의 보호자 내지 보장자로서 그리고 국민은 기본권 행사의 주체'라는 헌법적 지위로의 회복 내지 변화를 의미한다.

과거 경찰은 헌법 제37조 제2항의 '법률'에 따른 기본권 제한에 더 중점을 두면서 1989년에 집시법을 대폭 개정하여 헌법상의 기본권인 집회·시위의 자유를 구체화하기 이전에는 집시법이 "정치적 상황에서 집회를 제한하기 위한 도구로 악용되었다"는 비판을 받았다.[29] 그러나 이제부터는 "기본권을 최대한 보장하고 그 제한은 최소한에 그쳐야 한다는 원칙"에 따라,[30] 기본권 보장이라는 원래의 기능과 역할 수행에 충실하겠다는 패러다임으로 전환을 시도하고 있다는 데 의미가 있다.

국제인권기준의 반영은 권고안에 대한 부속의견에서도 나타나는데, '집회·시위의 주최자가 평화적 의도를 밝히고 집회·시위의 행위가 비폭력적이라면 그러한 집회·시위는 평화적으로 간주하여야 한다'는 내용은 OSCE/ODIHR의 평화적 집회의 자유에 관한 가이드라인의 그것과 같다.

그런데 권고안이 '평화적 - 폭력적' 패러다임을 채택하긴 했지만, 이러한 기조를 개정 집시법에 명시적으로 반영하겠다는 언급은 나와 있지 않다. 향후 집시법을 개정할 때 제1조(목적)에 명시적으로 반영해야 할 것이다.[31]

---

29) 윤성철, "집회 및 시위에 관한 법률의 규제체계 개선 - 행정질서벌의 도입 및 규정의 명확성 확보를 중심으로", 법학논총 제34집 제2호, 전남대학교 법학연구소 (2014), p.308.
30) 김종서, "집시법의 몇 가지 문제점", 법학연구 제13권 제3호, 인하대학교 법학연구소 (2010), p.171.
31) 황문규, "집회시위 신고절차 개선을 위한 원칙과 방향: 경찰개혁위원회에서 권고한 집회시위 신고절차 개선방안을 중심으로", 집회의 자유 보장을 위한 집시법 개정 세미나, 진선미·경찰청 (2018. 1. 26.), pp.27 - 28.

3.2. 집회·시위 신고제도

국제인권기준

정부당국이 집회에 대한 사전 신고요건을 둘 수 있지만, 그 목적은 평화적 집회를 촉진하기 위한 것이어야 한다. 따라서 '돌발집회를 방해'하거나 '사전에 신고하지 않았다고 하여 불법집회로 간주하거나 해산'하는 데 이용해서는 안 된다. 평화적 집회의 자유는 권리이지 특권이 아니며, 그 권리의 행사는 정부당국에 의한 사전허가의 대상이 되지 않기 때문이다.[32]

이에 대해, 국제앰네스티는 미신고 또는 신고범위 일탈 옥외집회나 시위 주최 행위에 대한 형사처벌 및 강제해산 배제, 그리고 현행 신고제도 아래에서 우발적 집회 또는 긴급집회와 같은 돌발집회에 대한 예외규정을 마련해야 한다고 주장하고 있다.[33]

관련 법령과 판례 및 실무상 적용

현행 집시법은 미신고 옥외집회 및 시위 주최자에게 신고의무를 부과하고(집시법 제6조 제1항), 이를 위반할 경우 형사처벌을 가하고 있다(집시법 제22조 제2항). 대법원은 미신고 옥외집회 주최자 처벌에 대해서 '집회 및 시위의 자유와 공공의 안녕질서가 적절하게 조화되기 위한 최소한의 조치'로 헌법상의 기본권이 침해되는 것은 아니라고 하였다.[34] 이러한 입장은 이후 2009년 헌법재판소 결정에서도 과중한 형벌을 부과한 것이라는 반대의견도 있었으나, 다수의견은 헌법상 기본권이 침해되는 것이 아니라는 견해를 취했다.[35] 그러나 2014년 헌법재판소 결정[36]에서 4명의 재판관이 반대의견으로 '신고의무의 위반에 대해 과태

---

32) United Nations, "Report of the Special Rapporteur on the rights to freedom of peaceful assembly and of association on his mission to the Republic of Korea", UN Doc. A/HRC/32/36/Add.2, Human Rights Council (2016), paras.21 - 28.
33) 국제앰네스티, 앞의 책, p.7.
34) 대법원 2004. 4. 27. 선고, 2002도315 판결.
35) 헌법재판소 2009. 5. 28. 선고, 2007헌바22 결정.

료 등 행정상 제재로도 충분한 데도 징역형이 있는 형벌을 부과하는 것은 지나치게 과중한 형벌을 규정한 것'이라고 밝힌 점에 주목할 필요가 있다.[37]

신고 범위를 뚜렷이 벗어난 집회·시위와 관련하여, 일부 참가자의 폭력행위를 주최 측의 책임으로 돌리기 위해서는 구체적인 증명이 필요하다는 주장도 있다.[38] 그러나 현행 집시법은 제16조(주최자 준수 사항) 제4항 제3호에서 주최자에게 '신고한 목적, 일시, 장소, 방법 등의 범위를 뚜렷이 벗어나는 행위'를 하지 못하도록 규정하고, 이를 위반한 경우 형사처벌을 부과하고 있다(집시법 제22조 제3항). 이와 관련하여, 대법원은 '어떠한 경우가 신고 범위를 뚜렷이 벗어나는 행위에 해당하는지 여부'에 대해 여러 유형의 판결을 내리고 있다. 즉 신고 전·후 옥외집회 또는 시위의 동일성 인정 여부,[39] 신고하지 않은 삼보일배 행진의 정당행위 해당 여부,[40] 신고 장소와 방법 등의 범위를 뚜렷이 벗어나는 행위 여부[41] 등이 그것이다.

한편 현행 집시법은 '돌발집회'에 대한 명시적 규정을 두고 있지 않다. 다만 대법원은 '지난 1991년 대학교 강당에서 개최 중이던 범국민대토론회에 참석하려다 경찰에 저지당한 학생들이 이에 항의하는 뜻으로 대학교 정문 앞에서 즉흥적으로 약 20분간의 구호와 노래를 제창한 행위(이른바 '우발적 집회': 필자 주)에 대해서, 집시법 제6조 제1항의 미신고 옥외집회·시위를 주최하였다고 할 수 없다'고 판시하였다.[42] 이 판결에 대해 미신고 집회의 주최자를 특정할 수 없어 형사처벌이 불가능하다는 의미로 이해해야 한다는 견해가 제시되기도 하였다.[43]

---

36) 헌법재판소 2014. 1. 28. 선고, 2011헌바174 결정.
37) 윤성철, 앞의 글 (2014), pp.305 - 306; 이희훈, "집회 및 시위에 관한 법률과 경찰의 집회 신고에 대한 문제점과 개선방안", 입법학연구 제15권 제1호, 한국입법학회 (2018), p.147; 황문규, 앞의 글 (2018), p.31 참조.
38) 서선영, "집회 및 시위에 대한 국가 손해배상 청구 사례 및 문제점", 연세 공공거버넌스와 법 제8권 제1호, 연세대학교 법학연구원 공공거버넌스와 법센터 (2017), pp.37 - 41.
39) 대법원 2008. 7. 10. 선고, 2006도9471 판결.
40) 대법원 2009. 7. 23. 선고, 2009도840 판결.
41) 대법원 2008. 10. 23. 선고, 2008도3974 판결; 대법원 2010. 3. 11. 선고, 2009도12609 판결.
42) 대법원 1991. 4. 9. 선고, 90도2435 판결.
43) 김택수, 앞의 글, pp.253 - 254.

또한 지난 2014년 헌법재판소는 '미리 계획도 되었고 주최자도 있지만 집시법이 요구하는 시간 내에 신고할 수 없는 옥외집회인 이른바 '긴급집회'의 경우에는 신고 가능한 즉시 신고한다면 미신고 집회·시위 주최행위로 처벌할 수 없다'고 하였다.[44] 그런데 이 결정에서 재판관 이정미 등 4인은 '집시법 제6조 제1항이 긴급집회에 대해 어떠한 예외도 규정하지 않고 모든 옥외집회에 대해 사전신고를 의무화하는 것은 과잉금지에 위배되어 청구인들의 집회의 자유를 침해한다'는 반대의견을 제시한 바 있다.

이상을 정리하면, 미신고 또는 신고 범위를 일탈한 옥외집회·시위 주최자에 대한 형사처벌은 국제인권기준 또는 요구와 일치하지 않는다. 돌발집회의 경우, 판례가 이를 긍정하고 있지만, 집시법에 그 의미와 신고의무 여부를 명시적으로 규정하고 있지 않아 역시 국제앰네스티의 요구와 일치하지 않는다. 이에 대해 우발적 집회에 대해서는 집회신고를 면제하고, 긴급집회와 관련한 규정을 마련하자는 주장도 제기되었다.[45]

경찰개혁위원회 권고안

경찰개혁위원회는 훨씬 전향적인 견해를 밝히고 있다.[46] 먼저 '집회·시위 신고의 변경절차'와 '온라인 집회·시위신고 시스템'을 마련할 것이 권고되었다. '온라인 집회·시위 신고 시스템'의 경우에는 2016년 유엔 특별보고관 공동보고서에서 '온라인 접수제도의 도입'을 권고한 바 있다.[47] 그러나 온라인신고시스템의 경우, 2개 이상의 집회·시위가 동시에 신고되는 경우 해결방안은 무엇인지, 집회신고 사항의 범위를 어떻게 정할 것인지, 그리고 집회신고서가 정확하게 작성되지 못한 경우에 어떻게 처리할 것인지 등이 실무적으로 문제가 될 수 있다.[48] 경찰이 집회신고자의 상황을 잘 알 수 없거나 파악할 수 없는 상황이 발

---

44) 헌법재판소 2014. 1. 28. 선고, 2011헌바174 결정.
45) 이희훈, 앞의 글 (2018), p.138; 황문규, 앞의 글 (2018), pp.25, 28 - 29.
46) 경찰개혁위원회, "집회·시위 자유 보장방안", 인권보호분과 (2017. 9. 1.).
47) United Nations, "Report of the Special Rapporteur on the rights to freedom of peaceful assembly and of association on his mission to the Republic of Korea", UN Doc. A/HRC/32/36/Add.2, Human Rights Council (2016), para.28.

생할 수 있으므로 현행 방문 신고제도는 그대로 두고 온라인 집회 신고제를 추가로 도입하여 집회주최자가 두 가지 방법 중에 선택하게 하는 것이 바람직할 것이다. 또한 한꺼번에 많은 집회주최자가 온라인(인터넷)으로 접속하여 동시에 집회를 신고하는 경우에 기술적인 문제로 집회신고를 할 수 없는 경우도 발생할 수 있으므로 이에 대한 IT 기술상의 해결이 선행되어야 한다는 견해가 제시된 바 있다.[49]

다음으로 '신고가 불필요한 집회·시위의 범위를 확대'하고 '신고 내용과 실제 집회·시위가 다소간 차이가 있더라도 평화적으로 진행하는 이상 원칙적으로 집회·시위를 보장한다'는 방침이 권고되었다. 이에 대해 '신고가 불필요한 집회·시위'의 유형을 우발적 집회, 평화적으로 진행되는 변형된 1인 시위 및 기자회견, 홀로그램이나 플래시몹 등 새로운 유형의 집회, 그리고 소수의 참가자가 단시간에 하는 소규모 집회 등으로 구분하되, 특히 소규모 집회인 경우 '소수' 및 '단시간'의 범위를 어디까지로 할 것인지의 문제가 발생하는데, 이는 현장에서 집회의 목적, 일시, 장소, 방법, 질서유지인 등을 고려하여 대규모 시위로 확대될 우려나 폭력시위로 변질될 위험성 여부를 판단하여 해결하자는 견해가 제시된 바 있다.[50]

또한 '실제 집회·시위가 신고내용과 현저히 다를 경우 주최자 측과 협의하여 시위방법 및 진로 등을 적절하게 변경할 수 있는 절차'를 마련하라는 권고도 있었다. 이에 대해서는 실무적으로 변경에 대한 통지를 언제까지 허용할 것인가의 문제를 제기하면서, 현행 집시법 제8조 제4항의 '집회 시작 1시간 전'이라는 문구를 고려하여 그 기준으로 삼되 실무적인 검토가 필요하다는 견해와 함께, 변경의 허용범위 역시 '집회의 동일성이 유지되는 범위 내'로 한정할 필요가 있다는 견해가 제시되었다.[51]

그밖에 '우발적 또는 긴급 집회·시위의 경우 신고 없이 진행될 수밖에 없다는 점을 고려하여 평화적으로 진행된다면 개최나 진행을 최대한 보장'하라는

---

48) 황문규, 앞의 글 (2018), pp.36 - 48.
49) 이희훈, 앞의 글 (2018), p.140.
50) 황문규, 앞의 글 (2018), pp.32 - 33.
51) 황문규, 앞의 글 (2018), pp.35 - 36.

내용의 권고가 있었다. 그러나 국제인권기준과 달리, 미신고 또는 신고 범위를 일탈한 옥외집회·시위 주최자에 대한 형사처벌을 배제한다는 내용은 권고에 포함되어 있지 않다.

3.3. 집회·시위의 금지 또는 제한

국제인권기준

평화적 집회의 자유에 대한 권리는 기본권으로서 최대한 제한 없이 향유되어야 하며, 그 제한은 예외적인 상황에서 이루어져야 하고, 권리의 본질을 손상시켜서는 안 된다. 평화적 집회에 대한 제한은 법률유보의 원칙, 비례의 원칙, 필요성의 요건을 충족해야 하며, 집회에 대한 금지는 최후의 수단이 되어야 한다. 특정한 장소나 시간, 또는 모든 장소와 시간에 완전히 권리의 행사를 금지하는 전면적인 집회의 금지는 본질적으로 비례의 원칙에 위배된다. 집회 각각의 사정에 대한 고려가 배제되기 때문이다.[52]

또한 단순히 교통소통에 지장을 주는 행위,[53] 시민의 일상생활에 불편을 초래하는 행위 등을 사유로 집회를 금지하거나 불법적으로 만드는 것은 자유권규약 제21조에 규정된 '집회에 대한 제한을 정당화하는 기준'을 충족하지 않는다. 동시집회의 경우, 정부당국은 관련 위험성을 철저히 평가하여 이를 경감시키기 위한 전략을 모색해야 하며, 제한이 필요한 경우 상호 합의를 통하되, 합의가 불가능할 경우 비차별적 방식의 절차를 통해 제한해야 한다.[54] 여기서의 '비차별적 방식'의 예로는 허위·유령집회와 같이 집회신고서가 다른 집회의 접근을 차단하려고 일부러 조기에 제출되는 등 이러한 규칙이 남용되어서는 안 된다는 것

---

52) United Nations, "Report of the Special Rapporteur on the rights to freedom of peaceful assembly and of association on his mission to the Republic of Korea", UN Doc. A/HRC/32/36/Add.2, Human Rights Council (2016), paras.29 - 30.
53) 국제엠네스티, 앞의 책, pp.23 - 24.
54) United Nations, "Report of the Special Rapporteur on the rights to freedom of peaceful assembly and of association on his mission to the Republic of Korea", UN Doc. A/HRC/32/36/Add.2, Human Rights Council (2016), para.28.

을 전제로 하는 '선착순'(first come, first served) 규칙이나, 몰타의 공공회합조례 (1931년) 제5조 제3항에서 동시집회의 경우 경찰이 시행한 추첨에서 뽑힌 자에게 우선권을 부여하는 것과 같은 '추첨' 방식이 있다.[55]

관련 법령과 판례 및 실무상 적용

먼저, 집시법 제8조는 집회·시위 금지 또는 제한통고를 규정하고 있다. 정부는 신고제가 실질적 허가제로 운용되지 않도록 금지통고 사유를 엄격히 해석하고 있고, 실제로도 2015년 경찰에 접수된 집회신고 12만 7천여 건 중 금지통고한 것은 193건으로 0.15%에 불과하다는 의견을 자유권규약 제4차 국가보고서 심의 후속보고서에서 밝히고 있다.[56] 그런데, 금지통고에 대해서는 지속적으로 그 처분의 취소를 구하는 소송이 이루어지고 있다.[57] 한편, 헌법재판소는 '집회의 금지와 해산은 원칙적으로 공공의 안녕질서에 대한 직접적인 위협이 명백하게 존재하는 경우에 한하여 허용될 수 있다. 집회의 금지와 해산은 집회의 자유를 보다 적게 제한하는 다른 수단, 즉 조건을 붙여 집회를 허용하는 가능성을 모두 소진한 후에 비로소 고려될 수 있는 최종적인 수단'이라고 하는 등 집회의 자유를 제한할 수 있는 사유와 방식을 분명히 밝히고 있다.[58]

다음으로 집시법 제10조는 집회·시위 금지시간을 '일몰 후 일출 전'으로 규정하고 있다. 그러나 이 조문은 지난 2009년 헌법재판소의 헌법불합치 결정과 이후 개정시한 내 입법개선이 이루어지지 않음으로 인해 '옥외집회'[집회 및 시위에 관한 법률(2007. 5. 11. 법률 제8424호로 전부개정 된 것)] 부분은 그 효력을 상

---

55) OSCE/ODIHR, Guidelines on Freedom of Peaceful Assembly(2nd ed.)(Warsaw: Strasbourg, 2010), para.122.

56) Information on the Implementation of the Recommendations of the Human Rights Committee after the Consideration of the Fourth Periodic Report of the Republic of Korea, https://www.humanrights.go.kr/site/program/board/basicboard/ view?currentpage=3&menuid=001003007002&pagesize=10&boardtypeid= 7039&boardid=7602164 (2018. 4. 5. 검색), paras.13 - 14.

57) 부산지방법원 2016. 4. 1. 선고, 2015구합24643 판결; 서울행정법원 2011. 11. 24. 선고, 2011구합34122 판결 등.

58) 헌법재판소 2003. 10. 30. 선고, 2000헌바67 결정.

실하였고,[59] 2014년 헌법재판소의 한정위헌 결정으로 '시위'[집회 및 시위에 관한 법률(2007. 5. 11. 법률 제8424호로 전부개정 된 것)] 부분은 24시부터 일출 전까지에 한하여 금지되는 것으로 변경되었다.[60] 집시법 제10조의 삭제를 주장하는 견해도 있으나,[61] 현재까지 제10조에 대한 개정작업이 이루어지지 않고 있다.

한편 교통 소통을 위한 제한을 규정하고 있는 집시법 제12조는 '원칙적 허용과 예외적 제한'이라는 법조문의 일반적인 내용구성과 상이한 방식을 채택하고 있다. 즉 제1항에서는 교통 소통을 위해 '원칙적으로 금지나 제한'을 할 수 있도록 하면서, 제2항 본문에서는 질서유지인을 두는 경우 '예외적으로 허용'하되, 같은 항 단서에서는 '심각한 교통 불편'을 근거로 또다시 '금지'할 수 있다는 식의 규정을 하고 있다. 즉 '원칙적 금지 - 예외적 허용 - 재차 금지'의 방식이다. 그 밖에 헌법재판소는 개별 구체적인 사례에서 일정한 교통방해를 수반하는 집회 또는 시위행위가 「형법」(1995. 12. 29. 법률 제5057호로 개정된 것) 제185조의 구성요건에 해당되는 경우에 집회의 자유가 제한되는지에 대해, '교통방해가 헌법상 보장되는 집회의 자유에 의하여 국가와 제3자에 의하여 수인되어야 할 것으로 인정되는 범위라면, 사회상규에 반하지 아니하는 행위로서 위법성이 인정될 수 없고 형사처벌의 대상이 될 수 없는 바, 이는 구체적 사안을 전제로 법원이 판단하여야 할 개별사건에서의 법률의 해석·적용에 관한 문제일 뿐, 집회의 자유의 실질적 침해문제가 발생하지 않는다'고 하여 개별사건에 따라 일반교통방해죄의 적용 여부가 달라질 수 있다는 견해를 취하고 있다.[62]

동시 또는 대항 집회와 관련하여, 2016년 집시법 개정 당시에 제8조 제2항 내지 제4항 및 제26조 등의 개정이나 신설을 통해 관련 내용을 규정하고 있다. 즉 제8조의 관련 조항은 경찰로 하여금 시간과 장소를 나누어 해당 집회들이 모두 개최되도록 최대한 노력하되, 이것이 가능하지 않다면 후순위 집회를 금지할

---

59) 대법원 2011. 6. 23. 선고, 2008도7562 판결. 헌법재판소 2009. 9. 24. 선고, 2008헌가2
   5 결정에 관한 자세한 평석은 정필운, "집회의 자유의 제한과 그 한계", 공법학연구 제11권
   제4호, 한국비교공법학회 (2010), pp.111 - 142 참조.
60) 헌법재판소 2014. 3. 2. 선고, 2010헌가2 결정.
61) 김종서, 앞의 글. pp.171 - 172.
62) 헌법재판소 2010. 3. 25. 선고, 2009헌가2 결정.

수 있게 하였다. 또한 제26조는 이른바 '허위 집회신고 행위'를 규제하기 위한 내용을 담고 있다. 이러한 내용은 지난 2011년 서울행정법원의 판결과 2014년 대법원의 판결을 반영한 것으로 보인다.[63] 후순위 집회 금지에 대해 '상반된 목적을 가진 집회는 충돌 가능성이 많지만 이들 집회 모두가 헌법이 보호하는 집회임을 감안할 때 단순한 충돌 가능성만을 이유로 어느 하나의 집회의 개최를 허용하지 않는 것은 집회의 자유에 대한 차별적 제한'이며, '경찰권의 남용이라고 볼 수밖에 없다'는 견해도 있다.[64] 이에 대해 집시법 제8조 제2항의 '평화적으로 개최·진행될 수 있도록 노력하여야 한다'의 문구를 '평화적으로 개최·진행될 수 있도록 하여야 한다'로 개정하여 강행 내지 강제 규정으로 선·후순위 집회 모두 개최할 수 있도록 하되, 허위집회신고 주최자에 대해서는 과태료가 아닌 형사처벌을 부과하자는 견해도 제시되었다.[65]

이상의 내용을 종합하면, 집회·시위 금지 또는 제한통고가 사실상 허가제로서 기능하지 않도록 엄격한 사유에 따라 최소한도로 이루어져야 한다는 헌법재판소의 입장은 국제인권기준과 별다른 차이가 없다. 그러나 헌법재판소의 입장에도 불구하고 현실에서는 금지통고처분 취소소송이 제기되는 등 재량권이나 권한 남용 시비가 여전하다는 점에 유의할 필요가 있다.

한편 특정 시간대 시위의 절대적 금지나 특정 장소에 대한 옥외집회·시위의 절대적 금지 규정은 '집회 각각의 사정에 대한 고려가 배제되기 때문에' 본질적으로 비례의 원칙에 위배된다는 점에서 국제인권기준과 근본적인 차이가 있다. 집시법 제12조의 경우, 제한방식에 있어서 '권리를 특권으로 바꿔버리는 방식'으로 규정하고 있으며, 단지 교통 소통에 지장을 초래한다는 이유로 집회를 금지한다면 이는 자유권규약 제21조의 제한기준을 충족하지 못할 것이다. 그렇지만 동시 또는 대항 집회의 경우, 시간과 장소의 분할을 권유하는 등 여러 집회가 최대한 개최되도록 노력한다고 규정한 점과 허위 집회 신고행위를 규제하고 있는 점, 그리고 경찰의 권유가 받아들여지지 않을 경우 '선착순' 규칙에 따라

---

63) 서울행정법원 2011. 11. 24. 선고, 2011구합34122 판결; 대법원 2014. 12. 11. 선고, 2011도13299 판결.
64) 김종서, 앞의 글. p.159.
65) 이희훈, 앞의 글 (2018), pp.144 - 145.

종국적으로 후순위 집회를 금지할 수 있도록 한 내용은 국제인권기준에 상당히 부합하고 있음을 알 수 있다.[66)]

경찰개혁위원회 권고안

국제인권기준에도 불구하고, 경찰개혁위원회는 집회·시위 금지시간과 장소의 절대적 금지 부분에 대해서는 침묵하고 있다.[67)] 그렇지만 권고안은 옥외집회·시위에 대한 금지(제한) 통고 등을 최소화할 수 있는 구체적인 기준을 마련하여 시행할 것을 주문하고 있다. 즉 금지나 제한통고 이전에 집회·시위 주최 측과 사전협의하는 절차를 마련하고 이의신청절차를 실질화하겠다는 입장이다. 또한 이러한 통고는 집회·시위 시작 24시간 전까지 주최자 측에 구체적인 금지통고 등의 사유를 기재한 문서로 전달하도록 하였다. 그리고 경찰개혁위원회는 교통 소통을 위한 전면적인 금지통고나 제한통고 등을 원칙적으로 하지 말 것을 주문했다. 그와 함께, 주요 도로에서의 원활한 교통 소통과 집회·시위 개최가 동시에 가능하도록 집회·시위 가능 구간을 설정하고, 이를 위해 조건통보를 탄력적으로 활용토록 권고하였다. 이때 참가자가 일정 수 이하에 불과하더라도 도로 등을 이용한 집회·시위를 전면적으로 금지해서는 안 된다는 원칙을 제시하고 있다. 이 밖에도 경찰개혁위원회는 집회·시위에 대해서 일반교통방해죄를 원칙적으로 적용하지 말 것을 권고했다.

3.4. 집회·시위 금지장소에 관한 국제인권기준에서의 접근

자유권규약에 따르면 '평화적 집회의 권리'가 인정되며, '유럽안보협력기구/민주제도 및 인권사무소'(OSCE/ODIHR)에서도 평화적 집회만이 보호받는다고 선언하고 있다.

---

66) 김선일, 앞의 글, pp.19 - 20.
67) 경찰개혁위원회, "집회·시위 자유 보장방안", 인권보호분과 (2017. 9. 1.).

시민적 및 정치적 권리에 관한 국제규약 제21조 평화적 집회의 권리가 인정된다. 이 권리의 행사에 대해서는 법률에 따라 부과되고, 또한 국가안보 또는 공공의 안전, 공공질서, 공중보건 또는 도덕의 보호, 또는 타인의 권리 및 자유의 보호를 위해 민주사회에서 필요한 것 이외의 어떠한 제한도 부과해서는 안 된다.

평화적인 집회라면 언제라도 원하는 시간에 원하는 장소에서 열릴 수 있어야 하며, 원칙적으로 집회·시위는 그 대상이 '보이고 들리는 곳'에서 열리도록 촉진되어야 하는 것[68]이 평화적 집회의 자유의 본질 중 하나이다.

평화적 집회를 촉진시킬 의무에 따라 당국은 집회 주최자 및 참가자의 권리 행사를 적극적으로 지원해야 한다. 집회·결사의 자유 특별보고관에 따르면, 당국은 사람들이 의도하는 대상이 '보이고 들리는 곳'에서 의사를 표현할 수 있도록 노력해야 하며 공공 거리, 도로, 광장 등 공공장소 접근권을 제공해야 한다.[69] 공공장소 접근권은 구체적으로 주최자와 참가자가 (한 장소에서 또는 이동하면서) 평화적 집회를 진행하기 위해 공공 거리, 도로, 광장을 사용할 수 있어야 한다는 것을 의미한다. 대통령 공관, 국회, 기념관과 같은 상징적 건물 인근의 장소 역시 공공장소로 간주되어야 하며, 그러한 장소에서 평화적 집회가 개최될 수 있도록 허용되어야 한다.

물론 평화적 집회·시위라 하더라도 '시간', '장소', '방법' 등에 대하여 제한이 필요한 경우가 있을 수 있다. 하지만 제한을 부과하는 경우에도 당국은 항상 가장 덜 침해적인 수단을 우선해야 한다. 평화적 집회에 대한 일체적 제한도 합법성, 필요성, 비례성 등의 요건을 갖추어야 한다.[70] 또한 일체의 제한에 대한 필요성 및 비례성 심사는 해당 집회의 속성, 방법, 장소와 같은 모든 상황을 고려

---

68) Venice Commission & OSCE/ODIHR, Guidelines on Freedom of Peaceful Assembly(3rd ed.)(Strasbourg/Warsaw, 2020), paras.77, 78, 82.

69) Human Rights Council, Report of the Special Rapporteur on the rights to freedom of peaceful assembly and of association, UN Doc. A/HRC/23/39, (2013. 4. 24.), paras.65 - 66.

70) Venice Commission & OSCE/ODIHR, Guidelines on Freedom of Peaceful Assembly(3rd ed.)(Strasbourg/Warsaw, 2020), paras.28 - 30.

해 사안별(case-by-case)로 분석되어야 한다는 점을 유념해야 한다.[71]

> 집회에 대한 금지는 최후의 수단이 되어야 한다. 특정한 장소나 시간, 또는 (모든 장소와 시간에) 완전히 권리의 행사를 금지하는 등의 전면적인 집회 금지는 본질적으로 비례의 원칙에 위배되는 것이다.[72]

우리나라의 경우, 현행 집시법 제11조의 규율방식은 적어도 국제인권기준에서 제시하고 있는 입장과 괴리되어 있다. 국제인권기구의 입장은 (ⅰ) 대통령 공관이나 국회 등 상징적 건물 인근 장소는 공공장소이며, 공공장소 접근권은 원칙적으로 보장되어야 하고, (ⅱ) 사안별로 해당 집회의 합법성, 필요성, 비례성 요건을 개별적으로 검토하는 등 집회의 특수한 상황을 반영하여 그 금지 여부를 결정해야 한다는 점으로 요약될 수 있다. 즉 집회장소를 제한하는 규율방식에 있어서 '원칙적 허용, 예외적 금지'를 채택하고 있다. 반면, 현행 집시법 제11조는 헌법재판소가 채택하고 있는 입장, 즉 대상기관 인근에서의 옥외집회 또는 시위를 원칙적으로 금지하되, 일정한 경우 예외적으로 허용할 수 있다는 '원칙적 금지, 예외적 허용'의 접근방식을 따르고 있다. 종국적으로는 대상기관 인근에서의 '평화적' 옥외집회나 시위를 원칙적으로 허용하되 폭력적으로 변질되는 등 예외적인 경우에 한해 그에 대한 제한을 가하는 방식을 채택함으로써 '집회장소 선택권'이라는 국민의 기본권을 더욱 실질적으로 보호 내지 보장할 필요가 있다.[73]

---

71) 국제엠네스티, 앞의 책, p.8.

72) Human Rights Council, Joint report of the Special Rapporteur on the rights to freedom of peaceful assembly and of association and the Special Rapporteur on extrajudicial, summary or arbitrary executions on the proper management of assemblies, UN Doc. A/HRC/31/66, (2016. 2. 4.), para.30.

73) 우리나라 집회장소제한 규정이 내포하고 있는 다양한 문제점과 그에 대한 비판적 검토에 대한 자세한 내용은 정준선·김선일, "개정 「집회 및 시위에 관한 법률」 제11조에 대한 비판적 검토", 경찰법연구 제19권 제3호 (2021); 김선일, "집시법 제11조의 집회장소제한 규정에 관한 헌법재판소 결정 평석-2018헌바48, 2019헌가1(병합) 결정 및 2021헌가1 결정-", 경찰법연구 제21권 제3호 (2023) 참조.

3.5. 집회·시위 해산 사유 및 절차

국제인권기준

국제인권기준에 따르면, 국가는 평화적 집회의 자유에 대한 권리를 촉진하여야 할 의무를 지닌다. 따라서 특별히 불가피한 상황이 아니라면 평화적 집회를 해산시켜서는 아니 된다. 예를 들어, 집회의 해산은 긴박한 폭력의 위협이 있거나, 또는 형법 규범의 위반을 넘어 타인의 권리에 대한 심각한 침해를 야기하는 상황에서 사후적인 제재만으로는 한계가 있는 경우가 아니라면 허용되지 아니한다. 또한 집회의 규모, 장소, 상황에 따라 공공질서나 공중보건을 보호하기 위해서 집회의 해산이 필요한 경우가 있을 수 있으나 법집행 공무원이 집회를 촉진하고 참가자를 피해로부터 보호하기 위해 모든 합리적 조치를 다 취한 경우와 같이 엄격히 불가피한 경우에만 최후의 수단으로 고려할 수 있다.[74] 예를 들면, 자유권규약 제20조에 반하여 차별, 적대 또는 폭력을 부추기는 경우, 병원의 비상출입구를 가로막는 등 필수서비스에 대한 접근을 방해하는 경우, 또는 주요 고속도로를 수일 동안 차단하는 등 심각한 교통방해를 일으키는 경우가 해산 사유로 제시될 수 있다. 따라서 단지 국내법상 미신고 집회라거나, 신고한 범위를 벗어났다거나, 교통 소통에 지장을 초래한다는 이유만으로는 해산의 정당한 근거가 될 수 없다.[75]

한편 집회·시위가 진행되는 도중에 일부 참가자가 폭력인 행동을 보였다고 하더라도 일부의 폭력 시위자 때문에 전체 집회를 폭력 집회로 간주해서는 안된다. 경찰은 해산 절차를 시작하기 전에 폭력적인 참가자와 일반 참가자를 구

---

74) Venice Commission & OSCE/ODIHR, Guidelines on Freedom of Peaceful Assembly(3rd ed.)(Strasbourg/Warsaw, 2020), para.179.

75) United Nations, "Report of the Special Rapporteur on the rights to freedom of peaceful assembly and of association on his mission to the Republic of Korea", UN Doc. A/HRC/32/36/Add.2, Human Rights Council (2016), paras.61 - 62; 국제엠네스티, 앞의 책, pp.13 - 14; OSCE/ODIHR, Guidelines on Freedom of Peaceful Assembly(2nd ed.)(Warsaw: Strasbourg, 2010), para.165.

분함으로써 일반 참가자가 평화적으로 집회를 계속 진행할 수 있도록 해야 한다.[76] 또한 집회·시위를 해산할 때에는 참가자들이 분명히 인식할 수 있도록 해산에 대한 고지가 이루어져야 하며, 자발적으로 해산할 수 있는 합리적 시간이 충분히 주어져야 한다. 그리고 현장 상황상 불가피한 경우가 아니라면 해산 과정에서 물리력은 사용되지 않아야 한다.[77]

지난 2016년 국제엠네스티에서는 한국 정부에 집회·시위 해산과 관련하여 다음의 세 가지를 촉구한 바 있다.

> 첫째, 주최자가 신고 요건을 준수하지 못했다거나 단지 교통 소통을 방해한다는 이유만으로 집회를 해산해서는 안 된다. 둘째, 일체의 집회 해산 결정은 그것이 엄격히 불가피한 경우에만 비례성의 원칙에 따라 이뤄지도록 보장하고, 특히 어떤 집회가 국내법상 불법으로 간주된다는 이유만으로 법집행 당국이 집회 해산에 물리력을 사용하지 않도록 보장해야 한다. 셋째, 관련 국제기준에 맞게 집시법 제20조를 개정해 집회 해산이 오직 예외적 상황에서만 이뤄지도록 해야 한다.[78]

위에서 살펴본 집회·시위 해산과 관련한 국제인권기준은 다음과 같이 요약될 수 있다. 첫째, 모든 평화적 집회 해산의 절차는 매우 엄격한 조건 아래에서 불가피한 경우에만 필요성, 비례성의 원칙에 따라 이루어져야 한다. 둘째, 일부 폭력적인 행태를 보이는 참가자들이 있다고 할지라도 집회·시위 전체를 폭력적으로 간주해서는 안 되고, 폭력 행위자를 분리함으로써 평화적 참가자들이 계속해서 집회·시위를 진행할 수 있도록 이를 보장하여야 한다.

---

76) Human Rights Council, Joint report of the Special Rapporteur on the rights to freedom of peaceful assembly and of association and the Special Rapporteur on extrajudicial, summary or arbitrary executions on the proper management of assemblies, UN Doc. A/HRC/31/66 (2016. 2. 4.), para.61.
77) Venice Commission & OSCE/ODIHR, Guidelines on Freedom of Peaceful Assembly(3rd ed.)(Strasbourg/Warsaw, 2020), para.180.
78) 국제엠네스티, 앞의 책, p.14.

관련 법령과 판례 및 실무상 적용

집시법 제20조 제1항은 각 호에서 해산 대상 집회·시위 자체만을 규정하거나, 또는 해산 대상 집회·시위와 함께 개별적인 해산 요건을 병기하고 있다. 즉 이 조항은 모두(chapeau)에서 타인의 법익이나 공공의 안녕질서에 직접적인 위험을 명백하게 초래한 경우라는 '별도의 해산 요건'을 두고 있지 않다. 이로 인해 과거 제2호의 금지된 집회·시위나 미신고 옥외집회·시위의 경우 '금지' 또는 '미신고'라는 이유만으로 경찰로부터 강제해산을 당하기도 하였다.[79]

그러나 대법원이 지난 2011년 '금지된 집회·시위',[80] 2012년 '미신고 옥외집회·시위'[81]에 대해 위의 '별도의 해산 요건'을 충족시켜야 한다고 판시한 이후, 경찰은 실무적으로 공공질서 위험, 통행권 침해, 국가기관의 기능침해 등을 구체적으로 고려하여 해산 여부를 판단하고 있다.[82] 또한 대법원은 집시법 제10조의 '금지시간' 부분에 대해서도 '별도의 해산요건'이 필요하다고 판시하였다.[83] 그렇지만 집시법 제11조의 금지장소에서 열린 집회나 시위의 경우에는 제11조의 입법목적 등을 고려할 때 '별도의 해산요건'이 필요하지 않다고 한 점이 눈에 띈다.[84]

한편 해산명령권자와 관련하여 「집시법 시행령」 제17조는 "관할 경찰관서장 또는 관할 경찰관서장으로부터 권한을 부여받은 국가경찰공무원"이라고 명시하고 있다. 따라서 관할 경찰관서장이 위임한다면 어떠한 계급이나 직책에 있든 상관없이 위임을 받은 경찰관은 해산명령을 발할 수 있다는 해석이 가능하다.[85] 그

---

79) 신영호, "집시법 제5조 제1항 제2호", 경찰학연구 제7권 제3호, 경찰대학 (2007), p.65.
80) 대법원 2011. 10. 13. 선고, 2009도13846 판결.
81) 대법원 2012. 4. 19. 선고, 2010도6388 판결; 대법원 2012. 4. 26. 선고, 2011도6294 판결; 대법원 2013. 1. 24. 선고, 2011도4460 판결.
82) 경찰청, "준법보호 불법예방 패러다임에 따른 집회·시위현장 법집행 가이드북", 경찰청 경비국 (2015), pp.55 - 57.
83) 대법원 2015. 6. 11. 선고, 2015도4273 판결; 대법원 2017. 12. 22. 선고, 2015도17738 판결.
84) 대법원 2017. 5. 31. 선고, 2016도21077 판결.
85) 다만 경찰청은 현장책임자에게 위임하는 것으로 하고 있다. 경찰청, 앞의 책 (2015), p.39.

러나 이러한 위임은 '일정한 정부 당국 및 고위급 공무원들'에게 해산명령권을 부여하되 그 위임을 고려하지 않은 것으로 보이는 국제인권기준과 차이가 있다.

먼저 2016 특별보고관 공동보고서에서는 "Only governmental authorities or high-ranking officers with sufficient and accurate information of the situation unfolding on the ground should have the authority to order dispersal"이라고 언급하고 있다. 또한 OSCE/ODIHR에서는 "Guidelines should specify the circumstances that warrant dispersal and who is entitled to issue dispersal orders(for example, only police officers of a special rank and above)"라고 명시하고 있다. 이는 특정 계급이나 지위 이상을 지닌 자'만'이 해산명령을 발하도록 하면서 별도의 위임문제를 고려하지 않고 있는 것으로 해석된다.[86]

그 밖에, 일부 폭력행위자를 분리하되 평화적 집회를 계속 보장하는 것에 대해 집시법은 이를 명시하고 있지 않다. 다만 '경찰청 집회·시위현장 법집행 가이드북'에서 시위대가 도로상에 연좌하는 경우 '일반시위대와 극렬시위대를 분리, 일반시위대는 정상행진 유도하고 극렬시위대는 차단 후 자진해산 유도, 불응시 강제해산'이라는 내용 등을 '일부' 담고 있는 정도이다.[87]

한편 현행 집시법과 같은 법 시행령은 해산명령을 할 때 그 사유를 구체적으로 알리도록 명시하고 있지 않다. 이와 관련, 지난 2012년 대법원은 '해산명령을 할 때는 해산 사유가 집시법 제20조 제1항 각 호 중 어느 사유에 해당하는지 구체적으로 고지해야 한다'고 판시하여 이를 명확히 하였다.[88] 그 밖에 집회·시위의 해산과정에서 집회의 자유 또는 신체의 자유에 중대한 제한을 초래하는 살수차 등의 위해성 경찰 장비는 사용 요건이나 기준, 방법 등이 법률에 근거를 두어야 한다.[89]

---

86) United Nations, "Report of the Special Rapporteur on the rights to freedom of peaceful assembly and of association on his mission to the Republic of Korea", UN Doc. A/HRC/32/36/Add.2, Human Rights Council (2016), para.63; OSCE/ ODIHR, Guidelines on Freedom of Peaceful Assembly(2nd ed.)(Warsaw: Strasbourg, 2010), para.165.
87) 경찰청, 앞의 책 (2015), p.80.
88) 대법원 2012. 2. 9. 선고, 2011도7193 판결.

경찰개혁위원회 권고안

경찰개혁위원회는 '집회·시위를 최대한 보장하는 방향으로 해산절차를 개선'할 것을 권고하면서, 특히 강제해산 요건 및 방식을 인권친화적으로 개선할 것을 주문하였다.

먼저 '해산명령절차'와 관련하여 권고 내용을 구체적으로 살펴보면, ① 해산명령 시 앞서 언급한 '별도의 해산요건'이 충족되어야 하고, ② 소수의 폭력행위에 개별 대응하되 전체를 폭력집회로 간주하지 않으며, ③ 해산명령은 종결선언과 자진해산 요청 이후 상당한 시간 위의 ①의 상황이 지속되어야 하고, ④ 해산명령요건이 해소된 경우 해산명령을 중단해야 하며, ⑤ 해산명령 간에 상당한 시간을 주어야 하며 이전 해산명령에 비해 얼마나 시간이 경과되었는지 고지해야 하고, ⑥ 통행로나 퇴로 확보 등 원활한 자진해산을 유도해야 한다.

그리고 '강제해산 요건'과 관련해서는 먼저 위의 '해산명령절차 ①'에 해당하는지 신중하게 판단하여 직접해산을 하되 참가자들의 안전을 최우선으로 고려하고 물리적 충돌을 최소화하는 방법으로 진행해야 한다. 또한 일부 참가자들의 폭력행위에 대한 대응으로 구체적인 위험이 해소된 경우 참가자들 전체에 대한 직접해산을 금지하고 평화적인 집회·시위로 진행될 수 있도록 유도하여야 한다.

이러한 권고안의 내용은 국제인권기준의 그것을 상당 부분 반영한 것으로 보인다. 특히 모든 해산명령에 앞서 '별도의 해산요건'을 충족하도록 한 점은 기존보다 훨씬 발전된 것으로 평가할 수 있다. 그러나 권고안은 해산명령권의 위임범위에 대해서는 언급하고 있지 않다. 국제인권기준의 취지를 고려하여 이 문제를 명확히 할 필요가 있다.

한편 권고안은 '부속의견'에서 해산절차 개선과 관련하여 비교적 상세한 내용을 적시하고 있다. 여기에는 종결선언요청 단계에서 자진해산 요청, 자진해산명령, 직접해산까지 집시법 시행령 제17조의 해산절차 단계별(4단계)로 나름의

---

89) 헌법재판소 2018. 5. 31. 선고, 2015헌마476 결정(전원재판부); 헌법재판소 2020. 4. 23. 선고, 2015헌마1149 결정(전원재판부).

원칙을 제시하고 있다.

그 주요한 특징으로는 첫째, 자진해산 요청 단계 이후부터 직접해산 시까지 '별도의 해산요건'을 해당 절차상 조치의 사전요건으로 명시하고 있는 점이다. 예컨대, 경찰이 어떠한 집회 내지 시위에 대해 주최자에게 자진해산을 요청하기 위해서는 '별도의 해산요건' 충족이 전제되어야 한다. 둘째, 위의 4단계 조치는 '전단계 조치 이후 상당한 시간'(직접해산의 경우만 3회 이상 해산명령)이 흐른 뒤에 다음 조치를 취할 수 있도록 적시하고 있다. 이는 집회·시위 참가자들에게 해산에 필요한 충분한 시간을 부여하려는 것으로 보인다. 셋째, 자진해산 명령과 직접해산 시 '일부 폭력행위자' 분리 원칙을 선언하고 있다. 즉 자진해산 명령 단계에서 '소수의 참가자들이 폭력행위를 하는 경우에는 해당 위법행위자들에 대한 위법행위 중단요청, 경고, 채증 등을 통해 개별적으로 대응하고, 집회·시위 전체를 폭력집회로 간주해서는 안 된다.' 또한 직접해산의 경우에도 '일부 집회·시위 참가자들의 폭력행위에 대한 대응으로 구체적 위험이 해소된 경우에는 집회·시위 참가자들 전체를 대상으로 직접해산을 해서는 안 됨'을 강조하고 있다. 넷째, 자진해산 명령의 경우 해산명령 요건을 일시적으로 충족했더라도 그러한 상황이 해소된 경우 더 이상 해산명령을 해서는 안 됨을 분명히 하고 있다. 다섯째, 그밖에 직접해산 시 집회·시위 참가자들의 안전을 최우선으로 고려해야 하며, 물리적 충돌을 최소화하는 방법으로 진행할 의무를 경찰에 부과하고 있다.

이러한 내용은 평화적 집회의 자유 보장에 관한 국제인권기준을 상당부분 반영한 것으로 현 집시법 규정에 비해 전향적인 내용을 담고 있다 하겠다.

4. 집시법의 인권친화적 개정 방향

이상의 논의 내용을 바탕으로 다음과 같은 사항들이 향후 집시법을 개정할 때 반영되어야 할 것으로 판단된다.

첫째, 평화적 집회의 자유에 대한 권리 보장과 관련하여, '평화적 – 폭력적' 접근방식을 개정 집시법 제1조에 명문화하여 집회·시위 보장 원리로 확고히 자리잡을 수 있도록 해야 한다.

둘째, 집회·시위 신고제도와 관련하여, ① 미신고 또는 신고범위 일탈 집회·시위 주최자에 대한 형사 처벌 조항의 삭제와 함께, 그 대안으로 미신고 주최자에 대해 과태료 등 행정적 제재 부과와 신고범위 일탈 집회·시위 주최자에 대한 책임귀속 원칙 제시, ② 돌발집회에 대한 예외규정 명문화 조치가 이루어져야 한다.

셋째, 집회·시위 금지 또는 제한과 관련하여, ① 집회·시위 제한의 기본 원칙 명문화, 즉 법률유보·비례성·필요성·보충성 원칙 등, ② 집시법 제10조~11조의 포괄적 금지규정 삭제와 함께 구체적이고 명백한 위험이 존재하는지에 대한 개별검토 규정 마련, ③ 집시법 제8조 제1항 제2호 삭제 등 금지 또는 제한통고 사유의 최소화와 함께 교통 소통이나 후순위 집회를 이유로 한 금지통고 원칙적 배제 및 최대한 보장 원칙 마련 등이 고려되어야 한다.

넷째, 집회·시위 해산 사유 및 절차와 관련해서는, ① 집회·시위 해산 대상에 '미신고, 신고범위 일탈, 교통 소통 등 원칙적 배제' 내지 해산 대상 집회·시위에 해당하더라도 '별도의 해산요건'을 충족시키는 예외적인 경우 한해 최후적으로 해산명령을 내릴 수 있도록 하는 취지의 규정 명문화, ② '폭력행위자 분리 - 평화적 집회 계속 보장' 원칙의 명문화, ③ 해산 사유의 구체적 고지 명문화, ④ 해산명령권자의 범위 재정립 및 위임한계 명확화 등의 고려가 필요하다.

이와 같은 총론적인 개정 방향과 함께 다음에서는 집회·시위 금지장소 및 해산과 관련한 집시법 개정 방안을 중심으로 살펴본다.

4.1. 집회·시위 금지장소에 관한 입법론적 접근

현행 집시법 제11조는 지난 2018년 헌법재판소의 헌법불합치 결정들에서 요구한 입법개선 사항을 반영하여 2020년 6월 개정된 것이다. 헌법재판소가 채택하고 있는 대상기관 인근에서의 옥외집회 또는 시위의 '원칙적 금지, 예외적 허용' 규율방식이 큰 틀에서 반영되어 있다. 그런데 집시법 제11조 제3호 중 '대통령 관저'와 '국회의장 공관' 부분에 대해 헌법재판소가 헌법불합치를 결정하면서 2024년 5월 31일까지 추가적인 입법개선이 이루어져야 하는 상황에 처해 있다.

그간 집시법 제11조는 집회금지 대상기관에 대한 헌법재판소의 위헌 내지 헌법불합치 결정이 선고되면 해당 기관에 대한 부분에 한정하여 입법개선이 이루어졌다. 집회금지 대상기관 중 '헌법재판소'는 위헌 또는 헌법불합치 결정이 없었음에도 2020년에 집시법을 개정하면서 '각급 법원'과 함께 '원칙적 금지, 예외적 허용' 규율체계의 적용을 받게 되었다. 현재까지 집시법 제11조 제3호의 대상기관 중 '대법원장 공관'과 '헌법재판소장 공관' 부분에 대해서는 헌법재판소가 위헌성 여부를 심판하지 않았지만, 향후 '대통령 관저' 등에 대한 입법개선시 함께 개정될 것으로 예상된다. 따라서 특별한 사정이 있지 않는 한 2024년에 이루어질 예정인 개정 작업이 사실상 집시법 제11조에 대한 마지막 입법개선이 될 가능성이 높다. 그 어느 때보다도 더욱 인권친화적이고 전향적으로 개정할 필요성이 강하게 요구되는 이유다.

현행 집시법 제11조의 개정시 다음과 같은 사항들이 검토될 필요가 있다. 첫째, 집시법 제11조를 삭제할 것인지 아니면 존치시킬지 고민할 필요가 있다. 제11조가 삭제되더라도 현행 집시법 내에는 폭력적인 집회를 사전적·사후적으로 규제할 수 있는 다양한 수단(예: 집시법 제5조, 제6조, 제8조, 제16조−제18조, 제20조 등)이 이미 마련되어 있다는 점이 참작되어야 한다.

둘째, 집시법 제11조를 존치시킨다면 집회금지 대상기관의 범위를 더욱 축소시킬 필요가 있다. 예를 들어, '국무총리 공관'이나 '국회의장 공관' 등에 대해서는 집시법 제11조에 따라 보호하기 보다는 집시법 제8조 제5항 제1호를 적용하자는 견해를 참조할 필요가 있다. 즉 해당 기관 인근에서의 옥외집회나 시위가 "재산 또는 시설에 심각한 피해"를 발생시키거나 "사생활의 평온(平穩)을 뚜렷하게 해칠 우려"가 있다면 경찰이 개입하여 해당 옥외집회나 시위를 금지 또는 제한하면 된다는 의견이 제시된 바 있다.[90]

셋째, 집시법 제11조를 존치시킨다면 대상기관 인근에서의 옥외집회 또는 시위의 '원칙적 허용(보장), 예외적 금지(제한)'의 규율방식을 채택할 필요가 있다. 즉 옥외집회·시위 참가자의 공공장소 접근권을 원칙적으로 인정하되 사안

---

90) 성낙인, 헌법학 제20판, 법문사 (2020), p.1328; 이희훈, "집회 및 시위에 관한 법률 제11조의 위헌성", 「조선대학교 법학논총」 제17권 제1호 (2010), pp.261, 269-270; 정준선·김선일, "개정 「집회 및 시위에 관한 법률」 제11조에 대한 비판적 검토", 경찰법연구 제19권 제3호 (2021), pp.51-52.

별로 합법성, 필요성, 비례성 요건을 개별적으로 검토하여 금지 여부를 판단하자는 것이다. 이러한 규율방식이 헌법의 기본권 보장 구조나 국제인권기준에 더욱 부합할 수 있음은 더 말할 나위가 없다.[91]

넷째, 집시법 제11조의 규율방식을 '원칙적 금지, 예외적 허용'으로 유지한다면, 예외적 허용사유를 '열거적' 성격이 아니라 '예시적' 성격으로 해석해야 한다. 기본권을 제한한 후 그 예외 사유를 둔다는 것은 이미 이루어진 기본권 제한의 해제를 의미한다는 점에서 그 해제 사유는 더욱 폭넓게 인정되어야 국민의 기본권 보호 또는 보장에 더욱 합당하게 되기 때문이다. 따라서 집시법 제11조의 예외적 허용사유들은 해당 집회나 시위가 '대상기관의 기능이나 안녕을 침해할 우려가 있는지 여부'를 판단할 때 참작될 수 있는 '예시 사항'이라고 보는 것이 타당하다.[92]

4.2. 집회·시위 해산에 관한 입법론적 접근[93]

평화적 집회·시위는 최대한 보장되어야 하며, 원칙적으로 해산의 대상이 되지 않는다. 집회·시위의 해산은 참가자 개개인의 기본권행사를 모두 제한할 수 있기에 일부의 일탈을 이유로 무분별하게 해산절차가 진행되어서는 안 된다. 다만 폭력성 등 엄격한 해산 요건이 충족한 때에만 해산명령이 이루어질 수 있다. 그리고 해산명령 요건을 일시적으로 충족했다 하더라도 그 요건에 해당하는 상황이 해소되었다면 더는 해산명령을 해서는 안 된다. 또한 '별도의 해산 요건'을 필요로 하지 않는 '금지장소에서의 옥외집회·시위'인 경우에도 평화적으로 진행되고 있다면 이를 해산하지 않는 것이 헌법적으로 바람직하며, 국제인권기준 및 경찰개혁위 권고안에도 부합하게 된다.

이러한 기준을 집시법에 명확하게 적시할 필요가 있는데, 집시법 제20조의 개정 방안으로 크게 다음의 두 가지를 생각해 볼 수 있다.

---

91) 이에 관한 자세한 내용은 정준선·김선일, 앞의 논문, pp.53-54 참조.
92) 이에 관한 자세한 내용은 정준선·김선일, 앞의 논문, pp.54-57 참조.
93) 이하 내용은 '김기영·박주형·김선일, 앞의 글, pp.29 - 52'에 서술된 내용 중에서 저자들의 동의를 받아 관련 부분을 중심으로 수정·보완한 것이다.

첫째 안은 집시법 제20조 제1항에 해산요건을 구체적으로 적시하고 각 호를 삭제하는 방안이다. 평화적 집회는 보장되어야 하며, 경찰은 그 집회·시위를 최대한 보장하고, 참가자들의 집회·시위 자유권 보호를 위해 노력해야 한다. 그렇다면 제20조 제1항 각호에 해산 대상이 되는 집회·시위의 유형과 요건을 개별적으로 열거할 필요가 있는지 의문이다. 아래와 같이 '별도의 해산요건'을 충족하는 집회 또는 시위가 있다면 자진해산 요청이나 해산 명령을 발할 수 있도록 구조화하는 방안이 제시될 수 있다.

> **[개정 1안] 제20조【집회 또는 시위의 해산】** ① 관할 경찰관서장은 타인의 법익이나 공공의 안녕질서에 대한 직접적인 위험이 명백하게 초래된 집회 또는 시위에 대하여 상당한 시간 이내에 자진 해산할 것을 요청하고 이에 따르지 아니하면 해산을 명할 수 있다.

　둘째 안은 현행 조항처럼 각 호를 유지하되 첫째 안처럼 판례에서 말하는 '별도의 해산요건'을 추가하면서 각 호의 내용을 일부 수정하는 방안이다. 현행 집시법 제20조 제1항에는 '별도의 해산요건'이 필요한 집회·시위, '별도의 해산요건'이 불요한 집회·시위, 각 호에 '별도의 해산요건'과 같은 의미를 적시하고 있는 경우, 그리고 각 호에서 언급하고 있는 '원 조문'에 '별도의 해산요건'을 내재하고 있는 경우 등을 포괄하는 복잡한 구조로 이루어져 있다.

> **집시법 제20조【집회 또는 시위의 해산】** ① 관할경찰관서장은 다음 각 호의 어느 하나에 해당하는 집회 또는 시위에 대하여는 상당한 시간 이내에 자진(自進) 해산할 것을 요청하고 이에 따르지 아니하면 해산(解散)을 명할 수 있다.
> 1. 제5조제1항, 제10조 본문 또는 제11조를 위반한 집회 또는 시위
> 2. 제6조제1항에 따른 신고를 하지 아니하거나 제8조 또는 제12조에 따라 금지된 집회 또는 시위
> 3. 제8조제5항에 따른 제한, 제10조 단서 또는 제12조에 따른 조건을 위반하여 교통 소통 등 질서 유지에 직접적인 위험을 명백하게 초래한 집회 또는 시위

4. 제16조제3항에 따른 종결 선언을 한 집회 또는 시위
5. 제16조제4항 각 호의 어느 하나에 해당하는 행위로 질서를 유지할 수 없는 집회 또는 시위

집시법 제5조【집회 및 시위의 금지】① 누구든지 다음 각 호의 어느 하나에 해당하는 집회나 시위를 주최하여서는 아니 된다.
2. 집단적인 폭행, 협박, 손괴(損壞), 방화 등으로 공공의 안녕 질서에 직접적인 위협을 끼칠 것이 명백한 집회 또는 시위

집시법 제16조【주최자의 준수 사항】③ 집회 또는 시위의 주최자는 제1항에 따른 질서를 유지할 수 없으면 그 집회 또는 시위의 종결(終結)을 선언하여야 한다.
④ 집회 또는 시위의 주최자는 다음 각 호의 어느 하나에 해당하는 행위를 하여서는 아니 된다.
1. 총포, 폭발물, 도검(刀劍), 철봉, 곤봉, 돌덩이 등 다른 사람의 생명을 위협하거나 신체에 해를 끼칠 수 있는 기구(器具)를 휴대하거나 사용하는 행위 또는 다른 사람에게 이를 휴대하게 하거나 사용하게 하는 행위
2. 폭행, 협박, 손괴, 방화 등으로 질서를 문란하게 하는 행위

이에 둘째 안은 제1항에 '별도의 해산요건'을 적시하고 각 호에는 해산 대상이 되는 집회·시위의 유형만을 열거하는 방안이다.

[개정 2안] 제20조【집회 또는 시위의 해산】① 관할 경찰관서장은 다음 각 호의 어느 하나에 해당하는 집회 또는 시위가 타인의 법익이나 공공의 안녕질서에 대한 직접적인 위험을 명백하게 초래한다면 상당한 시간 이내에 자진 해산할 것을 요청하고 이에 따르지 아니하면 해산을 명할 수 있다.
1. 제5조제1항, 제10조 본문 또는 제11조를 위반한 집회 또는 시위
2. 제6조제1항에 따른 신고를 하지 아니하거나 제8조 또는 제12조에 따라 금지된 집회 또는 시위
3. 제8조제5항에 따른 제한, 제10조 단서 또는 제12조에 따른 조건을 위반한 집회 또는 시위

4. 제16조제3항에 따른 종결 선언을 한 집회 또는 시위
5. 제16조제4항 각 호에 해당하는 집회 또는 시위

위 첫째 안과 둘째 안을 현행 집시법 조항과 대비하여 표로 정리하면 다음과 같다.

표 8.1 집시법 제20조 개정안 예시

현행 조항	제20조【집회 또는 시위의 해산】① 관할경찰관서장은 다음 각 호의 어느 하나에 해당하는 집회 또는 시위에 대하여는 상당한 시간 이내에 자진 해산할 것을 요청하고 이에 따르지 아니하면 해산을 명할 수 있다. 1. 제5조 제1항, 제10조 본문 또는 제11조를 위반한 집회 또는 시위 2. 제6조 제1항에 따른 신고를 하지 아니하거나 제8조 또는 제12조에 따라 금지된 집회 또는 시위 3. 제8조 제5항에 따른 제한, 제10조 단서 또는 제12조에 따른 조건을 위반하여 교통 소통 등 질서 유지에 직접적인 위험을 명백하게 초래한 집회 또는 시위 4. 제16조 제3항에 따른 종결 선언을 한 집회 또는 시위 5. 제16조 제4항 각 호의 어느 하나에 해당하는 행위로 질서를 유지할 수 없는 집회 또는 시위
개정안 1	제20조【집회 또는 시위의 해산】① 관할 경찰관서장은 타인의 법익이나 공공의 안녕질서에 대한 직접적인 위험이 명백하게 초래된 집회 또는 시위에 대하여 상당한 시간 이내에 자진 해산할 것을 요청하고 이에 따르지 아니하면 해산을 명할 수 있다
개정안 2	제20조【집회 또는 시위의 해산】① 관할 경찰관서장은 다음 각 호의 어느 하나에 해당하는 집회 또는 시위가 타인의 법익이나 공공의 안녕질서에 대한 직접적인 위험을 명백하게 초래한다면 상당한 시간 이내에 자진 해산할 것을 요청하고 이에 따르지 아니하면 해산을 명할 수 있다" 1. 제5조제 1항, 제10조 본문 또는 제11조를 위반한 집회 또는 시위 2. 제6조제 1항에 따른 신고를 하지 아니하거나 제8조 또는 제12조에 따라 금지된 집회 또는 시위 3. 제8조 제5항에 따른 제한, 제10조 단서 또는 제12조에 따른 조건을 위반한 집회 또는 시위 4. 제16조 제3항에 따른 종결 선언을 한 집회 또는 시위 5. 제16조 제4항 각 호에 해당하는 집회 또는 시위

출처: 김기영·박주형·김선일, "집회 및 시위에 관한 법률 제20조의 개정 방안", 한국경찰학회보 제21권 제3호, 한국경찰학회 (2019), p.45.

어떤 방안을 채택하더라도 위와 같은 방식으로 집시법의 개정이 이루어진다면, '자진해산 명령'뿐만 아니라 그 전 단계로 이루어지는 '자진해산 요청'의 경우에도 '위험의 직접성·명백성'이 필요하게 된다. 이는 헌법적 가치, 국제인권기준, 경찰개혁위원회 권고안 등에 더욱 부합한 방향으로 개선되는 것이라 할 수 있다.

참고자료

The Theory and Practice of Assembly and Demonstration

경찰개혁위원회 '집회·시위 자유보장 방안'[1]

1.1. 권고 취지

대한민국 헌법은 제21조에서 "모든 국민은 언론·출판의 자유와 집회·결사의 자유를 가진다", "집회·결사에 대한 허가는 인정되지 아니한다"고 규정하고 있고, 집회 및 시위에 관한 법률(이하 "집시법")은 집회·시위의 자유를 최대한 보장하기 위해 존재한다.

그럼에도 불구하고 2015년 11월 민중총궐기 투쟁대회에서 백남기 농민이 경찰의 직사살수에 머리를 맞고 쓰러져 결국 사망하게 되는 불행한 사건이 발생하는 등 집회·시위현장에서 경찰의 경찰 인력운용, 경찰장구 사용, 살수차 사용, 차벽 설치 등으로 인한 집회·시위참가자들의 기본권 제약, 인권침해 문제가 심각하게 제기되었다.

경찰개혁위원회 인권보호분과(이하 "인권분과")는 집회·시위 현장에서의 인권보장 방안에 대하여 논의한 결과, 경찰이 집회·시위를 통제의 대상이 아니라 헌법에 기초한 기본적 인권의 보장과 실현이라는 관점에서 접근할 필요가 있다는 데 인식을 함께 하고, 평화적(비폭력) 집회·시위를 최대한 보장하기 위하여 집회·시위 대응방식의 근본적인 변화와 구체적인 인권보호방안을 마련할 필요가 있다고 판단하였다.

집회·시위 현장에서 공공의 안녕질서와 집회·시위의 자유, 양자를 조화시켜야 하는 일선 경찰관들의 어려움을 충분히 이해한다. 그럼에도 불구하고 더 이상 대립과 갈등이 아닌 대화와 소통의 집회·시위문화를 정착시키기 위하여 경찰은 평화적 집회·시위를 폭 넓게 보장하고, 보다 인권친화적 자세로 전환해야 한다고 본다.

---

[1] 경찰개혁위원회, "집회·시위 자유 보장방안", 인권보호분과 (2017. 9. 1.).

1.2. 권고 내용

(1) 경찰은 집회·시위현장에서 집회·시위의 자유를 최대한 보장하며 집회·시위참가자들의 인권 보호를 위한 실효성 있는 대책을 수립한다. 대책은 아래 사항들과 첨부한 부속의견을 포함한다.

가. 집회·시위 '관리', '대응'에서 집회·시위 '보장'으로 패러다임 전환
   ① 경찰은 개인이나 단체가 의사를 충분히 표현할 수 있도록 평화적인 집회·시위를 보장하고 옹호할 책임이 있다.
   ② 경찰은 평화적인 집회·시위의 경우에 신고 및 진행 과정에서의 사소한 절차적 하자나 일탈에 대해서는 내사하거나 입건하지 않는 등 경찰권 행사를 절제한다.

나. 집회·시위의 보장을 위한 신고절차 개선
   집회·시위의 자유를 폭넓게 보장하기 위하여 신고절차를 간소화한다. 이를 위해 '온라인 집회·시위 신고 시스템'을 도입하고 변경신고 절차를 마련한다.

다. 금지(제한)통고 및 조건통보 최소화 기준 마련
   옥외집회·시위에 대한 금지(제한)통고, 조건통보를 최소화할 수 있는 구체적인 기준을 마련해 시행하고, 이를 공개한다.

라. 집회·시위 대응절차 개선
   ① 살수차는 집회·시위현장에서 사용하지 않는다.
   ② 차벽은 집회·시위현장에서 원칙적으로 사용하지 않는다.
   ③ 집회·시위현장에서 집회·시위참가자들의 이동을 부당하게 제한하거나 외부로부터 고립시키는 방식으로 차벽설치, 경찰 인력배치를 해서는 안된다.
   ④ 질서유지선을 설정하기 전에 집회·시위 주최 측과 사전 협의하는 등의 절차를 마련한다.
   ⑤ 집회·시위현장에서의 채증은 긴급한 경우 수사목적으로만 제한적으로 진행한다.

마. 집회·시위를 최대한 보장하는 방향으로 해산절차 개선

해산명령에 앞서 종결선언요청과 자진해산요청을 하도록 하고 강제해산 요건 및 방식을 인권친화적으로 개선한다.

바. 기타

① 경찰관의 보호복 등에 소속과 신분을 식별할 수 있는 표지를 부착한다.

② 1인 시위, 기자회견은 집시법상 집회·시위에 해당하지 않으므로 경찰은 부당하게 관여하지 않는다.

③ 집회·시위에 대하여는 일반교통방해죄 위반으로 내사하거나 입건하지 않음을 원칙으로 한다.

④ 평화적 집회·시위의 최대한 보장원칙에 어긋나는 각종 평가기준은 삭제하거나 반영비율을 재조정한다.

⑤ 집회·시위 현장에서 경찰권 행사의 투명성을 확보하기 위하여 집회·시위 현장에서의 무전 통신내용을 보관한다.

⑥ 집회·시위 참가자를 입건해 수사하는 경우 DNA를 채취하지 않는다.

⑦ 교통CCTV는 집회·시위 현장 주변의 교통 관리용으로만 활용하고, 집회·시위 참가자 감시 또는 개인 식별용으로 사용하지 않는다.

⑧ 소음발생은 집회·시위의 특성상 어느 정도 불가피한 측면이 있으므로 집회·시위시 소음에 관한 규제기준과 방식을 집회·시위를 최대한 보장하는 방향으로 재검토한다.

⑨ 경찰청 차원에서 시민사회 활동가, 인권전문가 등이 참여하는 집회·시위자문위원회를 실질적으로 운용함으로써 인권친화적 집회·시위 보장 방안을 구체화해서 실행한다.

(2) 위 각 항의 집회·시위 자유 보장방안 및 그 부속의견에 따를 경우 법령개정이 필요한 사항에 대해서는 법령개정을 추진하고, 법령개정이 불필요한 내용은 실무지침을 마련하여 신속히 시행한다.

1.3. 권고안에 대한 부속의견

(1) 평화적 집회·시위 보장을 위한 패러다임 변화

① 평화적인 집회·시위는 존중하고 보장하는 것이 경찰의 책무이다. 경찰이 집회·시위의 자유를 보장해야 할 의무가 있으며 이를 이행해야 한다는 점을 집회·시위와 관련한 정책, 지침, 매뉴얼에 반영한다.

② 집회·시위의 주최자가 평화적 의도를 밝히고 집회·시위의 행위가 비폭력적이라면 그러한 집회·시위는 평화적이라고 간주되어야 한다. 평화적 집회·시위에는 일시적 생활불편이나 업무상의 지장을 초래하는 경우도 포함된다.

③ 평화적 집회·시위의 자유는 집회 참가자 개개인의 권리이다. 따라서 일부 참가자의 산발적 폭력이나 경미한 범법이 있다 해도, 그 책임을 평화적인 의도와 태도를 견지하는 다른 참가자들에게 전가해서는 안 된다.

④ 경찰은 평화적인 집회·시위의 경우에 사소한 절차적 하자나 일탈에 대해서는 내사하거나 입건하지 않는 등 경찰권 행사를 절제한다.

⑤ 평화적 집회·시위를 보장하기 위하여 집회·시위 인원·방법 등을 고려하여 신고의무 없는 예외규정을 두는 집시법 개정을 추진한다.

⑥ 경찰은 정기적으로 국가인권위원회, 시민사회단체 등의 의견을 수렴해서 구체적인 집회·시위 보장방안을 마련하고 이를 시행한다.

(2) 집회·시위의 보장을 위한 신고절차 개선

① 현행 집시법상 옥외집회·시위신고 후 그 신고내용을 수정할 절차가 없는데서 생기는 불편을 해소하기 위해, 『집회·시위신고의 변경신고절차』를 마련한다.

② 현행 옥외집회·시위신고를 온라인으로 간편하게 할 수 있는 『온라인 집회·시위신고 시스템』을 마련한다. 또한 신고가 불필요한 집회·시위의 범위 확대 등 집회·시위 신고를 간소화하는 방안을 마련하고 관련 법령의 개정을 추진한다.

③ 옥외집회 또는 시위 장소가 두 곳 이상의 경찰서 관할에 속한 경우, 경찰서 한 곳에 신고해 처리하는 절차를 마련한다. 철회신고도 마찬가지다.

④ 옥외집회(시위·행진) 신고서에 기재한 참가예정 단체 및 인원, 시위방법 및 진로, 준비물 등의 내용이 실제 집회·시위와 다소간 차이가 있다 할지라도 평화적으로 진행하는 이상 원칙적으로 집회·시위를 보장한다. 다만 위 항목의 신고 내용과 현저히 다른 경우 신고자나 주최자측과 협의하여 시위방법 및 진로 등을 적절하게 변경할 수 있는 절차를 마련한다.

⑤ 옥외집회(시위·행진) 신고내용이 보완되지 못했다는 이유로 집회·시위를 금지를 통보하는 관행을 개선한다.

⑥ 현행 집시법상 신고시간의 제한으로 인해 우발적이거나 긴급한 집회·시위가 신고없이 진행될 수밖에 없는 점을 감안하여, 이러한 미신고 집회·시위가 평화적으로 진행된다면 그 개최, 진행을 최대한 보장한다.

⑦ 준법집회·시위협정(MOU)제도는 법적 의무가 없는 사항이므로 폐지한다.

(3) 금지(제한)통고 및 조건통보 기준 명확화

① 집시법 제8조 제1항에 따른 옥외집회·시위 금지통고는 집회·시위신고가 헌법이 금지하는 허가제의 수단으로 활용될 수 있으므로 금지통고를 최소화할 수 있는 집회·시위 금지(제한)통고·조건통보에 관한 구체적인 기준을 제정·시행하고, 기준은 공개한다.

② 집회·시위 금지(제한)통고·조건통보에 관한 기준을 제정할 때에는 아래의 사항이 포함되어야 하고, 기준 제정 시 시민사회단체의 의견을 반영한다.

㉮ 주요도시의 주요도로에서의 집회나 시위는 어느 정도 교통소통을 제한할 수밖에 없으므로 집시법 제 12조에 따른 교통소통을 위한 집회·시위 금지(제한)통고, 조건통보를 할 경우 전면적인 금지통고, 신고한 집회·시위를 사실상 금지하는 제한통고나 조건통보는 원칙적으로 하지 않는다.

㉯ 주요도로에서의 교통소통과 집회·시위가 동시에 가능하도록 참가인원, 시위경로, 진행시간 등에 따라 집회·시위 가능구간을 설정한다.

㉰ 교통수요가 집중되는 시간대나 행사 등과 집회·시위가 동시에 진행될 경우 조건통보를 탄력적으로 활용할 수 있는 기준을 설정한다. 이

때 참가자가 일정수 이하의 집회·시위라 하더라도 도로 등을 이용한 집회·시위를 전면적으로 금지해서는 안 된다.

㉺ 금지통고, 제한통고, 조건통보 전에 집회·시위신고 주최측과 사전협의하는 절차를 마련하고, 이의신청절차를 실질화한다.

㉻ 집회·시위에 대한 금지통고, 제한통고, 조건통보는 집회·시위 현장에서 해서는 안 되고, 집회·시위 시작 전 24시간 전까지 주최자 측에 구체적인 금지통고 등의 사유를 기재한 문서로 전달한다.

㉼ 금지(제한)통고, 조건통보 시 이메일, 팩스, 문자 메시지 등에 의한 통지를 병행한다.

㉽ 경찰은 집회 시위 금지와 제한의 근거로 활용할 수 있는 탄원서 등의 제출을 유도해서는 안 된다.

(4) 집회·시위대응절차 개선

가. 살수차

① 집회·시위현장에서 살수차를 배치·사용하지 않는다.

② 살수차는 소요사태로 인하여 사람의 생명·신체·재산에 대한 직접적인 위험이 명백히 발생하였거나 핵심 국가중요시설에 대한 직접적인 물리적 공격행위로 인해 파괴·기능정지 등 급박한 위험이 발생한 경우 일반적인 경찰인력이나 장비로서는 그 위험을 제거하거나 완화시키는 것이 곤란할 때에만 배치·사용한다.

③ 살수차 배치·사용 명령권자를 지방경찰청장으로 한다.

④ 분산살수, 곡사살수, 직사살수 시 안전을 위해 구체적 주의사항을 아래와 같이 엄격히 정한다.

　(가) 살수차의 최대 수압을 13bar로 하향하되, 20m 내에서는 5bar, 10m 내에서는 3bar로 추가 하향한다.

　(나) 살수차를 사용하여 제지할 위험요소가 사라졌을 경우 즉각 살수를 중지한다.

　(다) 살수차 사용 전 반드시 3회 이상 경고방송을 하여, 자진해산 또는 불법행위를 중단할 수 있는 충분한 시간을 부여한다.

(라) 직사살수는 경고방송이 끝난 뒤 바로 사람을 겨냥하여서는 안 되며, 반드시 지면을 향하여 살수한 후 점차 상향하는 방식으로 살수하되 가슴 이상 살수가 안 되도록 하고, 살수를 피해 해산 할 수 있는 시간을 주어야 한다.

⑤ 염료혼합 살수는 폐지한다.

⑥ 살수는 비혼합 살수를 원칙으로 하되, 비혼합살수를 일정시간 진행 했음에도 사람의 생명·신체에 대한 급박한 위험을 완화시키지 못한 경우에 한해 최루액 혼합살를 시행한다.

⑦ 시민의 생명·신체에 대한 안전을 고려한 최루액 혼합비율, 살수량, 살수시간 등에 관한 구체적인 기준을 마련해 시행하고, 최루액 혼합 살수에 관한 전 과정을 영상, 사진 등으로 기록하고 최루액 혼합비 율, 살수량, 살수 시간 등을 문서로 남긴다.

⑧ 생명, 신체, 재산, 공공시설에 대한 급박한 위험의 정도, 양상 등에 비례하여 그 위험을 제거하거나 완화시키기 위한 목적에 따라 분산 살수, 곡사살수, 직사살수 순으로 시행하는 것을 원칙으로 한다.

⑨ 혼합살수를 할 때 분산살수, 곡사살수, 직사살수 순으로 시행하는 것 을 원칙으로 하되, 살수방법을 변경할 때에는 일정한 시간적 간격을 둔다.

⑩ 살수방법을 변경할 때는 현장에서 방송, 전광판 등을 통해 고지하고 일정시간이 지난 후 살수할 수 있다.

⑪ 살수차 사용시 거리별 수압기준을 개선하되, 20m를 초과한 경우에 는 살수의 필요성, 적정한 살수방법 등에 관하여 비례의 원칙상 엄 격한 요건을 설정한다.

⑫ 섭씨 0도 이하인 경우에는 살수차를 사용하지 않는다. 살수차를 사 용하는 경우 구급차를 배치하는 등 안전조치를 취한다.

⑬ 살수차 사용 시 전 과정을 녹화한다.

⑭ 보유중인 살수차에 대해서는 정기적으로 외부전문가가 수압조절기 능, 살수방향조정기능, 모니터의 기능 등을 검증해 이를 공개한다.

⑮ 위의 사항을 포함한 '살수차 운용지침' 등 관련규정을 개정·시행한다.

나. 차벽

① 집회·시위현장에서 원칙적으로 차벽을 사용하지 않는다.

② 차벽은 경찰 폴리스라인, 경찰 인력만으로 집회·시위 참가자들의 안전을 보장할 수 없거나 집회·시위 참가자들의 과격 폭력행위(화염병·죽창·쇠파이프·각목·돌 등을 이용한 집단적인 폭력행위가 발생한 경우)를 저지할 수 없는 경우에 한해 설치한다.

③ 차벽을 설치하는 경우, 시민들이 동시에 오갈수 있도록 통행로를 확보하고, 시민들에게 통행로 설치위치를 안내한다.

④ 통행로는 차벽설치구간 50m마다 1곳 이상을 설치하되, 차벽설치 장소, 도로와 인도의 구조, 시민들의 통행량, 집회·시위의 양상 등에 따라 탄력적으로 운용할 수 있는 구체적인 기준을 마련하여 시행한다.

⑤ 차벽설치 결정은 관할 경찰서장이 하고, 차벽이 더 이상 필요 없게 된 경우에는 즉시 설치한 차벽을 해체한다.

⑥ 차벽을 대체할 수 있는 새로운 경찰 폴리스라인, 새로운 이격형 경찰장구를 개발해서 배치한다.

다. 채증

① 채증은 집회·시위현장에서 과격한 폭력행위 등이 있을 것이 임박했거나, 폭력 등 불법행위가 행하여지거나 행하여진 직후, 범죄수사를 목적으로 한 증거보전의 필요성과 긴급성이 있는 경우에 한해 제한적으로 시행한다. 다만, 인적사항이 확인되지 않아 공소시효까지 보관하는 자료 중에서 보관의 필요성이 없는 자료는 즉시 파기한다.

② 집회·시위현장에서 채증을 할 때에는 사전에 채증 대상자의 범죄사실 요지, 채증 개시사실을 직접 또는 방송 등으로 알려야 하고, 20분 이상 채증을 계속하는 경우 20분마다 채증 중임을 알려야 한다.

③ 조망촬영, 현장촬영한 자료는 당해 집회·시위에 대한 대응절차 기록용, 적절한 집회·시위 대응절차 마련을 위한 연구용 등으로 활용하고, 집회·시위참가자를 특정하기 위해 활용해서는 안된다.

④ 교통CCTV를 이용한 촬영 영상물, 사진 등은 집회·시위 참가자를 특정하기 위한 판독절차에서 활용해서는 안된다.

⑤ 범죄수사 목적과 관련이 없는 채증자료는 상황 종료 후 즉시 폐기하고, 채증자료를 집적·활용·판독·폐기하는 절차의 투명성을 제고할 수 있는 구체적인 방안을 마련해서 시행한다.

⑥ 미신고 집회의 경우라도, 평화적으로 진행되는 경우에는 조망촬영, 현장촬영하는 것 외에 수사 목적으로 채증하지 않는 것을 원칙으로 한다.

라. 이동제한, 고립화

① 집회·시위현장을 차벽이나 경찰 인력으로 둘러싸 집회·시위참가자들의 이동을 제한하거나 일반시민들로부터 고립시켜서는 안 된다.

② 집회·시위참가자들의 주장을 알리기 위한 플랜카드, 입간판, 손팻말 등을 통행하는 차량이나 시민들의 시선에서 차단하는 차벽설치, 경찰 인력배치는 원칙적으로 지양한다.

③ 폭력행위로 인한 중대한 현존하는 위험이 명백하게 확인되지 않은 상황에서 집회·시위에 참가하고자 하는 사람의 집회·시위 접근을 막아서는 안된다.

마. 질서유지선 설정

① 질서유지선을 설정할 때에는 집회·시위 주최자측과 집회·시위 시작 전에 협의하는 절차를 마련하고, 질서유지선 설정에 주최자측의 의견을 반영한다.

② 집회·시위의 장소를 한정하거나, 집회·시위의 참가자와 일반인을 구분할 필요가 있을 경우에도 집회·시위장소를 전면적으로 봉쇄하는 방식으로 질서유지선이 설정되어서는 안 되며, 일정한 간격으로 통행로가 확보되어야 한다.

③ 집회·시위 참가인원의 증가, 집회·시위 대열의 이동 등으로 최초 설정된 질서유지선의 전부 또는 일부를 옮겨야 할 필요가 있는 경우 주최자측이 경찰에 질서유지선의 이동을 요구할 수 있으며, 정당한 사

유가 없는 한 경찰은 주최자측과 협의해 질서유지선을 재설정한다.

(5) 해산절차 개선

가. 종결선언요청절차 개선

① 집시법 시행령 제17조 제1호의 종결선언요청을 하기 전에 집회·시위 주최자 등을 직접 만나거나 전화통화 등으로 접촉해 종결선언 요청이유와 취지를 설명하고 종결선언요청 여부, 요청하는 경우 그 시점 등을 협의한다.

② 종결선언 요청을 하는 것을 원칙으로 하되, 협의하기 어려운 경우에 한해 종결선언 요청절차를 생략할 수 있다. 종결선언요청을 생략할 수 있는 상황에 관한 구체적인 기준을 마련하여 시행한다.

③ 종결선언요청을 할 때에는 방송차를 이용해서는 안 되며 기타 집회·시위참가자들의 집회·시위 진행이나 참여를 방해하는 방법을 사용해서는 안 된다.

나. 자진해산 요청절차 개선

① 평화적 집회·시위에 대해서는 집시법 시행령 제17조 제2호에 따른 자진해산요청을 해서는 안 된다.

② 지진해산요청은 그 옥외십회 또는 시위가 직접적으로 타인의 법익이나 공공의 안녕질서에 대한 위험을 초래했음이 명백한 경우에 한하여 할 수 있다.

③ 자진해산요청은 위 ②의 경우에 종결선언요청을 위한 사전협의절차를 거쳐 종결선언요청을 먼저 해야 하며, 종결선언요청을 한 이후 상당한 시간동안 ②의 상황이 지속되는 경우에 한해 할 수 있다.

④ 방송차 등을 이용한 자진해산 요청 시에는 일정한 시간적 간격을 둬야 하고, 자진해산 요청방송으로 집회·시위참가자들에 대해 적대적인 태도를 보이거나 '전원 사법처리' 등의 표현을 쓰지 않는다.

다. 해산명령절차 개선

① 집시법 시행령 제17조 제3호에 따른 해산명령은 그 옥외집회 또는 시위가 직접적인 원인이 되어서 타인의 법익이나 공공의 안녕질서에

대한 직접적인 위험이 명백하게 초래된 경우에 한하여 해산명령을 할 수 있다.

② 집회·시위참가자들 중 소수의 참가자들이 폭력행위를 하는 경우에 는 해당 위법행위자들에 대한 위법행위 중단요청, 경고, 채증 등을 통해 개별적으로 대응하고, 집회·시위 전체를 폭력집회로 간주해서 는 안 된다.

③ 해산명령은 위 ①의 경우에 종결선언 요청, 자진해산 요청을 한 이후 상당한 시간이 흘렀음에도 ①의 상황이 지속되는 경우에 한해 할 수 있다.

④ 해산명령요건을 일시적으로 충족했다고 하더라도, 요건을 충족하는 상황이 해소된 경우에는 더 이상 해산명령을 해서는 안 된다.

⑤ 해산명령 후에는 자진해산에 필요한 상당한 시간 동안 다시 해산명 령을 해서는 안 되고, 재차 해산명령을 하는 경우 종전 해산명령 후 얼마나 시간이 경과되었는지 고지해야 한 후 해산명령을 해야 한다.

⑥ 해산명령을 할 때에는 집회·시위참가자들이 자진해산할 수 있도록 통행로, 퇴로를 확보해 원활한 자진해산을 유도하는 활동을 병행해 야 한다.

라. 강제해산 요건 강화

① 3회 이상 해산명령을 했지만 집회·시위 참가자들이 자진 해산하지 않을 경우 직접 해산을 할 수 있다. 하지만 그 경우도 옥외집회 또는 시위가 직접적인 원인이 되어 타인의 법익이나 기타 공공의 안녕질 서에 대한 직접적이고 명백하며 현존하는 구체적 위험이 발생하는 경우인지 여부를 신중하게 판단해야 한다. 직접 해산을 할 때는 집 회·시위 참가들의 안전을 최우선으로 고려해야 하며, 물리적 충돌을 최소화하는 방법으로 진행되어야 한다.

② 일부 집회·시위 참가자들의 폭력행위에 대한 대응으로 구체적인 위 험이 해소된 경우에는 집회·시위참가자들 전체에 대한 직접 해산을 해서는 안되고, 평화적인 집회·시위로 진행될 수 있도록 유도한다.

(6) 기타

가. 보호복 등에 소속과 신분을 확인할 수 있는 표지를 부착한다.

경찰권 행사의 책임성을 강화하기 위해 보호복, 형광조끼, 헬멧 등에 개인식별이 가능하도록 소속경찰관서, 직위(직급), 성명을 확인할 수 있는 표지를 부착한다. 표지는 집회·시위 참가자들이 확인할 수 있는 상태를 유지해야 한다.

나. 1인 시위, 기자회견은 최대한 보장한다.

① 1인 시위는 집시법상의 집회·시위에 해당되지 않으므로 경찰은 부당하게 관여하지 않는다.

② '변형된 1인 시위'에 관하여 시민사회의 의견을 수렴해 구체적인 기준을 마련해 시행한다.

③ '기자회견'은 집시법상의 집회·시위에 해당되지 않으므로 경찰은 부당하게 관여하지 않으며 다음과 같은 지침을 일선경비부서에서 이행한다.

㉮ 구호제창 여부, 플랜카드 사용 여부, 확성장치 사용 여부 등의 기준을 적용해 형식적으로 기자회견을 집회·시위로 판단해서는 안된다.

㉯ 기자회견이 집회·시위에 해당하는지 여부에 관한 판단이 어려울 경우 현장에서는 진행을 보장하고, 추후 집회·시위 여부를 판단한다.

㉰ 기자회견을 집회·시위라고 판단하더라도, 평화적으로 진행될 경우 방송차를 이용해 자진해산요청이나 해산명령을 하는 방식으로 기자회견 진행을 방해해서는 안 된다.

다. 집회·시위참가자들에 대한 신중한 법집행

① 집회·시위에 대해서는 일반교통방해죄 위반으로 내사하건 입건하지 않음을 원칙으로 한다.

② 집회·시위와 관련한 유인물 배포, 퍼포먼스 등에 경범죄를 적용하지 않는 것을 원칙으로 한다.

③ 집회·시위용품(천막 등)을 도로법 위반 등을 이유로 압수하거나 반입 금지 하지 않는다.

라. 집회·시위 관련 성과관리원칙 재검토

평화적 집회·시위의 최대한 보장원칙에 어긋나는 각종 평가기준에 대해서는 재조정하거나 삭제한다.

마. 집회·시위시 통신내용 보전

집회·시위 상황에 대한 지휘는 무전 통신으로 하고 통신 내용은 녹음하여 일정기간 보관한다.

바. 집회·참가자를 입건해서 수사하는 경우 DNA를 채취하지 않는다.

사. 교통CCTV는 집회·시위 현장 주변의 교통 관리용으로만 활용하고, 집회·시위 참가자 감시 또는 개인 식별용으로는 사용하지 않는다.

아. 소음발생은 집회·시위의 특성상 어느 정도 불가피한 측면이 있으므로 집회·시위시 소음에 관한 규제기준과 방식을 집회·시위를 최대한 보장하는 방향으로 재검토한다.

자. 시민사회 활동가, 인권전문가 등이 참여하는 집회·시위자문위원회를 실질적으로 운영한다. 위원회의 명단, 회의록, 현장 모니터링 결과는 공개한다.

(7) 위 각 항의 집회·시위보장방안 및 그 부속의견에 따를 경우 법령개정이 필요한 사항에 대해서는 법령개정을 추진하고, 법령개정이 불필요한 내용은 실무지침을 마련하여 신속히 시행한다.

적정한 집회관리를 위한 10개 주요 원칙 및 실천적 권고사항 [2)]

(유엔인권이사회)

A. 국가는 집회 참가자들의 모든 권리를 존중하고 보장할 의무가 있다

    (a) 국가는 관련 국제조약들을 비준해야 하며 적극적인 평화적 집회 추정을 법률로 확립해야 한다. 집회와 연관된 이들의 보호를 목적으로 하는 여러 권리들에 대하여 국가는 법적 보호를 제공해야 하며, 그러한 권리들을 이행하는 데 필요한 법률과 정책, 절차를 마련하고 지속적으로 발전시켜 나가야 한다. 어떠한 집회도 비보호 집회로 취급되어서는 안 된다.

    (b) 국가는 집회관리에 관한 모든 법령들이 명료히 성안되고 서로 일관성을 가지며 국제기준에도 부합할 수 있도록 보장해야 한다. 관련 법률에 모호함이 있는 경우, 해당 조항(들)은 평화적 집회의 자유에 대한 권리를 행사하고자 하는 이들에게 유리한 방식으로 해석되어야 한다.

    (c) 국가는 본 보고서의 권고사항들과 더불어 집회관리에 관한 국제기준의 이행을 지도하기 위하여 국가행동계획(national action plan, NAP)을 개발·수립하고 발전시켜 나가야 하며, 유엔인권최고대표사무소(OHCHR) 및 관련 전문기구에 기술적 지원(technical assistance)을 구해야 한다.

    (d) 국가는 집회관리에 관여하는 모든 단위의 정부기관에 충분한 훈련과 재정 및 인적 자원 등의 필요한 지원을 제공해야 하며, 이러한 지원에 대한 적절한 감독이 이루어지도록 해야 한다.

    (e) 정치 및 사회 지도자들은, 언제나 의견 차이가 있을 수 있다는 점을 공개적으로 인정하고 관용의 문화를 증진시켜 나가야 한다.

B. 모든 사람은 평화적 집회에 참여할, 불가양의 권리를 가진다

    (a) 사전신고제의 운영에 있어 국가는 집회에 유리한 추정을 적용해야 하며,

---

2) 평화적 집회 및 결사의 자유에 관한 특별보고관과 비사법적, 약식 또는 자의적 처형에 관한 특별보고관의 "적정한 집회관리(proper management of assemblies)"에 관한 공동보고서, UN Doc. A/HRC/31/66(2016. 2. 4.).

집회 제한에 대한 정부당국의 재량범위를 최소화시키고, 비례의 원칙에 입각한 평가가 반영되도록 보장해야 한다.

(b) 국가는 법률과 관행 모두에서, 집회 주최자들이 사전허가를 구하도록 요구해서는 안 된다. 신고제도가 마련되어 있는 경우 이는 평화적 집회를 조정하고 촉진하기 위한 것이어야 하며 사실상의 사전허가 요청과 같은 기능을 해서는 안 된다.

(c) 신고제도는 지나치게 관료적이지 않아야 한다. 신고절차를 간소화하기 위하여 다음을 포함한 조치들을 취할 수 있다: 도시 외곽지역에도 접수처를 마련하고, 직접 또는 대리신고 등 접수방법을 다원화시키며, 접근이 용이하고 간결하면서도 다양한 언어로 번역되어 있는 신고양식을 사용하도록 한다. 인터넷 사용이 활성화되어 있는 경우, 정부당국은 온라인 접수제도의 도입을 고려해야 한다.

(d) 신고기간은 최대한 짧게 지정되어야 하는 한편, 정부당국이 당해 집회를 준비할 수 있을 만큼의 충분한 시간 – 48시간이 가장 이상적이며 길어도 수 일 이내 – 이 주어져야 한다.

(e) 신고를 통해 집회의 일자, 시간, 장소, 주최자의 연락처 등에 대해 정부당국이 적절히 인지할 수 있을 만큼 충분한 정보가 제공된 경우, 신고는 완결된 것으로 간주되어야 한다. 신고절차의 완결이나 집회의 개최를 위한 요건으로 정부당국의 회신이 필요한 것은 아니다.

(f) 동일한 장소와 시간대에 두 개 이상의 집회가 신고된 경우, 정부당국은 관련 위험성을 철저히 평가하여 이를 경감시키기 위한 전략을 모색해야 한다. 하나 이상의 돌발집회들에 대하여 일정한 제한이 필요한 경우, 그러한 제한은 상호합의를 통해, 합의가 가능하지 않은 경우에는 제안된 집회들을 서로 차별하지 않는 방식의 절차를 통해 결정되어야 한다.

C. 평화적 집회에 부과되는 제한은 국제인권기준에 부합하여야 한다

(a) 국가의 집회 관련 직무수행을 규율하는 법률은 모호함 없이 성안되어야 하며, 법률유보, 필요성, 비례의 원칙에 입각한 평가를 반영해야 한다. 관련 법률은 집회신고를 접수하고 처리할 권한과 책임을 가진 기구를 명

확히 규정해야 하며, 이러한 기구에 대해 어떤 부당한 간섭도 없어야 한다. 이러한 기구에 지나친 재량이 부여되어서도 안 되며, 제한 부과기준이 일반대중에 공개되어야 하고 국제인권법 및 기준에도 부합해야 한다. 〈… 집회에 대한 금지는 최후의 수단이 되어야 한다. 특정한 장소나 시간, 또는 (모든 장소와 시간에) 완전히 권리의 행사를 금지하는 등의 전면적인 집회 금지는 본질적으로 비례의 원칙에 위배되는 것이며, 이는 그러한 금지로 인하여 집회 각각의 사정에 대한 고려가 배제되기 때문이다 (유엔보고서 A/HRC/23/39, 63항 참조)〉.

(b) 제한부과에 대한 예고는, 해당 제한의 타당성과 함께 진술 및 대응의 기회가 있음을 서면으로 적시하여 합당한 방식으로 집회 주최자들에게 전달되어야 한다.

(c) 제한부과의 계획을 관련 법률이 정하는 시한 내에 전달하여, 집회의 예정일시 이전에 이의신청 또는 긴급임시구제에 대한 결정이 완료될 수 있을 만큼의 충분한 시간이 주어지도록 해야 한다.

(d) 관련 법률은 행정적 구제에 대한 접근을 규정해야 한다. 그러나 행정적 구제의 완료가 집회주최자의 사법심사 요청을 위한 선결요건이 되어서는 안 된다.

D. 국가는 평화적 집회에 대한 권리의 행사를 촉진할 의무가 있다

(a) 국가는 법집행당국의 다원화를 증진시킴으로써 경찰조직이 지역사회의 모습을 반영할 수 있도록 해야 한다. 즉 여성 및 소수자 집단을 포함하고 사회의 인구 구성을 충분히 대표하는 기구가 필요하다.

(b) 국가는 위협과 위험성에 대한 평가를 바탕으로 일정한 모델을 마련하고 인권법 및 기준, 윤리를 반영함으로써 모든 집회들에 대하여 일관성 있는 계획 중심의 접근방식(planning approaches)을 견지해야 한다.

(c) 법집행기관들을 비롯한 공공당국은, 집회 주최자들 및 참가자들과 진정성 있는 의사소통을 시도하였음을 입증할 수 있어야 한다.

(d) 법집행기관들은 집회의 사전, 도중, 사후의 과정에서 각 기관 내 연락가능 담당자를 두어야 한다. 이러한 담당자들은 의사소통 및 갈등관리 기

술에 관하여 훈련을 받아야 하며, 집회 참가자들의 요구사항과 의견뿐만 아니라 보안관련 이슈, 경찰의 직무수행 등에 관하여 답변을 제공해야 한다. 이러한 연락 기능은 여타의 치안유지 기능들과는 별도로 분리되어야 한다.

(e) 국가와 그 법집행기관들은 집회와 관련된 학습을 도모하고 인권의 보호를 보장하기 위하여, 집회에 관한 사후브리핑 제도를 상설적으로 운영하여야 한다.

(f) 집회 주최자들이 운영보조원들(stewards)을 두는 경우 법집행공무원들은 이들과 협력해야 한다. 운영보조원은 그 신분이 명확히 식별될 수 있어야 하며 적절한 훈련과 브리핑을 받아야 한다. 정부당국은 집회 주최자들로 하여금 이러한 운영보조원들을 두도록 요구해서는 안 된다.

(g) 간섭적인 성격의 선제적 조치들이 집회에 적용되어서는 안 된다. 급박한 폭력사태에 대한 명백히 현존하는 위험이 실재하지 않는 한, 집회로 향하는 참가자에 대한 검문, 검색 또는 체포가 실시되어서는 안 된다.

E. 무력은 엄격히 불가피한 상황이 아닌 한 사용되어서는 안되며, 무력사용의 경우 국제인권법이 준수되어야 한다

(a) 국가는 법집행공무원들이 무력사용에 최대한 호소하지 않으면서 집회에 대한 치안유지 활동을 할 수 있도록 장비와 훈련, 지침의 제공을 보장해야 한다.

(b) 집회에 대한 치안유지 전술은 의사소통, 협상, 연계를 바탕으로 하는 완화(de-escalation) 전술들을 강조해야 한다. 법집행공무원들에 대한 훈련은 강의와 모의 시나리오 형식을 병행하여 사전교육과 현장교육이 동시에 포함되도록 해야 한다.

(c) 저치사성 무기 등 법집행기관들이 집회에서 사용할 장비를 선택, 조달하기에 앞서, 국가는 해당 장비가 국제인권법 및 기준에 부합하는지 여부를 판단하기 위한 투명하고 독립적인 평가를 수행하여야 한다. 특히, 장비의 정확성, 신뢰도, 신체적 및 심리적 위해를 최소화시킬 수 있는 능력 등을 기준으로 평가가 이루어져야 한다. 장비는 그 올바른 사용법에 관

하여 법집행공무원들에게 효과적인 훈련을 제공할 수 있는 충분한 역량을 갖췄을 때에만 조달되어야 한다.

(d) 최루탄, 물대포와 같이 구조적으로 무차별적 성향을 가진 무기들을 비롯해 집회에 사용되는 일련의 전술적 선택들에 관하여 명확한 규칙과 상세한 운용지침이 개발되어야 하며 일반대중에 공개적으로 배포되어야 한다. 군중을 상대로 하는 저치사성 무기의 적법하고 적정한 사용에 관한 훈련이 반드시 포함되어야 한다. 법집행공무원들은 보호장구의 사용에 관하여 적절한 훈련을 받아야 하며 그러한 보호장구를 오로지 자기방어도구로만 사용하도록 지시받아야 한다. 국가는 훈련의 효과성을 모니터링하고 무기 및 전술의 남용이나 오용을 예방하여야 한다.

(e) 자동화(automatic) 화기는 어떠한 상황에서도 집회에 대한 치안유지 활동에 사용되어서는 안 된다.

(f) 인간의 제어가 거의 필요치 않은 자율적무기시스템(autonomous weapons system, AWS)의 사용은 금지되어야 하며, 원격조정을 통한 무력의 사용에는 최상의 주의를 기울여야 한다.

(g) 국가는 집회의 강제해산에 관하여 국제인권법 및 기준에 부합하는 종합적인 가이드라인을 개발해야 한다. 이러한 가이드라인은 일반대중에 공개되어야 하며, 강제해산이 요구되는 구체적인 상황, 강제해산 결정 이전에 취해야하는 완화책을 포함한 모든 조치, 해산명령에 대한 권한 등에 관하여 법집행공무원들에게 구체적인 지침을 제공해야 한다.

(h) 국가는 무력사용에 관한 효과적인 모니터링 및 보고 시스템을 확립해야 하며, 언제 그리고 누구에게 무력이 사용되었는지에 관한 통계를 포함하여 관련 정보에 대한 일반대중의 접근이 용이하도록 하여야 한다.

(i) 유엔인권최고대표는 사법을 목적으로 특히 집회와 관련된 법집행을 위하여 저치사성 무기 및 무인시스템을 사용하는 문제들에 관하여 국제인권체계의 적용을 검토하기 위한 전문가그룹을 소집해야 한다.

(j) 특히 집회의 맥락에서, 불법적 살인, 고문 및 그 밖의 잔혹한, 비인도적인 또는 굴욕적인 대우나 처벌, 여타의 인권 침해나 남용 등 심각한 위험성이 제기되는 경우, 감시기술과 같이 치안유지 및 군중통제를 목적으로 하

는 장비들에 대한 무역을 금지하고 이에 대한 실효적 규제시스템을 국내적, 국제적으로 구축하여야 한다.

F. 모든 사람은 집회를 관찰하거나 모니터링, 기록할 권리를 향유한다
  (a) 국가는 언론을 비롯한 집회 모니터들과 법집행공무원들 간의 신뢰와 소통을 구축하기 위한 목적의 프로그램과 정책 등 지역사회와의 연계를 위한 포괄적 전략이 시행될 수 있도록 보장하여야 한다.
  (b) 정부당국은 집회의 사전, 도중, 사후 모든 과정에서 지속적으로 소통해야 하며, 언론을 비롯한 모니터들에게 접근과 정보를 제공하고, 모니터링 보고서를 검토하여 반응하는 등 집회 모니터들과 적극적으로 연계하여야 한다.
  (c) 정부당국은 국가인권기구나 관련 독립적 감시기구들에게 예정된 집회들에 관하여 정기적으로 보고를 제공하는 한편, 이러한 기구들이 집회의 모든 단계를 적절히 모니터링할 수 있도록 필요한 접근을 용이하게 하여야 한다.
  (d) 국가는 법원이 그 증거가치를 인정하여 영장을 발부하는 경우가 아닌한, 장비의 압수나 파손 등 집회의 기록활동을 방해하는 행위를 법률로 금지하여야 한다.

G. 집회와 관련된 개인정보 수집이 사생활 또는 여타의 권리들을 용인할 수 없을 정도로 침해하여서는 안 된다
  (a) 국내법은 대중이 집회 중 언제 채록되거나 채록될 수 있는지에 관하여 고지받을 수 있도록 규정하여야 한다. 예를 들어, 제안된 집회의 경로에 설치된 카메라들에 대한 임시표지판, 무인항공장비의 녹화에 관한 주의문 등을 법률로 규정할 필요가 있다.
  (b) 국가는 집회와 관련하여 안면인식 소프트웨어 등 생체정보기술을 활용하기에 앞서 우선 일반대중의 사생활과 안전이 확실히 적정하게 보호되도록 해야 한다.
  (c) 국가는 오로지 적법하고 정당한 법집행의 목적만을 위하여 개인정보의 수집 및 보유가 이루어질 수 있도록 관련 법률과 정책을 발전시키고 이

행하여야 한다. 그러한 개인정보는 법률이 정한 합당한 기간이 경과된 이후 폐기되어야 한다.

(d) 그러나 해당 정보가 무력사용, 구금이나 체포, 강제해산을 묘사하고 있는 경우, 청원의 내용과 관련된 경우, 범죄나 위법행위에 관하여 법집행 당국, 감독기구 또는 정보주체의 합리적 의심이 있는 경우, 그러한 정보는 폐기되지 않고 계속 보유될 수 있다.

(e) 국가는 개인이 자신에 대한 어떠한 정보가 채록, 저장되었는지 확인을 요청하여 개인정보의 수집, 보유, 활용에 관한 이의제기를 통해 해당 정보를 수정 또는 삭제할 수 있는 효과적인 절차에 접근할 수 있도록 관련 제도를 마련해야 한다.

(f) 국가는 일관성 있는 입법과 규칙, 정책을 통해 필요성 및 비례의 원칙에 입각한 평가를 명시적으로 반영하고 간섭의 위험성을 어떻게 산정하고 관리할 것인지를 명료하게 규정함으로써 위장첩보활동에 대한 명확한 민주적 통제시스템을 구축해야 한다. 이러한 시스템은 법집행 당국의 내부심사뿐만 아니라 독립적인 외부기구의 감독을 포함해야 한다. 또한 집회와 관련된 위장첩보활동에 대하여 법원의 허가가 필요하도록 하여야 한다.

H. 모든 사람은 집회와 관련된 정보에 접근할 권리를 가진다

(a) 국가는 집회관리에 관한 주요 정보를 적극적으로 배포해야 한다. 주요 정보는 다음을 포함한다: 집회관리에 관한 법률과 규칙들, 집회관리를 담당하는 기관 및 기구들의 책임과 절차에 관한 정보, 행동수칙 등 집회 관련 치안유지를 규율하는 예규와 정책들, 집회의 치안유지에 통상적으로 사용되는 장비의 유형들, 법집행공무원의 훈련에 관한 정보, 국가의 책임성을 묻기 위한 절차들에 관한 정보.

(b) 국가는 정보에 대한 공공의 접근을 촉진하기 위하여 정보공개법 등 최대 공개의 원칙을 기초로 하는 포괄적인 입법을 마련해야 한다. 국가는 종합적으로 손쉽게 검색이 가능하도록 정보를 관리하는 한편, 정보공개 요청을 신속히 완전하게 처리해야 한다.

(c) 국가는 청원을 접수하여 조사하는 권한뿐만 아니라 신청인 또는 청원인을 위해 필요하다고 판단되는 경우 해당 정보의 공개를 명령할 수 있는 권한을 가진 효과적인 감독기구를 설립해야 한다.

I. 기업은 집회와 관련하여 인권을 존중할 책임이 있다

(a) 국가는, 기업과 인권 이행지침(Guiding Principles on Business and Human Rights)에 설명된 의무들을 준수하기 위한 조치들을 취하는 등 개인의 집회관련 권리들이 기업에 의해 방해받지 않도록 보호하여야 한다.

(b) 사적으로 소유된 공간이 일반대중에 공개되어 공공장소와 유사한 기능을 하는 경우, 이는 집회 및 표현의 자유에 대한 권리들을 위한 장소로 취급되어야 한다.

(c) 국가는 실익없이 경솔하게 또는 공공참여를 위축시키려는 의도로 제기되는 민사소송들로부터 집회 주최자들과 참가자들을 보호해야 한다.

J. 국가와 그 기관은 집회와 관련된 그들의 행위에 대하여 책임성을 보장해야 한다

(a) 국가는 법률과 관행 모두에서, 법집행공무원이 그 위법행위에 관한 형사적, 민사적 책임에 대해 면책권을 가지지 못하도록 보장해야 한다.

(b) 국가는 효과적인 내부조사 절차와 독립적인 법정감독기구 등을 포함한 추가적인 비사법적 감독을 구축하고 이에 대한 재정을 지원하여야 한다. 범죄가 발생했다고 믿을만한 이유가 있는 경우, 해당 사건은 올바르고 완전한 조사를 위하여 즉각 소추당국에 회부되어야 한다.

(c) 외부 또는 내부의 조사를 받고 있는 법집행공무원은, 조사가 완료되어 위법행위에 대한 혐의가 해소되기 전까지는 현장에 재배치되어서는 안된다.

(d) 국가는 집회와 관련된 인권을 실효적으로 보호하기 위하여 필요한 모든 관할과 권한을 가진 독립적인 감독기구에 광범위한 임무를 부여해야 한다. 이러한 감독기구는 일반대중으로부터 청원을 받아 조사하고, 경찰로부터 회부된 사건을 조사할 수 있으며, 공익을 위해 필요하다고 판단되는 경우 자체적으로 조사를 개시할 수 있어야 한다. 감독기구는 법집행당국의 모든 무력사용 사건들을 조사할 수 있어야 한다. 감독기구는 완

전한 조사권한을 가져야 하며, 청원사건들은 명확한 기준에 따라 객관적이고 공정하며 신속한 방식으로 처리되어야 한다.

(e) 국가는 법집행기관들로 하여금 그 치안유지 활동에 관하여 비적대적인 성격의 동료 간 평가를 지속적으로 시행해 나가도록 장려하고 촉진해야 한다. 가능한 경우, 그러한 동료간 평가는 여타의 다른 법집행기관에 의하여 수행될 수도 있다. 이러한 평가는 인권침해에 대한 조사 및 제재를 위한 독립적 사법심사제도를 마련해야 할 국가의 의무를 대체하는 것이 아니라 그에 더하여 추가적으로 운영되어야 한다.

(f) 국가는 신체착용식 카메라 등과 같이 집회와 관련하여 법집행공무원에 의한 인권침해에 대하여 국가의 책임성을 확보하는 데 기여할 수 있는 정보통신 기술들의 잠재적 활용을 고려해야 한다.

관련 법령

The Theory and Practice of Assembly and Demonstration

※ 각 QR코드를 스캔하시면, 해당 페이지에서 관련 법령을 보실 수 있습니다.

집회 및 시위에 관한 법률(약칭: 집시법)

[시행 2021. 1. 1.] [법률 제17689호, 2020. 12. 22, 타법개정]

집회 및 시위에 관한 법률 시행령(약칭: 집시법 시행령)

[시행 2023. 10. 17.] [대통령령 제33811호, 2023. 10. 17, 일부개정]

집시법 시행령 [별표 1] 주요 도시의 주요 도로(제12조 제1항 관련)

집시법 시행령 [별표 2] 확성기등의 소음기준(제14조 관련)

집시법 시행령 [별표 3] 과태료의 부과기준(제20조 관련)

집회 및 시위에 관한 법률 시행규칙(약칭: 집시법 시행규칙)

[시행 2021. 1. 1.] [행정자치부령 제224호, 2020. 12. 31, 타법개정]

참고문헌

The Theory and Practice of Assembly and Demonstration

1. 국내 문헌

강경선, "개정집시법의 적용과 문제점", 자하(紫霞) 제22호, 상명여자대학교 (1990).

강영규 외 공저, 경찰경비론, 경찰대학 (2018).

경찰개혁위원회, "집회·시위 자유 보장방안", 인권보호분과 (2017. 9. 1.).

경찰전문학교, 경찰정보총설, 경찰전문학교 정보학과 (1967).

경찰청, 경찰백서 (2000)·(2001).

경찰청, "2013 개정 경범죄 처벌법 해설서", 경찰청 생활안전국 생활질서과 (2013. 7.).

경찰청, "준법보호 불법예방 패러다임에 따른 집회·시위현장 법집행 가이드 북", 경찰청 경비국 (2015).

교통과학연구원, "집회·시위의 사회적 비용에 관한 연구: 서울특별시를 중심으 로", 도로교통안전관리공단 (2000).

구형근, "집시법상 집회와 시위에 관한 법적 고찰", 토지공법연구 제48권, 한국 토지공법학회 (2010), pp.317 - 340.

국가인권위원회, "시민적·정치적 권리에 관한 국제규약 제3차 정부보고서에 대한 의견" (2004. 2. 23.).

국가인권위원회, "「시민적 및 정치적 권리에 관한 국제규약」 이행에 관한 제4차 국가보고서 초안에 대한 의견표명" (2011. 1. 24.).

국가인권위원회, "유엔 인권이사회 국가별 인권상황 정기검토 제2차 국가보고 서에 대한 의견표명" (2012. 10. 8.).

국가인권위원회, "유엔 인권이사회 국가별 인권상황 정기검토(UPR) 실무그룹 의 제3기 대한민국 UPR 심의를 위한 국가인권위원회 의견서", Written Contribution (2017. 3.).

국가인권위원회, "제4차 국가별 인권상황 정기검토(UPR) 관련 대한민국 국가 인권위원회 독립보고서" (2022. 7.).

국제엠네스티, 국제인권기준에서 본 한국의 평화적 집회의 자유 (2016).

국제엠네스티 한국지부, "경찰의 새로운 집회·시위 관리 방식 모색을 위한 국 제 콘퍼런스 : 평화적 집회 촉진을 위한 국가적 역할의 관점에서" (2017).

권영성, 헌법학원론, 법문사 (2009).

길준규, 행정법입문, 박영사 (2013).

김기영·김선일·박주형, "집회 및 시위에 관한 법률 제11조의 개정 방안", 경찰
학논총 제14권 제2호, 원광대학교 경찰학연구소 (2019), pp.184 - 191.

김기영·박주형·김선일, "집회 및 시위에 관한 법률 제20조의 개정 방안", 한국
경찰학회보 제21권 제3호, 한국경찰학회 (2019), pp.29 - 52.

김대원·지영환, "홀로그램 시위에 대한 형사법적 탐색", 법과 정책 제22권 제3호,
제주대학교 법과정책연구원 (2016), pp.57 - 86.

김봉철, "협력적 관점에서 본 집시법상 사전적 신고의무", 토지공법연구 제63권,
한국토지공법학회 (2013), pp.289 - 310.

김상겸, "불법폭력시위로 인한 사회적 비용 추정 연구", 연구보고서, 치안정책
연구소 (2008).

김선일, "국제인권기준에 비춰본 한국의 집회·시위 대응", 치안정책연구 제32권
제1호, 치안정책연구소 (2018), pp.145 - 175.

김선일, "집시법 제11조의 집회장소제한 규정에 관한 헌법재판소 결정 평석
-2018헌바48, 2019헌가1(병합) 결정 및 2021헌가1 결정-", 경찰법연구 제
21권 제3호 (2023), pp.29 - 57.

김재광, "경찰차벽의 법적 근거에 관한 고찰", 성균관법학 제29권 제1호, 성균
관대학교 법학연구원 (2017), pp.1 - 28.

김종서, "집시법의 몇 가지 문제점", 법학연구 제13권 제3호, 인하대학교 법학
연구소 (2010), pp.147 - 178.

김종양, "집회·시위로 인한 타인의 법익보호에 관한 연구", 박사학위 논문, 동
국대학교 (2003).

김택수, "집시법상 해산명령의 적법요건에 관한 연구", 경찰학연구 제13권 제2
호, 경찰대학 (2013), pp.245 - 272.

김학성, 헌법학원론, 피앤씨미디어 (2018).

명영수, "부정적 집회·시위의 규제 및 개선을 위한 헌법 이론적 고찰", 석사학
위 논문, 고려대학교 정책대학원 (2002).

문광삼, "정치적 집회·결사의 자유", 법학연구 제28권 제1호, 부산대학교 법학
연구소 (1985), pp.217 - 242.

문경환·이창무, 경찰정보학(제3판), 박영사 (2019).

민주사회를 위한 변호사 모임·한국기독교교회협의회, "한국 인권의 실상 -

UN 인권이사회에 제출한 정부 보고서에 대한 반박", 역사비평사 (1992. 7.).

박경래·황정인·박노섭·안정민, "집회·시위에 대한 경찰대응 기준과 개선방안", 형사정책연구원 연구총서 09 - 13, 한국형사정책연구원 (2009).

박민우, "이른바 홀로그램 집회에 있어 주최 측과 현장 기술자들의 형사책임", 저스티스 제155호, 한국법학원 (2016), pp.280 - 310.

박용상, 표현의 자유, 현암사 (2002).

박용상, "집회의 자유 - 집단적 표현의 자유", 헌법논총 제10집, 헌법재판소 (1999), pp.5 - 128.

백창현, "집회 및 시위에 관한 법률상의 신고제의 법리 고찰", 치안정책연구 제19호, 치안정책연구소 (2006), pp.2 - 32.

백창현·문경환, "집시법상 해산명령에 관한 연구", 경찰법연구 제11권 제1호, 경찰대학 (2013), pp.103 - 126.

서보학, "평화적 시위문화 정착을 위한 시민·경찰·입법자의 역할 모색", 경희법학 제36권 제1호, 경희대학교 경희법학연구소 (2001), pp.121 - 143.

서선영, "집회 및 시위에 대한 국가 손해배상 청구 사례 및 문제점", 연세 공공거버넌스와 법 제8권 제1호, 연세대학교 법학연구원 공공거버넌스와 법센터 (2017), pp.23 - 46.

서정범, "「집회 및 시위에 관한 법률」상의 집회의 개념", 공법학연구 제8권 제2호, 한국비교공법학회 (2007), pp.375 - 394.

송동수, "행정법상 신고의 유형과 법적 효과", 토지공법연구 제60권, 한국토지공법학회 (2013), pp.285 - 307.

송병호·최관, "집회·시위에 있어 경찰의 대응실태와 개선방안에 관한 연구", 한국경찰연구 제5권 제2호, 한국경찰연구학회 (2006), pp.81 - 112.

신영호, "집시법 제5조 제1항 제2호", 경찰학연구 제7권 제3호, 경찰대학 (2007), pp.37 - 70.

신현기, 경찰학사전, 법문사 (2012).

심희기, "개정집시법의 비판적 검토", 법과 사회 제1권 제1호, 법과사회이론연구회 (1989), pp.7 - 32.

심희기, "형사악법의 개정과 적용실태", 법과 사회 제7권 제1호, 법과사회이론연구회 (1993), pp.24 - 46.

심희기, "집시법의 탈형사화", 법학연구 제20권 제2호, 연세대학교 법학연구원 (2010), pp.1 - 28.

안영규, 독일 집회법 연구, 법무연수원 (2017).

양 건, 헌법연구, 법문사 (1995).

유윤종, "집시법 적용상의 문제점과 개선방안에 관한 연구", 석사학위 논문, 연세대학교 행정대학원 (2003).

윤성철, "집회·시위에 대한 형사법적 연구", 박사학위 논문, 고려대학교 (2012).

윤성철, "집회 및 시위에 관한 법률의 규제체계 개선 – 행정질서벌의 도입 및 규정의 명확성 확보를 중심으로", 법학논총 제34집 제2호, 전남대학교 법학연구소 (2014), pp.293 - 313.

윤시영, "한국 집회 및 시위의 발생 패턴과 폭력화에 관한 연구", 박사학위 논문, 한양대학교 (2007).

이관희·강태수, "우리의 집회·시위제도 발전방안 모색을 위한 각국의 집회·시위제도 비교 고찰", 경찰대학 치안연구소 (1995).

이운주, 경찰학개론, 경찰대학 (2003).

이준섭, "집회의 자유와 경찰권 행사에 관한 연구", 박사학위 논문, 영남대학교 (2011).

이진옥, "WOMENCROSSDMZ: 한반도 평화를 위한 여성의 경계 넘기", 여성학논집 제33권 제2호, 이화여자대학교 한국여성연구원 (2016), pp.63 - 97.

이희훈, 집회의 자유와 집시법, 경인문화사 (2009).

이희훈, "평화시위구역제도와 국회·법원 인근 집회 금지에 대한 헌법적 평가", 공법연구 제38집 제3호, 한국공법학회 (2010), pp.131 - 163.

이희훈, "집회 및 시위에 관한 법률과 경찰의 집회 신고에 대한 문제점과 개선방안", 입법학연구 제15권 제1호, 한국입법학회 (2018), pp.127 - 159.

임준태, "집회시위시 발생하는 소음의 합리적 규제기준에 관한 연구", 치안논총 제20집, 경찰대학 치안정책연구소 (2004).

장호순, 미국헌법과 인권의 역사, 개마고원 (1997).

전광석, "집회 및 시위의 자유와 자율, 그리고 경찰개입의 한계", 연세법학연구 제9권 제2호, 연세대학교 법률문제연구소 (2003), pp.71 - 123.

정우열·김주완. "우리나라 집회·시위의 역사적 고찰", 한국정부학회 학술발표 논문집 제9호, 한국정부학회 (2014), pp.560 - 578.

정준선·김선일, "개정 「집회 및 시위에 관한 법률」 제11조에 대한 비판적 검토", 경찰법연구 제19권 제3호, 한국경찰법학회 (2021), pp.37-65.

정필운, "집회의 자유의 제한과 그 한계", 공법학연구 제11권 제4호, 한국비교공법학회 (2010), pp.111 - 142.

정회철·김유향, 기본강의 헌법, (주)윌비스 (2014).

조길형, "집회 및 시위에 관한 법률 왜 문제인가?", 치안정책연구 제11호, 경찰대학 치안정책연구소 (1998), pp.435 - 456.

조만형, "행정법상 신고의 유형과 해석기준에 관한 소고", 공법연구 제39권 제2호, 한국공법학회 (2010), pp.597 - 628.

조병인, "집회·시위의 보장과 규제에 관한 연구", 형사정책연구원 연구총서 02 - 09, 한국형사정책연구원 (2002).

한수웅, "집회의 자유와 '집회 및 시위에 관한 법률'", 저스티스 제77호, 한국법학원 (2004), pp.5 - 33.

한수웅, 헌법학(제8판), 법문사 (2018).

허   영, 한국헌법론(전정7판), 박영사 (2012).

황규진, "집회·시위 해산 절차의 개선방안 연구", 경찰학논총 제11권 제3호, 원광대학교 경찰학연구소 (2016), pp.261 - 286.

황규진, "한국 경찰의 집회·시위 관리정책", 경찰의 새로운 집회·시위 관리 방식 모색을 위한 국제 콘퍼런스: 평화적 집회 촉진을 위한 국가적 역할의 관점에서, 국제앰네스티 한국지부 외 (2017. 3. 24. 발표).

황문규, "유럽인권협약상 집회의 자유와 그 한계", 경찰학연구 제9권 제3호, 경찰대학 (2009), pp.3 - 32.

황문규, "집회시위 신고절차 개선을 위한 원칙과 방향: 경찰개혁위원회에서 권고한 집회시위 신고절차 개선방안을 중심으로", 집회의 자유 보장을 위한 집시법 개정 세미나, 진선미·경찰청 (2018. 1. 26. 발표).

2. 국외 문헌

Alfred Scheidler(서정범 역), 바이에른 집회법, 세창출판사 (2010).

OSCE/ODIHR, Guidelines on Freedom of Peaceful Assembly(2nd ed.)(Warsaw: Strasbourg, 2010).

Schabas, William A. U.N. Covenant on Civil and Political Rights: Nowak's CCPR Commentary(3rd revised ed.)(N.P. Engel, 2019).

United Nations, "Report of the Human Rights Committee", UN Doc. A/ 47/40 (1994).

United Nations, "Concluding Observations of the Human Rights Committee on Republic of Korea", UN Doc. CCPR/C/79/Add.114 (1999).

United Nations, "Report of the Working Group on the Universal Periodic Review on Republic of Korea", UN Doc. A/HRC/8/40, Human Rights Council (2008).

United Nations, "Report of the Working Group on the Universal Periodic Review on Republic of Korea", UN Doc. A/HRC/22/10, Human Rights Council (2012).

United Nations, "Concluding Observations on the Fourth Periodic Report of the Republic of Korea", UN Doc. CCPR/C/KOR/CO/4, Human Rights Committee (2015).

United Nations, "Report of the Special Rapporteur on the rights to freedom of peaceful assembly and of association on his mission to the Republic of Korea", UN Doc. A/HRC/32/36/Add.2, Human Rights Council (2016).

United Nations, "Summary of Stakeholders' submissions on the Republic of Korea: Report of the Office of the United Nations High Commissioner for Human Rights", UN Doc. A/HRC/WG.6/ 28/KOR/3, Human Rights Council (2017).

United Nations, "Summary of stakeholders' submissions on the Republic of Korea: Report of the Office of the United Nations High Commissioner for Human Rights", UN Doc. A/HRC/WG.6/42/KOR/3, Human Rights Council (2022), paras.41-43.

United Nations, "Report of the Working Group on the Universal

Periodic Review on Republic of Korea", UN Doc. A/HRC/37/11/
Add.1, Human Rights Council (2018).

Venice Commission & OSCE/ODIHR, Guidelines on Freedom of
Peaceful Assembly(3rd ed.) (Strasbourg/Warsaw, 2020).

공저자 약력

정준선

저자는 경찰대학에서 법학사를 취득하고, 한양사이버대학교 교육정보대학원에서 교육공학을 전공하여 교육학 석사 학위를 받았으며, 한양대학교 대학원에서 교수체제설계 및 기업교육 연구를 전공으로 교육학 박사과정을 수료하였다. 2001년부터 현재까지 경찰관으로 근무하면서 기획, 교육, 경비, 생활안전, 교통, 안보수사 및 공공안녕정보 분야에서 실무자 및 중간관리자 업무를 담당하였으며, 현재는 경찰대학 경찰학과에서 교수로 재직하고 있다.

김선일

저자는 경찰대학에서 법학사를 취득하고, 서울대학교 법과대학 대학원에서 국제법을 전공하여 석사 및 박사 학위를 받았다. 경찰청 수사국, 혁신기획단, 경찰대학 경찰학과 등에서 근무하였으며, 경찰청 파견으로 국가인권위원회 조사관을 역임한 바 있다. 현재 한남대학교 경찰학과에서 교수로 재직 중이며, 대한국제법학회 이사, 한국경찰법학회 이사, 경찰대학 국제대테러연구센터 자문위원, 경찰대학 치안데이터과학연구센터 자문위원, 경찰학연구 편집위원을 겸하고 있다.

제2판
집회·시위의 이론과 실제

초판발행	2019년 8월 31일
제2판발행	2024년 1월 31일
지은이	정준선·김선일
펴낸이	안종만·안상준
편 집	윤혜경
기획/마케팅	정연환
표지디자인	BEN STORY
제 작	고철민·조영환
펴낸곳	(주)박영사
	서울특별시 금천구 가산디지털2로 53, 210호(가산동, 한라시그마밸리)
	등록 1959. 3. 11. 제300-1959-1호(倫)
전 화	02)733-6771
f a x	02)736-4818
e-mail	pys@pybook.co.kr
homepage	www.pybook.co.kr
ISBN	979-11-303-4572-7 93360

정 가   24,000원